Theorien des Eigentums zur Einführung

Für Hartmut Rosa

Niklas Angebauer/Tilo Wesche

Theorien des Eigentums zur Einführung

JUNIUS

Junius Verlag GmbH
Stresemannstraße 375
22761 Hamburg
www.junius-verlag.de

Umschlaggestaltung: Florian Zietz
Titelbild: © Daniel Salgado (@danielsalgado)
Printed in the EU 2024
ISBN 978-3-96060-340-5

Bibliografische Information der Deutschen Nationalbibliothek
Die Deutsche Nationalbibliothek verzeichnet diese Publikation in der Deutschen Nationalbibliografie; detaillierte bibliografische Daten sind im Internet über http://dnb.dnb.de abrufbar.

Zur Einführung ...

... hat diese Taschenbuchreihe seit ihrer Gründung 1977 gedient. Zunächst als sozialistische Initiative gestartet, die philosophisches Wissen allgemein zugänglich machen und so den Marsch durch die Institutionen theoretisch ausrüsten sollte, wurden die Bände in den achtziger Jahren zu einem verlässlichen Leitfaden durch das Labyrinth der neuen Unübersichtlichkeit. Mit der Kombination von Wissensvermittlung und kritischer Analyse haben die Junius-Bände stilbildend gewirkt.

Seit den neunziger Jahren reformierten sich Teile der Geisteswissenschaften als Kulturwissenschaften und brachten neue Fächer und Schwerpunkte wie Medienwissenschaften, Wissenschaftsgeschichte oder Bildwissenschaften hervor. Auch im Verhältnis zu den Naturwissenschaften sahen sich die traditionellen Kernfächer der Geisteswissenschaften neuen Herausforderungen ausgesetzt. Diesen Veränderungen trug eine Neuausrichtung der Junius-Reihe Rechnung, die seit 2003 von der verstorbenen Cornelia Vismann und zwei der Unterzeichnenden (M. H. und D. T.) verantwortet wurde.

Ein Jahrzehnt später erweisen sich die Kulturwissenschaften eher als notwendige Erweiterung denn als Neubegründung der Geisteswissenschaften. In den Fokus sind neue, nicht zuletzt politik- und sozialwissenschaftliche Fragen gerückt, die sich produktiv mit den geistes- und kulturwissenschaftlichen Problemstellungen vermengt haben. So scheint eine erneute Inventur der

Reihe sinnvoll, deren Aufgabe unverändert darin besteht, kompetent und anschaulich zu vermitteln, was kritisches Denken und Forschen jenseits naturwissenschaftlicher Zugänge heute zu leisten vermag.

Zur Einführung ist für Leute geschrieben, denen daran gelegen ist, sich über bekannte und manchmal weniger bekannte Autor(inn)en und Themen zu orientieren. Sie wollen klassische Fragen in neuem Licht und neue Forschungsfelder in gültiger Form dargestellt sehen.

Zur Einführung ist von Leuten geschrieben, die nicht nur einen souveränen Überblick geben, sondern ihren eigenen Standpunkt markieren. Vermittlung heißt nicht Verwässerung, Repräsentativität nicht Vollständigkeit. Die Autorinnen und Autoren der Reihe haben eine eigene Perspektive auf ihren Gegenstand, und ihre Handschrift ist in den einzelnen Bänden deutlich erkennbar.

Zur Einführung ist in der Hinsicht traditionell, dass es den Stärken des gedruckten Buchs – die Darstellung baut auf Übersichtlichkeit, Sorgfalt und reflexive Distanz, das Medium auf Handhabbarkeit und Haltbarkeit – auch in Zeiten liquider Netzpublikationen vertraut.

Zur Einführung bleibt seinem ursprünglichen Konzept treu, indem es die Zirkulation von Ideen, Erkenntnissen und Wissen befördert.

Michael Hagner
Ina Kerner
Dieter Thomä

Inhalt

Einleitung

Es könnte so einfach sein. Scheint es doch eine Vorstellung von Eigentum zu geben, auf die sich alle einigen können: Eigentum ist eine gesellschaftliche Praxis, mit der Menschen regeln, was wem gehört. Bestimmte Dinge und Leistungen werden konkreten Personen, Gemeinschaften oder Institutionen zugeordnet. Solche Zuordnungen zwischen Eigentümern und ihren Gütern sind zumeist rechtlicher oder gesetzlicher Art. Eigentumsrechte legen somit fest, wer was gebrauchen darf – und wer nicht.

So weit die Praxis. Theorien setzen jedoch einen anderen Akzent. Mit einer Beschreibung der Eigentumspraxis ist freilich noch nicht geklärt, ob sie auch gut, sinnvoll oder gerecht ist. Diese Frage wird in den Theorien des Eigentums behandelt. Eigentumstheorien treten in Distanz zur Praxis und betrachten die Vorannahmen, die ihr zugrunde liegen. Vor allem zwei Vorannahmen werden in der Praxis vorausgesetzt und von der Eigentumstheorie thematisiert. So geht die jeweilige Praxis zum einen von einem bestimmten Verständnis dessen aus, *was* Eigentum ist. Theorien des Eigentums stellen diese *begriffliche* Frage nach der ›Washeit‹, das heißt nach dem Wesen des Eigentums. Was macht Eigentum aus? Und worin unterscheiden sich seine Gestalten, worin gleichen sie sich? Eigentumstheorien stehen hier vor der Herausforderung, der kulturellen, historischen und ethischen Vielfalt gerecht zu werden. Die begriffliche Einheit muss der Pluralität von Eigentumsvorstellungen Rechnung tragen, die sich in der Geschichte und Gegenwart herausgebildet haben.

Zum anderen setzt jede Praxis des Eigentums bestimmte normative Vorannahmen darüber voraus, *welches* Eigentum gerechtfertigt ist. Auch dieser *normativen* Frage gehen die Theorien des Eigentums nach. Welche Eigentumsvorstellungen gelten als berechtigte Ansprüche und verdienen Anerkennung – und welche nicht? Eigentumstheorien untersuchen hier die jeweiligen Begründungen für die normative Geltung eines Eigentumsrechts. Dabei stellt sich die Herausforderung, die Alternativen in der Theoriebildung aufzuzeigen. Eigentumstheorien untersuchen deshalb auch, wo normative Vorentscheidungen getroffen und für ein bestimmtes Eigentumsrecht die Weichen gestellt werden. Sie zeichnen solche Weggabelungen nach, die in unterschiedliche Richtungen weisen. Eigentumstheorien gehen also von der Rechtspraxis aus, suchen aber auch nach Alternativen zu bestehenden Eigentumsrechten.

Der vorliegende Band führt in das weite Feld dieser Debatten ein. Zunächst widmet sich die Einleitung, allerdings nur überblickshaft, der begrifflichen Frage, was Eigentum ist. Im Mittelpunkt des Einführungsbandes steht hingegen die Frage nach den normativen Grundlagen des Eigentums. Im Hauptteil werden einige klassische Positionen der Eigentumstheorie behandelt, die unterschiedlichen Traditionen der Philosophie zugehören; sie reichen von Aristoteles über John Locke und Karl Marx bis hin zu John Rawls. Diese Eigentumstheorien stehen jeweils im Kontext bestimmter Ideen und Methoden der Autoren, die wir behandeln. Wir werden deshalb die Eigentumstheorien kontextualisieren und so darstellen, dass sie sich aus den entsprechenden Hintergrundannahmen der jeweiligen Philosophie erschließen. Im Ausblick werden wir sodann drei aktuelle Eigentumskonflikte aufgreifen und diskutieren, wie sie sich auf den normativen Grundlagen klassischer Eigentumstheorien lösen ließen. Damit wird auch klar, was für das gesamte Buch gilt:

Wir verwenden den Begriff des Eigentums stets in seiner normativ-begrifflichen Bedeutung, die sich nicht mit der positivrechtlichen Bedeutung geltender Eigentumsrechte in Gesetzestexten, Rechtsdokumenten etc. decken muss.

(1) Das Verfügen über Dinge

Auf den ersten Blick scheint alles klar zu sein: Eigentum ist, worüber ich verfügen kann – also z.B. mein Computer, unser Garten oder ein geerbtes Haus. Eigentum bezeichnet demnach das Recht, über diese Dinge zu verfügen. Bei genauerem Hinsehen aber scheint es vertrackter zu sein. Es beginnt damit, dass sich ein solches Ding, über das verfügt wird, auf unterschiedliche Begriffe bringen lässt. Zum einen werden darunter *Güter* verstanden, also sehr verschiedene Dinge, die für meinen Alltag oder gar mein Leben von Bedeutung sind. Zum anderen wird ein verfügbares Ding als die *Sache* betrachtet, über die ich Ansprüche ausübe. Auf dieser Vorstellung der sogenannten Sachherrschaft jedenfalls beruhte bereits das Recht der römischen Antike, das großen Einfluss auf das westliche Eigentumsdenken ausgeübt hat (i). Aber hier stellen sich erneut Fragen: Denn Rechte regeln ja zunächst ein Verhältnis zwischen verschiedenen Personen; und nicht zwischen Personen und Sachen. Wie aber kann Eigentum dann ein Recht auf Sachherrschaft sein? Diese Frage ist vor allem von der sogenannten »Bündeltheorie« aufgeworfen worden (ii). Ihr zufolge verfügen Eigentümer nicht über Sachen, sondern über ein variables Bündel von Rechten, die sich stets an andere Personen richten. Wie wir sehen werden, droht ein solches Verständnis den Eigentumsbegriff in letzter Konsequenz allerdings der Beliebigkeit preiszugeben. Eigentumsrechte sind vielmehr immer beides: Rechte *zwischen* Personen *hinsichtlich* konkreter Güter (iii). Solche Rechte bestehen nur innerhalb von Eigentumsordnungen, die unter anderem regeln, wer als Person (iv) und was als Gut (v) gilt.

(i) Schon das römische Recht der Antike kennt mit dem *dominium* (oder *proprietas*) eine Eigentumsinstitution, die allerdings nicht allgemein definiert wird. Erst im Laufe des Mittelalters wird das *dominium* unter dem Einfluss der christlichen Freiheitslehre zunehmend als ein subjektives Recht auf Sachherrschaft gedeutet. Dies wird erstmalig vom dem Rechtsgelehrten Bartolus (1313–1357) auf den Begriff gebracht: Er definiert das Eigentum als das Recht, »über eine körperliche Sache umfassend zu verfügen, soweit nicht das Gesetz es verbietet« (Bartolus 1550: 61v).[1] Dieses Verständnis setzt sich mit den bürgerlichen Revolutionen der Neuzeit weithin durch und liegt liberalen Privatrechtsordnungen bis heute zugrunde, etwa in § 903 des Bürgerlichen Gesetzbuches (BGB) von 1900: »Der Eigentümer einer Sache kann, soweit nicht das Gesetz oder Rechte Dritter entgegenstehen, mit der Sache nach Belieben verfahren und andere von jeder Einwirkung ausschließen.«[2]

Laut diesem römischrechtlich geprägten Eigentumsverständnis gilt die Herrschaft über eine Sache als Wesenskern des Eigentums. Zwar bleiben die jeweiligen Eigentumsrechte stets auch durch »Gesetze« und »Rechte Dritter« beschränkt. Aber diese Beschränkungen treten dabei *von außen* an das Eigentum heran; sie sind nicht selbst Teil des Eigentums, sondern ihm vielmehr wesensfremd. Besonders eindrücklich kommt das in der berüchtigten Definition des englischen Juristen William Blackstone (1723–1780) zum Ausdruck: Für ihn bezeichnet das Eigentum die »despotische Herrschaft [...] über die Dinge der äußeren Welt unter vollkommenem Ausschluss der Rechte aller anderen Individuen des Universums« (Blackstone 2016: II,1).[3] Im Gegensatz zu sogenannten »relativen Rechten« (lat.: *ius in personam*), die nur gegenüber konkreten Einzelpersonen geltend gemacht werden können, greifen Eigentumsrechte als sogenannte »absolute dingliche Rechte« (lat. *ius in re/rem*) gegenüber jedermann. Eigentum erscheint so als Sacheigentum, als Relation zwischen einer Person und einer Sache.

(ii) Die Lehre vom Eigentum als unbeschränkte Sachherrschaft ist aber nicht unwidersprochen geblieben. Zwei besonders scharfe Einwände formuliert im Anschluss an den amerikanischen Rechtstheoretiker Wesley Hohfeld die sogenannte Bündeltheorie.[4] Zum einen, so ein Einwand, ist es zwar richtig, dass das Eigentum ein Verfügungsrecht ist; aber der Gegenstand dieser Verfügung kann nicht einfach eine »Sache« sein. Denn Rechte regeln das Verhältnis zwischen konkreten Personen, nicht aber zwischen Personen und Sachen (Hohfeld 1917: 712 ff.). Eigentumsrechte sind also letztlich immer auf die Handlungsmöglichkeiten anderer Personen gerichtet. Die Differenz zwischen absolut-dinglichen und relativen Rechten ist daher nicht haltbar: Das Eigentum löst sich rückstandslos in eine lange Liste von interpersonalen Rechtsbeziehungen auf.

Zum anderen argumentiert die Bündeltheorie, dass der Inhalt dieser Rechtsbeziehungen nicht in einem einheitlichen Verfügungsrecht bestehen muss, sondern vielmehr hochvariabel ist: Eigentum bezeichnet demnach ein willkürlich veränderbares Bündel heterogener Rechte (und Pflichten), die in keinem übergreifenden Zusammenhang stehen. Dem Eigentum wird somit ein eigener Wesenskern abgesprochen; vielmehr hängt alles davon ab, wie ein jeweiliges Rechtebündel konkret ausgestaltet wird, d.h. welche Rechte und Pflichten ihm zugerechnet werden. Der Eigentumsbegriff löst sich auf.[5]

Die Vorzüge der Bündeltheorie liegen auf der Hand: Als analytisches Werkzeug verstanden ermöglicht sie eine genaue Beschreibung auch komplexer Eigentumsverhältnisse: etwa wenn

A Eigentümerin eines Ackers ist, den sie an B verpachtet, gegenüber Kreditgeber C als Sicherheit verwendet, außerdem D ein Wegerecht einräumt, E zum Erben erklärt usw. Sozialkritisch gewendet kann sie zudem einer progressiven Eigentumspolitik den Weg bahnen, indem sie traditionalistische Eigentumsvorstellungen aufsprengt und so eine politische Neugestaltung von Eigentumsrechten und -pflichten ermöglicht.[6]

Als reduktionistische Theorie hingegen wird die Bündeltheorie inzwischen weitgehend abgelehnt – vor allem aus zwei Gründen: Zum einen hat sich der Güterbezug des Eigentums als hartnäckig erwiesen. Wenngleich es richtig ist, dass Eigentum wie alle Rechte ein normatives Verhältnis zwischen Personen bezeichnet, so bleibt es doch ein normatives Verhältnis *hinsichtlich konkreter Güter*. Der Versuch der Bündeltheorie, diesen Güterbezug zu tilgen, verfehlt daher ein wesentliches Element von Eigentumsordnungen.[7] Zum anderen schüttet die Bündeltheorie das Kind mit dem Bade aus, wenn sie von der Variabilität des Rechtebündels darauf schließt, dass es keinen begrifflichen Kern des Eigentums geben könne. Dieser begrifflich verordnete »Tod des Eigentums« (Grey 1980: 77) ist nicht nur konzeptionell unbefriedigend, sondern auch politisch fragwürdig, weil er den Blick auf die gemeinsamen Strukturmerkmale hinter den schier endlosen Varianten von Schutz-, Verwertungs- und Zugriffsrechten der finanzialisierten Gegenwart verstellt (vgl. Lehavi 2013: 26–30). Werden diese zersplitterten Einzelrechte nicht mehr als Teile einer übergreifenden *Eigentums*ordnung wahrgenommen, entziehen sie sich nur umso mehr der gesellschaftlichen Debatte und politischen Gestaltung. Zudem dient die Bündeltheorie aufgrund ihrer Fragmentierung von Ansprüchen als Rechtgrundlage für die Steuervermeidung von multinationalen Konzernen, die sich auf diese Weise ganz legal der Besteuerung entziehen (vgl. Pistor 2020: 77 f.). Die Bündeltheorie sorgt daher nicht für mehr, sondern für weniger Transparenz und Regulierung.

(iii) Das Eigentum kann also weder auf eine Relation zwischen Person und Ding noch auf ein Verhältnis zwischen Personen reduziert werden. Es bezeichnet vielmehr immer schon beides: Eigentum ist ein Rechtsverhältnis zwischen Personen hinsichtlich konkreter Güter. Es stattet Eigentümer mit pflichtbewehrten Rechten aus und regelt so, wer über welche Güter verfügen darf – und wer nicht. Damit erfüllt das Eigentum eine Allokationsfunktion, die für arbeitsteilige Gesellschaften unverzichtbar ist.[8] Denn ganz gleich nach welchen Prinzipien Gesellschaften ihre Güter verteilen: Sie benötigen eine Institution, die sie von dem kostspieligen und zeitintensiven Prozess entlastet, stets aufs Neue auszuhandeln, wem was gehört. Diese Institution ist die Eigentumsordnung. Um die Zuordnung von Gütern zu Personen gewährleisten zu können, müssen Eigentumsordnungen dreierlei leisten: Erstens müssen sie klären, wer als Personen und was als Gut gelten kann (iv, v). Zweitens müssen sie den Inhalt des Eigentumsrechts bestimmen, d. h. klären, warum die Verfügungsfreiheit von Eigentümern schützenswert ist und worin genau sie besteht (Abschnitt 2). Und drittens müssen sie regeln, wie weit diese Eigentumsfreiheit reicht, welchen Grenzen und Schranken sie also unterliegt (Abschnitt 3).

(iv) Wer kann als *Subjekt* des Eigentums, d. h. als das Rechtssubjekt gelten? Eine solche Rechtssubjektivität wird vom Gesetzgeber festgelegt. Eigentümer können nicht nur individuelle Menschen sein. Als juristische Personen kommen im Privatrecht etwa auch Aktiengesellschaften, Stiftungen, Vereine, Genossenschaften und im öffentlichen Recht Anstalten öffentlichen Rechts, Gemeinden, Länder usw. infrage. Grundsätzlich denkbar ist aber auch, dass Tieren, Ökosystemen oder Künstlicher Intelligenz eine Rechtssubjektivität verliehen wird.[9]

Von den unterschiedlichen Arten der Rechtssubjekte leiten sich idealtypisch drei Eigentumsformen ab: Privateigentum, Gemeineigentum und öffentliches Eigentum. Diese Eigentumsformen kommen in der Rechtspraxis mal in Reinform, mal in Mischform vor. Grundsätzlich stecken sie auf hilfreiche Weise das Spektrum möglicher Eigentumsinstitutionen ab.[10]

Privateigentum liegt immer dann vor, wenn Eigentumsrechte in letzter Konsequenz von Individuen ausgeübt werden; wenn diese also (im Rahmen von Grenzen und Schranken) allein über ihr Eigentum verfügen können, ohne jemandem Rechenschaft darüber zu schulden (Waldron 1988: 38 f.). Der Zusatz »in letzter Konsequenz« ist hier wichtig, weil es auch kollektive Formen von Privateigentum gibt, die über juristische Personen des Privatrechts organisiert werden. So befinden sich Unternehmen beispielsweise im Aktienbesitz und somit im Eigentum von juristischen Personen (Aktiengesellschaft), an denen verschiedene natürliche Personen (Aktionäre) Anteile halten. Die Übergänge können hier mitunter fließend sein; aber je freier eine Person über ihren jeweiligen Anteil verfügen kann, ohne auf andere Anteilseigner Rücksicht nehmen zu müssen, desto eindeutiger handelt es sich um Privateigentum.

Im Gegensatz dazu ist das Rechtssubjekt beim *Gemeineigentum* stets eine Gemeinschaft. Deren Mitglieder sind in der Regel zugleich die Nutzer des gemeinsam besessenen Eigentums. Sie üben ihre Eigentumsrechte nicht individuell aus, sondern vielmehr gemeinschaftlich. Der Wille der Gemeinschaft wird dabei in demokratischen Prozessen ausgehandelt. Über die Nutzung, Verwertung und Übertragung gemeinschaftlicher Güter können die Eigentümer also nur gemeinsam verfügen, z. B. durch Mehrheitsentscheide (und in einigen Fällen sogar nur durch einstimmige Beschlüsse). Beispiele sind etwa klassische Formen von *Commons* oder Allmenden, in denen Weideland oder Fischereigewässer gemeinschaftlich verwaltet werden. Aber auch selbstverwaltete Betriebe, Genossenschaften (im engeren Sinne), Kibbuzim oder *Open-Source*-Software sind als gemeinschaftliches Eigentum organisiert.[11]

Beim *öffentlichen Eigentum* schließlich treten staatliche Institutionen bzw. ihre Leitungen als Eigentümerin auf: Hier üben Kommunen, Länder, öffentliche Stiftungen oder Anstalten öffentlichen Rechts die Eigentumsrechte aus. Während in Autokratien die Grenzen zwischen öffentlichem Eigentum und Privateigentum der Machthabenden fließend sein können, erlauben Demokratien der Öffentlichkeit zumindest eine indirekte Überwachung und Steuerung: Über Wahlen, parlamentarische Kontrolle und direkte Partizipation soll hier sichergestellt werden, dass das öffentliche Eigentum nicht missbraucht, sondern für das Wohl der Allgemeinheit eingesetzt wird.[12]

(v) Jede Eigentumsbeziehung setzt neben dem Rechtssubjekt auch ein *Objekt* voraus: kein Eigentum ohne Güter. Ebenso wie der Begriff der Person ist auch der des Eigentumsobjekts ein Rechtsbegriff. Zu Eigentumsobjekten werden Güter also erst durch ihre rechtliche Kodierung. Nicht alle Güter aber sind »eigentumsfähig«: Atemluft, Menschen, innere Organe oder öffentliche Ämter dürfen – aus unterschiedlichen Gründen – nicht als Eigentum besessen werden. Als eigentumsfähig gelten erstens nur Güter, die sowohl knapp als auch abgrenzbar sind (Harris 1996: 23 f.).[13] Da Atemluft in der Atmosphäre beides nicht ist, bedarf sie keiner rechtlich geschützten Allokation. Zweitens können natürliche Personen und ihre integralen Bestandteile nicht zum Objekt (legitimer) Eigentumsrechte werden. Denn die Verdinglichung zu einem Objekt widerspricht der Freiheit natürlicher Personen. Da diese Freiheit zugleich die Grundlage aller Eigentumsrechte darstellt (dazu gleich mehr), beruht das ›Eigentum‹ an Menschen oder ihren Bestandteilen – obwohl bis heute grausame Realität – auf einer begrifflichen Unmöglichkeit und kann niemals legitim sein. Drittens kann die Eigentumsfähigkeit auch darüber hinaus durch normative Gründe beschränkt werden, wenn z. B. Grundrechte, das Gemeinwohl oder die demokratische Selbstbestimmung das erfordern. So gelten etwa öffentliche Ämter heutzutage (anders als in feudalen Zeiten) aus guten Gründen nicht mehr als Eigentum ihrer Inhaber; und einige Eigentumsrechte (z. B. Patent- oder Urheberrechte) werden von vornherein so konzipiert, dass ihre Gegenstände nach Ablauf einer gewissen Frist von niemandem mehr eigentumsförmig besessen werden können (sog. »Gemeinfreiheit«).

Abgesehen von der Frage nach der Eigentumsfähigkeit messen klassische Eigentumstheorien den Objekten des Eigentums nur selten Bedeutung bei; das Eigentum wird allein vom Subjekt her gedacht. Dementsprechend wird das Objekt, um auf unsere anfängliche Unterscheidung zwischen Sache und Gütern zurückzukommen, bloß als eine Sache kodiert, über die ein Eigentümer Ansprüche ausübt. Die Sache erschöpft sich darin, Gegenstand von Ansprüchen zu sein. Im Ausblick am Schluss des Buches werden wir dagegen vorschlagen, das Eigentum ebenso konsequent vom Objekt her zu denken. Werden die Besonderheiten des Objekts mitberücksichtigt, erscheint es nicht bloß als eine Sache, sondern in der vielfältigen Gestalt mehrerer Güterarten. Genau wie sich aus den Formen der Rechtssubjektivität unterschiedliche *Eigentumsformen* ergeben (privat, gemeinschaftlich, öffentlich), so ergeben sich aus unterschiedlichen Arten von Gütern spezifische *Eigentumsarten* mit je eigenem Inhalt (Gebrauchseigentum, Bedarfseigentum, Produktiveigentum und Natureigentum).[14]

(2) Eigentum als Freiheitsrecht

Eigentum, so haben wir gesehen, erfüllt die in arbeitsteiligen Gesellschaften notwendige Funktion, Güter bestimmten Personen zuzuordnen. Dieses funktionalistische Eigentumsverständnis bleibt jedoch rein formal: Die Allokationsfunktion ist mit kapitalistischen oder sozialistischen Eigentumsordnungen ebenso vereinbar wie mit einem Absolutismus, wo alles dem Königshaus gehört. Wenn wir verstehen wollen, was den Eigentumsbegriff der westlichen Moderne auszeichnet, müssen wir daher über diesen formalen Ansatz hinausgehen. Was also unterscheidet modernes Eigentum von anderen Eigentumsvorstellungen?

Eine Antwort lautet: *das allgemeine Recht auf Freiheit.* Modernes Eigentum ist Ausdruck eines universellen Rechts aller Menschen auf ein selbstbestimmtes Leben (i). Eigentum ist demnach ein Entscheidungsrecht, das es den Eigentümern erlaubt, über die Nutzung, Verwertung und Übertragung ihrer Güter selbst zu bestimmen (ii). Das Freiheitsrecht von Eigentümern hat zugleich die Kehrseite, dass andere Personen von den fraglichen Gütern ausgeschlossen werden. Eine zentrale Frage der Eigentumstheorie lautet daher, wie Eigentumsverhältnisse ausgestaltet werden müssen, um dem Selbstbestimmungsanspruch *aller* Menschen gerecht zu werden (iii).

(i) Die Bedeutung der Freiheit für das moderne Eigentumsdenken ist ein Erbe des Natur- und Vernunftrechts der Frühen Neuzeit. So konzipieren etwa Locke, Kant und Hegel – ungeachtet aller Unterschiede – das Eigentum als personales Freiheitsrecht.[15] Als Eigentum gilt demnach, was die Freiheit von Personen in Hinsicht auf äußere Güter rechtlich schützt: Eigentum ist Freiheit angewandt auf äußere Güter. Freiheit wird dabei als das Recht *auf* Eigentum ausgeübt, das jeder Person erlaubt, sich mit den nötigen Gütern selbst zu versorgen. Es befreit somit aus Abhängigkeit von einem Versorger: Leibeigene vom Großgrundbesitzer, Bürger vom Fürsten, in einem Haushalt Frauen von Männern. Mit dieser freiheitstheoretischen Wende dehnt sich das Eigentum in zwei Hinsichten aus. Zum einen erweitert sich der Kreis möglicher Eigentümer: Eigentum ist kein Privileg mehr, das an eine Standes- oder Kastenzugehörigkeit gebunden ist. Es gilt fortan als ein unveräußerliches Recht aller Menschen und Bürger. Als Menschenrecht wurde es 1948 in die *Allgemeine Erklärung der Menschenrechte* (Art. 17) aufgenommen, als bürgerliches Grundrecht erstmalig 1789 in der französischen *Erklärung der Menschen- und Bürgerrechte* (Art. 2, 17) und etwa auch 1949 im deutschen *Grundgesetz* (Art. 14 GG Abs. 1 S. 1) verfassungsrechtlich garantiert. Ein historischer Makel solcher Rechtsgarantien war allerdings, dass allen ein Eigentumsrecht formal verliehen wurde, ohne den Zugang zu seiner Ausübung zu ermöglichen.

Zum anderen erweitert sich mit der freiheitstheoretischen Wende auch der Kreis eigentumsfähiger Güter: Eigentum kann sich nun auf alles beziehen, das nicht frei ist. Zwar sind Menschen aufgrund ihrer Freiheit vom Eigentum ausgenommen. Eigentumsrechte können jedoch über alles andere, also über Institutionen, Tiere, Vermögensanlagen, Medikamente, Wasser etc. ausgeübt werden. Fortschritt und Regression liegen hier dicht beieinander. Zwar ermöglichte modernes Eigentum den Zugriff auf zunehmend mehr Güter, die für den Lebensunterhalt benötigt werden. Bis heute tritt es aber auch als Wegbereiter einer voranschreitenden *Propertisierung* (oder: *Propriation*) und *Privatisierung* in Erscheinung, die immer mehr Güter der Logik des Privateigentums unterwirft. Wir werden im Ausblick darauf zurückkommen und bestreiten, dass die Daten, die Stadt und die Natur Privateigentümern gehören sollten.

(ii) Ihr Recht befähigt Eigentümer dazu, über Güter ohne eine Rechenschaftspflicht gegenüber anderen zu bestimmen: Sie selbst entscheiden, zu welchen Zwecken ihre Güter eingesetzt werden. Eigentumsrechte sind somit *Entscheidungsrechte*. Diese machen den Unterschied zum Besitz aus. Während es beim Besitz um das Haben von etwas geht, gibt beim Eigentum das Entscheiden über etwas den Ausschlag. Eigentümer – ganz gleich, ob individuelle oder kollektive Eigentümer – entscheiden über die Nutzung, Verwertung und Übertragung.

Nutzungsrechte erlauben es, Güter zu gebrauchen, zu verändern und zu verbrauchen. So dürfen Privateigentümer einen Ausflug auf ihrem Fahrrad machen, Mitglieder einer Genossenschaft ihr Unternehmen steuern und eine Kommune ihren Grund und Boden als Bauland oder Naturschutzfläche ausweisen. *Verwertungsrechte* sichern den Eigentümern die Zuwächse ihres Eigentums zu. Wirft Eigentum einen Ertrag ab, gehört er dem Eigentümer. Das kann direkt erfolgen: Die Früchte, die in meinem Garten wachsen, gehören mir. Die Verwertung kann aber auch über Dritte vermittelt sein: Ich verpachte meinen Garten gegen Geld. Vor allem das Verwertungsrecht hat sich als Antriebskraft sozialer Ungleichheit viel Kritik zugezogen: Es erlaubt, in Gestalt von Kapitalgewinnen – Einnahmen aus Immobilien, Aktienbesitz, Unternehmenswerten etc. – aus viel Eigentum noch mehr Eigentum zu machen (vgl. Piketty 2020). *Übertragungsrechte* schließlich ermöglichen die freiwillige Veräußerung von Gütern; entweder freigiebig als Schenkung bzw. Erbe oder gegen eine Gegenleistung, z.B. als Tausch.

(iii) Eigentumsrechte schützen also Freiheit, indem sie Eigentümern einen selbstbestimmten Umgang mit ihren Gütern erlauben. Aber diese Ermächtigung hat einen hohen Preis: Da sie andere Personen von den Entscheidungen über die fraglichen Güter ausschließt, verringert sie deren Freiheit. Dass etwa eine wohnungslose Person eine leer stehende Wohnung nicht einfach besetzen darf, sichert zwar dem Eigentümer eine gewisse

Selbstbestimmung zu – aber es verhindert zugleich die Selbstbestimmung der wohnungslosen Person. Eigentumsordnungen statten also nicht nur Eigentümer mit Freiheitsrechten aus, sondern schränken die Freiheiten anderer Personen ein: Sie verteilen stets Freiheit *und* Unfreiheit.[16]

Moderne Eigentumstheorien nehmen daher die Freiheit von Eigentümern als Entscheidungsrechte in den Blick, die von *allen* Menschen ausgeübt werden können müssen. Die eigentumsgebundene Entscheidungsmacht darf sich nicht in den Händen weniger Eigentümer konzentrieren, während andere von ihr weitgehend ausgeschlossen sind. Eigentum verdichtet sich andernfalls zu sozialer Macht, die es möglich macht, über andere zu herrschen. Eigentumsgesellschaften stehen daher vor der Aufgabe, das Eigentum auf eine Weise auszugestalten, die den Entscheidungsfreiheiten aller zugutekommt. Dabei ist es nicht nur – wie bei Fragen der Verteilungsgerechtigkeit – darum zu tun, Güter nach Bedarf, Verdienst und Gleichheit bloß zu verteilen. Vielmehr geht es um die Teilhabe an Entscheidungen z. B. darüber, welche Güter unter welchen Bedingungen und zu welchen Zwecken erzeugt werden. Es geht beim Eigentum nicht nur darum, wer etwas besitzt, sondern vor allem darum, wer über die Nutzung, Verwertung und Übertragung von Gütern bestimmt.

(3) Grenzen und Schranken

Eigentumsrechte verteilen Freiheiten und Unfreiheiten also zunächst ungleich. Sie erzeugen insoweit einen Regelungsbedarf. Damit es nicht zu sozialen Konflikten kommt, braucht es Regeln, die bestimmen, wie weit die Freiheit von Eigentümern reicht. Diese Reichweite der Entscheidungsfreiheit – worüber

Eigentümer selbst bestimmen dürfen und worüber nicht – wird auf zwei Weisen festgelegt. Zum einen werden Eigentumsrechte durch äußere Schranken eingehegt (i). Zum anderen sind ihnen innere Grenzen gezogen, die ihnen selbst innewohnen (ii). Im Unterschied zu Schranken, die dem Eigentum von außen entgegentreten, ergeben sich solche inneren Grenzen aus der Idee des Eigentums selbst.[17] Diese Unterscheidung zwischen inneren Grenzen und äußeren Schranken des Eigentums schärft auch den Blick auf die rechtlichen Instrumente der *Enteignung* und *Vergesellschaftung* (iii).

(i) Wie wir bereits am Beispiel von § 903 BGB gesehen haben, steht die Freiheit des Eigentümers unter Vorbehalt: Das an sich schrankenlose Eigentum kann durchaus mittels Gesetzen und Rechten Dritter beschränkt werden. Dieses Nebeneinander unbeschränkter und beschränkter Geltung ist kein Widerspruch. Es erklärt sich zunächst im Rückgriff auf den Gedanken von Schranken als etwas, das dem Eigentum wesensfremd ist und somit von außen in Anschlag gebracht wird. Es lassen sich zwei Arten äußerer Eigentumsschranken unterscheiden: eine horizontale und eine vertikale Beschränkung.

Einerseits werden Eigentumsrechte horizontal durch *gleichwertige* Rechte anderer Personen beschränkt. Die horizontale Beschränkung ergibt sich aus der gleichen Freiheit aller: Weil jede Person den gleichen Anspruch auf Freiheit besitzt, kann Eigentum nur dann bestehen, wenn alle wechselseitig – darin liegt die sogenannte Reziprozität – ihre Freiheitsrechte anerkennen. Eigentümer dürfen daher nur so weit über ihr Eigentum verfügen, wie sie keine fremden Freiheitsrechte verletzen.

Andererseits werden Eigentumsrechte vertikal durch Normen beschränkt, die dem Eigentum *übergeordnet* sind. Eigentümern wird ein bestimmtes Tun und Unterlassen durch rechtliche oder moralische Normen vorgeschrieben, die höher stehen als Freiheitsrechte. Das Recht auf Leben etwa erlaubt, in äußerster Not und Fällen der Lebensrettung ein Eigentumsrecht auszusetzen. Ebenso verbietet es den Einsatz von Eigentum, um anderen einen schweren Schaden zuzufügen. »Meine Eigentumsrechte an meinem Messer«, so das drastische Bild von Robert Nozick, »erlauben mir, es hinzutun, wo ich will, aber nicht in Deine Brust.« (Nozick 1976: 161) Solche Verletzungsverbote sind von allgemeiner moralischer Art: Wir sind zu ihnen nicht als Eigentümer verpflichtet, sondern als Menschen. Zudem gibt es eine besondere Art vertikaler Schranken, die sich ausdrücklich an Eigentümer richten. So kann der Gesetzgeber Eigentümern etwa umweltzerstörerische Nutzungsweisen oder besonders aggressive Formen der Verwertung untersagen, um andere Personen vor möglichen Schäden zu schützen.

(ii) Sogenannte liminale Eigentumstheorien gehen zusätzlich von der *inneren Begrenztheit* des Eigentums aus: Eigentumsrechte werden durch äußere Schranken *und* innere Grenzen reguliert.[18] Liminale Eigentumstheorien haben unter dem Eindruck der gesellschaftlichen Verwerfungen, zu denen das moderne Eigentumsrecht zunehmend führte, spätestens seit dem 19. Jahrhundert an Einfluss gewonnen. Sie betrachten die Lehre vom unveräußerlichen Eigentumsrecht zwar als nützliche Fiktion, um feudale Privilegien und absolutistische Staatsauffassungen zurückzudrängen. Aber je mehr diese Fiktion die gesellschaftlichen Verhältnisse durchdringt, desto mehr wird sie zu einem Problem: Die Sachherrschaft besitzt einen zutiefst *antisozialen* Wesenszug.[19] Ein Eigentum, das seinem eigenen Begriff gerecht werden soll, darf dem guten Zusammenleben nicht im Weg stehen, sondern muss es gerade ermöglichen. Jedes legitime Eigentum muss daher konstitutiven Grenzen unterliegen (vgl. Gierke 1898: 17). Eigentumsrechte werden demnach nicht nur von außen beschränkt, sondern auch von innen begrenzt. Liminale Eigentumstheorien wenden sich damit von der römischrechtlichen *dominium*-Tradition ab und entwickeln dabei ein breites Spektrum von Varianten. Eine Spielart orientiert sich wieder stärker an der Eigentumslehre von Aristoteles, der zufolge Eigentumsrechte stets auch dem Gemeinwohl verpflichtet bleiben (siehe Kapitel 1). Andere Ansätze liminalen Eigentums werden von G.W.F. Hegel (Kapitel 4) und Karl Marx (Kapitel 5) entwickelt.

Ein institutionelles Erbe dieser Auffassung ist unter anderem die *Sozialbindung* (oder Sozialpflichtigkeit) des Eigentums, die über die Weimarer Reichsverfassung auch ins deutsche Grundgesetz Einzug gehalten hat: »Eigentum verpflichtet. Sein Gebrauch soll zugleich dem Wohle der Allgemeinheit dienen.« (Art. 14 Abs. 2 GG) Vertreter des liminalen Eigentums weisen darauf hin, dass die Sozialbindung hier gleichberechtigt neben der Gewährleistung der Eigentumsfreiheit (Art. 14 Abs. 1 S. 1) steht. Es ist also mitnichten so, dass die Eigentumsfreiheit das »eigentliche« Wesen des Eigentums ausmacht, das dann »nachträglich« von der Sozialbindung wieder sozialverträglich eingehegt werden muss. Vielmehr begrenzen sich Eigentumsfreiheit und Sozialbindung gegenseitig; erst gemeinsam bilden sie den Inhalt des Eigentums.[20] Die Sozialbindung ist daher auch kein »Einschnitt« ins Eigentumsrecht. Denn die Rede vom Einschnitt setzt die rechtliche Geltung eines logisch vorgängigen, nicht sozialgebundenen Eigentums voraus.[21] Die Sozialbindung ist vielmehr dem Eigentum bereits im Kern eingeschrieben. Mit der subtilen Verschiebung von der Beschränkung zur Begrenzung des Eigentums verändert sich auch die Beweislast für die Eigentumsregulierung; was sich am Paradebeispiel für die Sozialbindung des Eigentums besonders deutlich zeigt: an der Besteuerung. Eigentum lässt sich zum Zweck des Gemeinwohls besteuern, um Transferzahlungen zugunsten derer zu finanzieren, die ihren Lebensunterhalt nicht durch eigene Arbeit bestreiten können. Die steuerfinanzierte Umverteilung greift zwar auf Eigentum zu, da es ja jemandes Eigentum ist, das besteuert wird. Eigentum wird aber durch sie nicht zwangsläufig – das wäre eine Frage der Steuerhöhe – verletzt (vgl. dazu Murphy/Nagel 2002). Denn die Besteuerung rechtfertigt sich im Lichte der Sozialbindung, die zum Kern des Eigentums gehört; wir kommen auf sie im 6. Kapitel über John Rawls zurück.

(iii) Die Lehre von der inneren Begrenztheit des Eigentums führt auch zu einem veränderten Blick auf zwei umstrittene Rechtsinstrumente: Enteignung und Vergesellschaftung. Die *Enteignung* ist das letzte Mittel der staatlichen Güterbeschaffung. Sie greift, wenn ein spezifisches Gut für das Gemeinwohl unerlässlich ist, aber auf anderem Wege nicht beschafft werden kann (vgl. Papier 2005). Die Enteignung bezieht sich dabei auf das Eigentum einer einzelnen Person oder einer klar abgrenzbaren Gruppe. Diese werden einerseits als Eigentümer anerkannt, andererseits aber zu einer Transaktion gezwungen. Die Enteignung stellt daher eine Art unfreiwilligen Tausch dar und ist somit nur gegen faire Entschädigung möglich. Trotz der aufgeheizten Debatte um Enteignungen gehören sie längst zum rechtspolitischen Alltag. Regelmäßig wird die Enteignung insbesondere für den Bau von Fernstraßen, Schienen, Pipelines oder den Abbau von Kohle genutzt (Nuss 2019: 14).

Von der Enteignung ist die *Vergesellschaftung* zu unterscheiden (vgl. Brückner 2013). Während erstere ein Einzelgut an einen staatlichen Akteur überträgt, zielt zweitere darauf, der Privatwirtschaft bestimmte Wirtschaftszweige zu entziehen, die in eine gemeinwohlorientierte Eigentumsform überführt werden sollen. Dieses verfassungsrechtlich vorgesehene (Art. 15 GG), bislang aber nicht angewandte Recht hat zuletzt besonders durch die Kampagne »Deutsche Wohnen & Co. enteignen« für internationale Aufmerksamkeit gesorgt.[22] Die Vergesellschaftung ist demnach ein Rechtsmittel, das der Einführung einer Eigentumsordnung, die ihrem eigenen Begriff erst gerecht wird, eine legale Grundlage verschafft.

Enteignung und Vergesellschaftung greifen durchaus in die Freiheit von Eigentümern ein. Denn sie erzwingen einen unfreiwilligen Eigentumstransfer ohne die Zustimmung des bisherigen Eigentümers. Die Hürden für sie sind daher im modernen Eigentumsrecht, das historisch als Abwehrrecht gegen staatliche Zugriffe ins Leben gerufen wurde, sehr hoch. Eigentumsrechte galten im Absolutismus als Privilegien, die vom staatlichen Obereigentum (*dominium eminens*) abgeleitet waren und jederzeit widerrufen werden konnten.[23] Moderne Eigentumsrechte schließen Enteignung und Vergesellschaftung nicht aus, sondern schützen vor deren Willkür, die im Absolutismus bestand. Auch wenn für Enteignung und Vergesellschaftung die Hürden hoch sind, sind sie vom Eigentumsrecht gedeckt. Denn wenn das Gemeinwohl (in Form der Sozialbindung) als innerer Bestandteil des Eigentums gelten kann und wenn Enteignung und Vergesellschaftung im Namen der Sozialbindung ins Eigentum eingreifen – dann handelt es sich recht betrachtet um Eingriffe in das Eigentum *im Namen des Eigentums*.[24] Über Vorhaben der Enteignung und Vergesellschaftung ist in öffentlichen Debatten zwar die Empörung von selbsterklärten Verteidigern des Eigentums groß; tatsächlich aber lassen sie sich gerade in Berufung auf die Eigentumsidee verteidigen.

Zusammenfassend lässt sich die begriffliche Frage, was Eigentum ist, also folgendermaßen beantworten: Eigentümer haben das Recht, über die Nutzung, Verwertung und Übertragung von Gütern im Rahmen geltender Grenzen und Schranken selbst zu bestimmen. Die Antwort birgt jedoch einige Unbekannte. Wo genau verlaufen die Grenzen und bestehen Schranken? Wer ist Eigentümer – eine Privatperson, eine Gemeinschaft oder der

Staat? Und gilt ein Eigentumsrecht für alle Arten von Gütern – für Hosen, Unternehmen, Land, Häuser, Daten, Natur – gleichermaßen? Was schließlich wird dabei unter Freiheit verstanden – die Abwesenheit staatlichen Zwangs, die Erfüllung von Präferenzen, die Teilhabe am gelingenden Gemeinwesen? Diese normativen Eigentumsfragen werden in der Geschichte und Gegenwart im Rückgriff auf sehr unterschiedliche Grundannahmen behandelt.[25] Wir wenden uns deshalb nun anhand einer Auswahl klassischer Positionen den Fragen nach den normativen Grundlagen des Eigentums zu.

POSITIONEN

1. Gemeinschaft und Gemeinwohl: Aristoteles, christliche Soziallehre und Kommunitarismus

»[N]iemand würde wünschen, die Gesamtheit aller Güter für sich allein zu besitzen. Der Mensch ist nämlich ein Wesen, das auf die staatliche Gemeinschaft angewiesen und von Natur aus auf das Zusammenleben angelegt ist.«
Aristoteles

Der Geburtsort der philosophischen Eigentumstheorie liegt in Griechenland: Die erste systematische Bearbeitung der Eigentumsfrage finden wir in den politischen Philosophien von Platon (ca. 428–348 v. Chr.) und Aristoteles (384–322 v. Chr.). Trotz ihrer unterschiedlichen Positionen – Platon kritisiert Privateigentum, Aristoteles verteidigt es – starten beide Autoren von einem gemeinsamen Ausgangspunkt: Sie denken das Eigentum konsequent vom Gemeinwohl aus (1). Im Gegensatz zu den liberalen Positionen der Neuzeit drehen sich die Eigentumstheorien der griechischen Antike also gerade nicht um autonome Individuen und ihre Rechte. Im Mittelpunkt steht vielmehr die Frage, welche Eigentumsinstitutionen dem Gemeinwohl zuträglich sind. Anders als im Utilitarismus besteht das Gemeinwohl dabei auch nicht aus dem aggregierten privaten Glück vieler Individuen, sondern ist mehr als die Summe seiner Teile: Weil der Mensch von Natur aus ein soziales Wesen ist, kann er nur in einer wohlgeordneten Gemeinschaft ein wirklich gutes Leben führen. Das

Wohl des Einzelnen und das Wohl der Gemeinschaft sind daher konstitutiv aufeinander bezogen. An diese Perspektive knüpfen nicht nur christliche Eigentumslehren seit dem Mittelalter immer wieder an (2), sondern auch zeitgenössische kommunitaristische Positionen, in denen das Eigentum als Instrument des guten Lebens verstanden wird (3).

(1) **Aristoteles**

Aristoteles entwickelt seine Eigentumslehre ausdrücklich in Abgrenzung zu seinem Lehrer Platon. Dieser entwickelt in der *Politeia*, dem politischen Hauptwerk seiner mittleren Schaffensphase, das Ideal einer Ständegesellschaft, die teilweise ohne Eigentum auskommen soll: Nur den Handwerkern, die die für das Gemeinwesen nötigen Güter produzieren, ist privates Eigentum an Land und Produktionsmitteln erlaubt. Die anderen Stände hingegen sind nicht produktiv, sondern mit der Führung und Verteidigung des Gemeinwesens beauftragt. Um der Gemeinschaft bedingungslos dienen zu können, ist den Angehörigen dieser politischen Elite jedes Privatleben untersagt. Sie dürfen »keine eigenen Häuser haben, noch Land oder sonstigen Besitz« (Platon 2017: V, 464b-c) und nicht einmal in Familienbünden leben.[26] Der Grund dafür ist die Sorge, dass eine private Existenz die Elite korrumpiert und den Staat »zerreißt«, indem es ihn »aus seiner Einheit in viele Teile aufsplittert« (ebd.: 464b). Nur die strikte Trennung von ökonomischer und politischer Macht kann verhindern, dass die Wachhunde der Gesellschaft zu Wölfen werden, die sich an ihrer Herde vergreifen und das Gemeinwohl gefährden (ebd.: III 416a).

Trotzdem ist die Eigentumslosigkeit der politischen Elite bei Platon nicht etwa eine Alternative zu Eigentumsverhältnissen, sondern vielmehr ein notwendiger Teil von ihnen. Denn erst die eigentumsrechtlich abgesicherte Güterproduktion durch den dritten (und größten) Stand ermöglicht die Existenz der höheren Stände. Obwohl deren Mitglieder nicht selbst über Privateigentum verfügen, bleiben sie daher konstitutiv auf eine Eigentumsordnung angewiesen. Platon verwirft das Eigentum also nicht pauschal, sondern deckt seine tiefe Ambivalenz auf: Es ermöglicht und bedroht die *Polis* zugleich.[27]

Einen vehementen Gegner findet Platons Ideal der Gütergemeinschaft in seinem eigenen Schüler. Ebenso wie sein Lehrer begreift Aristoteles den Menschen zwar als von Natur aus soziales und politisches Wesen (*zoon politikon*), das notwendig nach Gesellschaft strebt. Aber Aristoteles wendet in seiner *Politik* ein, dass die Menschen nicht erst im Staat, sondern ebenso in kleineren Verbünden wie Haushalten und Dörfern auf je spezifische Weise ihr gemeinsames Wohl verfolgen (Aristoteles 2012: II, 1261a). Diese Pluralität der Lebensformen darf ein gemeinwohlorientierter Staat nicht einfach unterdrücken; vielmehr muss er sie auf harmonische Weise zu einem Ganzen zusammenfügen. Es gilt daher, individuelles, gemeinschaftliches und öffentliches Wohl in einen Ausgleich zu bringen. Ein zentrales Instrument dafür ist – neben der Erziehung (ebd.: 1263b) – die Eigentumsordnung.

Auch Aristoteles ist der Meinung, dass zumindest einige Güter allen gemeinsam gehören müssen, damit überhaupt ein gemeinschaftliches Leben entstehen kann (ebd.: 1260b f.). Aber welche? Er diskutiert drei Optionen:

»Soll (1) landwirtschaftlicher Grundbesitz jeweils Privatbesitz sein, während die Besitzer die Erträge in einen gemeinsamen Topf einbringen und dann so verbrauchen, wie das einzelne Volksstämme tun? Oder soll (2) umgekehrt der landwirtschaftlich genutzte Boden allen gemeinschaftlich gehören, und soll man ihn auch gemeinschaftlich bewirtschaften, während die Erträge zu individueller Nutzung aufgeteilt werden? [...] Oder (ist es vorzuziehen), daß (3) sowohl Grundstücke als auch Erträge allen gemeinsam gehören?« (Ebd.: 1263a)

Aristoteles spricht sich klar für die erste Option aus: private Produktionsmittel, aber gemeinschaftliche Nutzung. Er will so »den Vorteil des gemeinschaftlichen Besitzes und des Privateigentums« miteinander verbinden (ebd.). Vor allem drei Argumente sollen die Überlegenheit dieser gemischten Privateigentumsordnung stützen: das Argument der Produktivität, das Entwicklungsargument und das Gerechtigkeitsargument. Wie wir sehen werden, haben diese Argumente eine enorme Tiefenwirkung entfaltet und werden von der mittelalterlichen Scholastik über christliche Soziallehren bis hin zu ökonomischen Theorien der Gegenwart immer wieder angeführt, wenn es darum geht, das Privateigentum normativ auszuzeichnen.

Das Argument der *Produktivität* besagt, dass private Eigentümer motivierter seien, ihre Güter sorgfältig zu behandeln und produktiv einzusetzen: »Gegenstände, die die größte Zahl von Menschen gemeinsam besitzt, erfahren die geringste Pflege und Sorgfalt. Man kümmert sich ja am ehesten um persönliches Eigentum, um das der Allgemeinheit dagegen weniger oder nur in dem Maße, wie es jeden persönlich angeht.« (Ebd.: 1261b) Aristoteles nimmt hier ein Motiv vorweg, das in den modernen Wirtschaftswissenschaften unter dem Stichwort »Tragik der Allmende« diskutiert wird. Produktivgüter in privater Hand vergrößern demnach den Güterpool, der einer Gesellschaft zur Verfügung steht (mehr dazu in Kapitel 3).

Damit der so erzeugte Wohlstand tatsächlich allen zugutekommen kann, müssen Privateigentümer allerdings bereit sein, ihre Güter mit anderen zu teilen. Diese Forderung ist Gegenstand des *Entwicklungsarguments*, dem zufolge erst der Besitz von Privateigentum die Selbstverwirklichung und die Entwicklung von Tugenden ermöglicht, allen voran der Mäßigung und Großzügigkeit (ebd.: 1263a-b). Nur wer hat, kann auch geben – und nur wer gibt, kann ein tugendhaftes und damit wahrhaft gutes Leben führen. Über den Umweg einer Pflicht zur Großzügigkeit schreibt Aristoteles so die Sozialbindung in das Eigentum ein. Anders als im modernen Steuerstaat bleibt die Einhaltung dieser Verpflichtung aber Privatsache: Großzügig ist nur, wer freiwillig gibt. Daher ist es nicht Aufgabe des Staates, selbst Umverteilungen vorzunehmen, sondern nur die Großzügigkeit seiner Bürger durch Erziehung zu fördern (ebd.). Auf dem Spiel steht dabei aber nicht nur die Tugend der Bürger, sondern die politische Stabilität des Gemeinwesens insgesamt, die angesichts der großen Vermögensungleichheiten ohne Gütertransfers kaum gewährleistet werden kann. Gerade in Demokratien sei es daher »auch im Interesse der Reichen«, ihren Mitbürgern zu »dauerndem Wohlstand« zu verhelfen, indem sie sie mit genug Kapital ausstatten, um am öffentlichen Leben teilzuhaben und idealerweise sogar eigene Produktivgüter zu erwerben (ebd.: VI 1320a).[28] Zugleich aber scheint sich Aristoteles nicht ganz auf die Tugend der Bürger verlassen zu wollen und fordert, einen Teil der Produktivgüter öffentlich zu verwalten, um die Versorgung der Armen und die Opfergaben an die Götter sicherzustellen (ebd.: VII 1330a).

Das dritte Argument lautet, dass gemeinsame Eigentumsrechte tendenziell *ungerecht* sind, weil sie den Ertrag von der Leistung entkoppeln. Im Hintergrund dieser These steht Aristoteles' Begriff der Verteilungsgerechtigkeit. Diese betrifft die grundsätzliche Distribution von Gütern und Positionen unter den Mitgliedern einer Gesellschaft und basiert bei Aristoteles auf dem Prinzip der *proportionalen Gleichheit*: Gleiche sind gleich, Ungleiche ungleich zu behandeln. Wenn die proportionale Gleichheit verletzt wird, d.h. »Gleiche ungleiche Anteile oder Ungleiche gleiche Anteile haben und zugeteilt bekommen«, dann ist das ungerecht und führt zu »Streitigkeiten und Anklagen« (Aristoteles 2018: V, 1131a).[29] Eben das ist beim Entkoppeln von Leistung und Ertrag der Fall: Wenn zwei Personen ein gemeinschaftlich besessenes Land bewirtschaften und dabei unterschiedlich viel leisten, aber dennoch den gleichen Verdienst erhalten, dann werden Ungleiche gleich behandelt. Aus diesem Grund warnt Aristoteles, dass gemeinschaftliche Eigentumsrechte »erheblichen Ärger« mit sich bringen würden (Aristoteles 2012: II, 1263a). Im Umkehrschluss muss das Privateigentum als gerecht angesehen werden, weil es Leistung und Ertrag nicht entkoppelt.

Diese Engführung von Arbeitsleistung und Ertrag sollte aber nicht dazu verleiten, Aristoteles als Proto-Liberalen zu lesen, der wie John Locke die Arbeit als Quelle von Eigentumsansprüchen betrachtet (siehe Kapitel 2). Im Gegenteil: Dass jemand überhaupt arbeiten muss, impliziert für Aristoteles bereits, dass er für das Gemeinwesen nur geringen Wert hat. Arbeit macht »banausisch«, d.h. sie beraubt den Geist der Muße und macht ihn »gemein«, was einen für die Teilhabe am öffentlichen Leben disqualifiziert (ebd.: VIII 1337b). Wer körperlich arbeitet, »ist beherrscht, ist von Natur Sklave« (ebd.: 1252a) und gehört »nicht sich selbst, sondern als Mensch einem anderen« (ebd.: I 1254a). Da Sklaven für Aristoteles keine potenziellen Eigentümer sind (sondern allenfalls durch die Duldung ihrer Herren eigene Erträge erwirtschaften dürfen), führt Arbeit in aller Regel also gerade *nicht* zu Eigentum. Aristoteles bleibt ebenso wie Platon der allgemeinen »Verachtung der Arbeit im Altertum« (Arendt 2016: 111) und der patriarchalen, auf Ausbeutung basierenden Sklavenhaltergesellschaft Athens verhaftet, die Arbeit nicht etwa als Quelle von, sondern als minderwertige Alternative zum Eigentum begreift.

(2) Christliche Soziallehre

Das ändert aber nichts daran, dass sich in Aristoteles' Eigentumslehre zahlreiche Anknüpfungspunkte finden, die bis heute immer wieder aufgegriffen werden. So sind etwa die christlichen Soziallehren – zumindest seit dem Mittelalter[30] – stark von aristotelischen Motiven geprägt. Das gilt besonders für das einflussreiche Werk Thomas von Aquins (1224–1274), in dem es zu einer regelrechten Fusion von aristotelischer Philosophie und christlicher Freiheitslehre kommt. Diese Fusion zeigt sich auch beim Eigentum. Thomas übernimmt Aristoteles' Plädoyer für eine gemischte Privateigentumsordnung, erweitert es aber um ein theologisches Fundament: Gott, der als Schöpfer zugleich Eigentümer aller Dinge ist, verpflichtet die Menschen, weltliche Güter zu gebrauchen, um ein gutes, d.h. gottgefälliges Leben zu führen. Mit diesem Auftrag räumt er der Menschheit die »natürliche Herrschaft über die Dinge« ein, also ein kollektives Nutzungsrecht an den Gütern der Erde. Zunächst gehört daher alles allen (Thomas von Aquin 1953: 195). Erst als sie aus dem Paradies vertrieben werden, müssen die Menschen diese Gütergemeinschaft auflösen, um den göttlichen Auftrag weiterhin erfüllen zu können. Mit den bereits genannten aristotelischen Argumenten versucht Thomas zu zeigen, dass für diese Aufteilung der Gütergemeinschaft eine gemischte Privateigentumsordnung am zweckmäßigsten erscheint (ebd.: 196–199). Wie schon in der griechischen Antike bleibt das so begründete Eigentum aber dem übergeordneten Ziel verpflichtet, das Gedeihen *aller* Menschen zu befördern. Es soll daher nach Möglichkeit gemeinschaftlich genutzt werden – im Notfall auch ohne das Einverständnis der Eigentümer. Denn in einer Notlage »wird das zum Eigentum, was einer sich nimmt, um das eigene Leben zu erhalten« (ebd.: 213).

An diese thomistisch-aristotelische Tradition knüpfen auch christliche Soziallehren jüngeren Datums vielfach an – etwa wenn sie privates Eigentum als »sekundäres Naturrecht« betrachten, das zwar erst durch menschliche Konventionen erschaffen wird, aber auf einen göttlichen Auftrag zurückgeht.[31] In Anlehnung an Thomas soll sich eine naturrechtskonforme Ausgestaltung der Eigentumsordnung nun an den Prinzipien der *Personalität*, *Solidarität* und *Subsidiarität* orientieren, die sich als »Baugesetze der Gesellschaft« (Nell-Breuning 1990) aus dem christlichen Welt- und Menschenbild ableiten lassen. Erstens kommt dem Eigentum demnach die »Individualfunktion« zu, die *Personalität* von Menschen zu schützen. Eigentum soll Personen das würdevolle und selbstbestimmte Leben ermöglichen, das ihnen aufgrund ihrer Gottesebenbildlichkeit zusteht. Da ein solches Leben aber nur in einer Gemeinschaft möglich ist, hat das Eigentum zweitens auch eine »Sozialfunktion«, die es zugleich zu einem Instrument der gelebten *Solidarität und Nächstenliebe* machen soll. Das nimmt nicht nur Eigentümer in die Pflicht, ihre Güter verantwortungsbewusst zu nutzen, sondern macht auch eine konsequent gemeinnützige Ausgestaltung der Eigentumsordnung erforderlich.[32] Zwischen diesen beiden Ebenen – zwischen Individuum und Gesellschaft – vermittelt drittens das Prinzip der *Subsidiarität*, das die Verteilung von Zuständigkeiten regelt: Einerseits sind Gemeinschaften verpflichtet, ihre Mitglieder zu unterstützen, wo immer dies nötig und möglich ist; andererseits müssen sie dabei aber deren Selbstbestimmungsrechte achten. Gemeinschaften (wie etwa Familien, Verbände, Kommunen, Staaten oder Staatenbünde) dürfen die Bedürfnisse ihrer Mitglieder also nicht einfach übergehen, sondern müssen vielmehr Hilfe zur Selbsthilfe leisten.[33] Zuständigkeiten – darunter auch Eigentumsrechte – sollten daher immer bei der kleinsten Einheit angesiedelt werden, die die jeweiligen Probleme erfolgreich und auf sozial nachhaltige Weise bearbeiten kann. Mit diesem Prinzip suchen christliche Soziallehren nach einem »dritten Weg« zwischen liberalem Individualismus und staatssozialistischem Kollektivismus, der weder das Gemeinwohl auf dem Altar privater Interessen opfert noch die Individuen dem Diktat der Gesellschaft aussetzt.

(3) Kommunitarismus

So instruktiv das Projekt der christlichen Soziallehren auch erscheinen mag, so setzt es doch die Perspektive einer spezifischen religiösen Tradition auf eine Weise voraus, die mit den Anforderungen säkularer und pluraler moderner Gesellschaften nicht ohne Weiteres vereinbar ist. Dass eine Aktualisierung der aristotelischen Eigentumslehre aber auch unter säkularen Vorzeichen möglich ist, zeigt das Beispiel zeitgenössischer kommunitaristischer Eigentumstheorien.

Auch der Kommunitarismus sucht nach der richtigen Balance zwischen individueller Selbstbestimmung und gemeinschaftlichem Wohl. Einerseits macht er gegen kollektivistische Positionen das Recht auf individuelle Selbstbestimmung geltend; andererseits wendet er gegen den klassischen Liberalismus ein, dass dieses Recht auf sozialen Ermöglichungsbedingungen basiert und somit immer auch als *gemeinschaftliche* Errungenschaft gelten muss. Anders als sein Name nahelegen könnte, zielt der Kommunitarismus dabei zunächst nicht auf einen normativen, sondern auf einen methodologischen bzw. sozialontologischen Vorrang von Gemeinschaften (lat. *communitas*) vor Individuen: Gegen den »Atomismus« vieler liberaler Positionen, die den Menschen als ein wesentlich rationales, egoistisches und sozial ungebundenes Wesen betrachten, das allenfalls aus strategischen

Gründen mit anderen kooperiert, will der Kommunitarismus den gemeinschaftlichen Praktiken zu ihrem Recht verhelfen, die liberale Formen von Individualität überhaupt erst ermöglichen (vgl. Taylor 1993).

Dass individuelle Selbstbestimmung dem Kommunitarismus zufolge erst im Rahmen von Gemeinschaften möglich ist, liegt nicht nur daran, dass wir zu Beginn unseres Lebens ohne fremde Hilfe nicht überlebensfähig wären, erst durch Sorgearbeit und langjährige Erziehung zu mündigen Personen heranreifen und auch in Krankheit und Alter auf Pflege angewiesen bleiben. Ebenso entscheidend ist, dass sich unsere Rationalität und Identität nur im Rahmen einer Sprache, einer Kultur und eines Bedeutungshorizontes entwickeln können, die uns vorausgehen und die wir notwendig mit anderen teilen. Erst durch gemeinschaftliche Teilhabe können wir daher zu vernunftbegabten, selbstbestimmten Individuen werden.[34]

Aus diesem Grund stellt der Kommunitarismus dem liberalen Recht auf Selbstbestimmung eine mindestens ebenso grundlegende soziale Verpflichtung aller Menschen an die Seite: Als selbstbestimmte Wesen bleiben wir den Gemeinschaften, ohne die wir nicht sein könnten, wer wir sind, auf vielfältige Weise verpflichtet. Insbesondere stehen wir in der Pflicht, auch anderen Mitgliedern dieser Gemeinschaften die Entfaltung ihres Potenzials zu ermöglichen – von der Familie über Nachbarschaften, Schulen oder Vereine bis hin zum Staat oder gar der Menschheit als ganzer. Als soziale Wesen schulden wir einander daher nicht nur die Gewährung »negativer« Freiheitsrechte wie etwa die Abwesenheit von Unterdrückung und staatlichem Zwang, sondern auch die »positive« Bereitstellung von materiellen Bedingungen, unter denen die Verwirklichung von Freiheit überhaupt erst möglich wird (vgl. exemplarisch Taylor 1979: 118–144).

Wenngleich kommunitaristische Positionen weniger danach fragen, was Personen besitzen, als vielmehr danach, zu welchen konkreten Handlungsweisen sie befähigt sind,[35] leiten sich daraus auch eigentumspolitische Forderungen ab. Diese zielen darauf, die »Freiheitsbedingungen menschlicher Subjekte« (Honneth 1993: 261) auf möglichst umfassende Weise sicherzustellen. Nicht die Interessen von Privateigentümern, sondern die individuelle und kollektive Selbstbestimmung *aller* Menschen soll im Zentrum der Eigentumsordnung stehen.

Zum einen fordern Kommunitaristen daher einen starken Sozialstaat, der alle Individuen in die Lage versetzt, ein selbstbestimmtes Leben zu führen. Im Anschluss an Robert Castel wird dieses Grundrecht auch als *Sozialeigentum* bezeichnet (Castel 2008; vgl. dazu van Dyk/Kip 2023). Als »modernes Äquivalent zur traditionell vom Eigentum gewährleisteten Absicherung« (Castel 2008: 264) weitet das Sozialeigentum den Schutz der Eigentumsordnung auf die Versorgung mit Grundgütern aus: Ebenso wie Privateigentümer den Schutz ihres Eigentums verdienen, verdienen alle Menschen Zugang zu öffentlichen Infrastrukturen sowie ggf. Unterstützung durch Transferleistungen, um ihre Selbstbestimmung zu sichern. Da aufgrund der beschriebenen fundamentalen Verpflichtung aller Menschen »jeder allen gegenüber Schulden hat«, stellen Pflichtabgaben oder die steuerbasierte Umverteilung von Wohlstand »keineswegs Angriffe auf die Freiheit des Individuums dar. Sie sind Rückzahlungen.« (Ebd: 245)

Zum anderen soll eine kommunitaristische Eigentumsordnung auch die kollektive Selbstbestimmung stärken, also die Möglichkeit von Gemeinschaften, selbstbestimmt über diejenigen Güter zu verfügen, die sie für ihr gemeinsames Wohl benötigen.[36] Es liegt nahe, hier zunächst an Formen des Gemeineigentums zu denken. Kommunitaristen betonen aber, dass florierende Gemeinschaften auf das gesamte Spektrum der Eigentumsformen zurückgreifen – »einschließlich Privateigentum, öffentlichem Eigentum, Gemeineigentum, Open Access und Mischformen zwischen diesen« (Lehavi 2013: 153f.). Da sie sich je nach Kontext sehr unterschiedlich auswirken können, zielt die kommunitaristische Eigentumstheorie nicht darauf ab, diese Eigentumsformen einer pauschalen Bewertung zu unterziehen. Vielmehr fragt sie danach, ob je konkrete Eigentumsinstitutionen den von ihnen betroffenen Gemeinschaften »eigentumsrechtlichen Gegenwind« entgegenbringen oder sie umgekehrt durch »Rückenwind« stärken (ebd.: 154).

Traurige Beispiele für eigentumsrechtlichen »Gegenwind« finden sich etwa regelmäßig dort, wo die Landansprüche indigener Gemeinschaften in private Eigentumstitel nach westlichem Vorbild konvertiert werden. Selbst in Fällen, in denen diese Eigentumsrechte die fraglichen Gemeinschaften eigentlich schützen und ermächtigen sollen, haben solche Zuweisungen oft problematische Folgen. Denn vielfach führen übertragbare und vererbbare Privateigentumstitel gerade nicht zu einer Stärkung kommunitärer Lebensweisen, sondern zu sozialen Fliehkräften und einer Fragmentierung der Interessen, die die Gemeinschaften schrittweise zersetzen können (vgl. Lehavi 2009: 44; Bhandar 2018). Für die Betroffenen ist der damit einhergehende Verlust an Orientierung sowie sozialer und ökonomischer Einbettung oft schwer zu verkraften und wird durch die neuen Eigentumstitel nicht einmal ansatzweise aufgewogen.

Der Versuch, gemeinschaftlichen Praktiken durch eine eigentumsrechtliche Flankierung »Rückenwind« zu geben, kann aber auch gelingen. So existieren einige – allerdings meist sehr minimalistische – Formen von Gemeinschaften überhaupt nur aufgrund von staatlich geschaffenen Eigentumsformen (z.B. Wohnungseigentümergemeinschaften). Aber auch anspruchsvollere kommunitäre Projekte sind auf eine eigentumsrechtliche Flankierung angewiesen. Ein Beispiel ist hier etwa die Anerkennung der Gemeineigentumspraktiken traditioneller Kibbuzim durch den israelischen Staat (vgl. Lehavi 2013: 170–172). Diese Anerkennung erstreckt sich explizit auch auf kontroverse Fälle: Da die Vermögenswerte traditioneller Kibbuzim niemandem privat gehören, sondern allein der Gemeinschaft, verliert ein Mitglied, das aus dieser Gemeinschaft ausgeschlossen wird, nicht nur sein soziales Umfeld, sondern zugleich auch seine ökonomische Absicherung. Denn das Vermögen, in das auch die eigene Lebensleistung eingegangen ist, bleibt im Besitz der Gemeinschaft. Indem ein solcher Ausschluss staatlich anerkannt wird, können traditionelle Gemeinschaften gestärkt werden – allerdings gegebenenfalls auf Kosten der individuellen Freiheit.[37]

An dem Beispiel wird deutlich, dass eigentumsrechtlicher »Rückenwind« für gemeinschaftliche Praktiken nicht zwingend auch moralisch wertvoll oder gesellschaftlich wünschenswert sein muss. Das sprechen zwar auch zahlreiche Kommunitaristen offen aus (ebd.: 169), werfen damit aber eine schwer zu beantwortende Frage auf: Worin besteht das richtige Verhältnis zwischen dem, was einzelne Gemeinschaften für gut halten (»das Gute«), und dem, was für alle Menschen richtig ist (»das Rechte«)? Diese Frage gehört bis heute zu den zentralen Herausforderungen, denen sich kommunitaristische Ansätze stellen müssen.

2. Die Arbeitstheorie: John Locke und der Libertarismus

»Dasselbe Gesetz der Natur, das uns [...] Eigentum gibt, begrenzt dieses Eigentum auch.«
John Locke

An John Locke (1632–1704) führt in der Eigentumstheorie kein Weg vorbei. Locke ist als Begründer der sogenannten »Arbeitstheorie« in den westlichen Kanon eingegangen. Dieser Theorie zufolge lassen sich Eigentumsrechte – anders als etwa kontraktualistische Positionen (siehe Kapitel 6) meinen – auch ohne Rückgriff auf Verträge begründen. Denn unter gewissen Umständen, so die These, kann schon die *Bearbeitung* eines Gegenstands ein hinreichender Grund für dessen eigentumsrechtliche Aneignung sein.

An Lockes Eigentumstheorie scheiden sich aber auch die Geister: Den einen gilt sie als verdienstvolle Wegbereiterin des egalitären Liberalismus, Libertarismus oder sogar des Sozialismus; den anderen als eine toxische Apologie von Kapitalismus, Patriarchat, Kolonialismus oder dem Raubbau an der Natur.[38] Angesichts dieser Vielzahl von Interpretationen und Vereinnahmungsversuchen bietet es sich an, Locke zunächst in seinem historischen Kontext zu verorten (1), bevor seine Naturrechtslehre und Eigentumstheorie (2) eingeführt werden. Da in der gegenwärtigen Debatte vor allem libertäre Positionen mit Lockes Eigentumstheorie assoziiert werden, schließt das Kapitel mit einer Darstellung von dessen durchaus heterogenen Spielarten (3).

(1) Historischer Kontext

Locke entwickelt seine Eigentumstheorie im Rahmen seines politischen Hauptwerks, den *Zwei Abhandlungen über die Regierung*. Dieses Werk entsteht vor dem Hintergrund der bewegten englischen Innenpolitik um das Jahr 1680 – einer Zeit, die von massiven Auseinandersetzungen zwischen Krone und Parlament geprägt ist.[39] Locke ist in diese politischen Kämpfe verstrickt: Seine *Abhandlungen* sollen (unter anderem) das ideologische Fundament der katholisch-absolutistischen Position untergraben und so die parlamentarische Demokratie stärken. Dazu greift Locke stellvertretend die Position Robert Filmers an, eines lautstarken Vordenkers der Royalisten. Filmer hatte in seiner Schrift *Patriarcha* versucht, den Absolutismus und schrankenloses Eigentum als einzig legitime Formen von Herrschaft auszuweisen: Denn beide seien Ausdruck der absoluten »väterlichen Gewalt«, die von Gott an Adam übertragen wurde und die dieser wiederum an seine (männlichen) Nachkommen vererbt habe (Filmer 2019: 9ff.). Filmer will so zeigen, dass Menschen nicht von Geburt aus frei und gleich sind, sondern vielmehr natürliche Untertanen, weil sowohl ihre Väter als auch ihre Könige die rechtmäßigen Erben Adams sind. Locke geht diese Position scharf an: Noch nie, so schreibt er, sei »soviel glatter Unsinn in wohlklingendem Englisch zusammengetragen worden« (Locke 1977: 63). Er will Filmer nicht nur gründlich widerlegen, sondern auch eine konstruktive Alternative vorlegen. Im Zuge der Ausarbeitung dieser Alternative entwickelt er seine Eigentumstheorie.

Dennoch greift es zu kurz, diese Theorie nur vor dem Hintergrund der englischen Innenpolitik zu lesen. Zuletzt hat David Armitage starke Indizien dafür vorlegen können, dass das Eigentumskapitel der *Zweiten Abhandlung* im Sommer 1682 entstanden ist – zu einer Zeit, in der Locke nachweislich mit einer Überarbeitung der Verfassung der englischen Kolonie Carolina befasst war (Armitage 2004: 619). Damit kann es als erwiesen gelten, dass Locke bei der Abfassung seiner Eigentumstheorie vor allem Fragen der Kolonisierung Amerikas vor Augen hat. Seine Theorie soll daher nicht nur bürgerliche Selbstbestimmungsrechte vor staatlichem Zugriff schützen, sondern auch Praktiken der kolonialen Landnahme naturrechtlich legitimieren.[40]

Neben diesen beiden politischen Motiven verfolgt Locke aber auch ein genuin philosophisches Ziel: Er will die naturrechtliche Eigentumslehre aus der kontraktualistischen Sackgasse herausführen, in die sie bei Autoren wie Hugo Grotius, Thomas Hobbes oder Samuel Pufendorf geraten war. Filmer hatte deren Ansätze einer beißenden Kritik unterzogen – nicht zu Unrecht.[41] Locke folgt dieser Kritik in seinem politischen Hauptwerk und wischt den Kontraktualismus mit einer lakonischen Bemerkung beiseite: Würde die Aneignung eines Guts tatsächlich die Zustimmung aller Mitmenschen voraussetzen, wären »alle Menschen verhungert, ungeachtet des Überflusses, den Gott ihnen gegeben hat« (ebd.: 217). Um seine Alternative zu entwickeln, setzt Locke wieder dort an, wo Grotius gescheitert war: Er versucht zu zeigen, dass gewisse Aneignungsakte auch ohne Verträge naturrechtskonform sind – nämlich dann, wenn sie niemandem etwas wegnehmen.

Bevor wir uns dieser Alternative zuwenden, gilt es noch ein mögliches Missverständnis auszuräumen: Der Begriff ›Eigentum‹ (engl.: *property/propriety*) ist bei Locke zunächst rein formal definiert und keineswegs gleichbedeutend mit dem modernen Begriff des Sacheigentums. Als Eigentum bezeichnet Locke vielmehr alles, was »keinem Menschen ohne die eigene Zustimmung genommen werden kann« (ebd.: 322). Daher kann er ohne begrifflichen Bruch auch vom eigenen Leben, der körperlichen

Unversehrtheit oder sogar der eigenen Religiosität als Eigentum sprechen. Im Eigentumskapitel der *Zweiten Abhandlung* meint Locke hingegen meist individuelles Privateigentum an äußeren Gütern, wenn er vom Eigentum spricht (vgl. Waldron 1988: 158 f.). Auch dieses Privateigentum aber bleibt in vielerlei Hinsicht begrenzt. Ein schrankenloses Eigentum à la Blackstone oder Filmer bleibt bei Locke explizit Gott vorbehalten.

(2) Naturrecht und Eigentum bei Locke

Locke wurde zwar immer wieder zu einem Vordenker unbeschränkter Rechte stilisiert; tatsächlich aber bleibt seine politische Philosophie fest in einer christlichen Naturrechtslehre verwurzelt, auf deren Grundlage er seine innovative, aber nicht unproblematische Eigentumstheorie entwickelt.

Naturrecht und ›maker's right‹

Ausgangspunkt von Lockes Überlegungen sind zunächst nicht etwa natürliche *Rechte* des Menschen, sondern ist vielmehr dessen fundamentale *Verpflichtung* gegenüber Gott.[42] »In letzter Konsequenz«, so heißt es etwa in Lockes frühen *Essays über das Naturrecht*, »gehen alle Verpflichtungen auf Gott zurück« (Locke 1997: 117). Schon in diesem frühen Werk begründet Locke die menschliche Verpflichtung – ähnlich wie vor ihm etwa Thomas von Aquin – mit dem menschlichen Status als Geschöpf und somit Eigentum Gottes: Die Menschen müssten einsehen, dass sich ihre Existenz nur durch einen Gott erklären lässt, der sie geschaffen hat (und zwar buchstäblich aus dem Nichts). Schon deswegen sind sie dem göttlichen Willen vorbehaltlos unterworfen und müssen sich an das göttliche Naturrecht halten (ebd.).

Warum aber sollte Gott durch den Schöpfungsakt zum Eigentümer dessen werden, was er erschafft? Auch wenn Locke seine reife Eigentumstheorie erst Jahrzehnte später entwickeln wird, enthält seine Beantwortung dieser Frage bereits deren wesentlichen Kern: »alle Dinge sind zu Recht demjenigen unterworfen, von dem sie zuerst erschaffen worden sind« (ebd).[43] Gott wird also zum Eigentümer der Welt aufgrund des sogenannten *maker's right*, dem zufolge das Erschaffen eines Objekts zugleich auch ein Eigentumsrecht an ihm begründet. Weil ein solches Objekt dem Willen seines Schöpfers vorbehaltlos unterworfen ist, kann er mit ihm machen, was er will. Es muss also sein Eigentum sein.

An diesem Argument hält Locke auch in seinen späteren Schriften fest. Er arbeitet nun aber deutlicher heraus, dass nicht nur Gott, sondern auch der Mensch schöpferisch handeln kann. Der Grund dafür ist die menschliche Freiheit: Weil Gott den Menschen nach seinem eigenen Bilde geschaffen hat, ist dieser von Natur aus frei. Wie Locke besonders im *Versuch über den menschlichen Verstand* deutlich macht, denkt er diese Freiheit nach dem Modell der unbedingten Kausalität: Ebenso wie Gott die Welt aus dem Nichts erschaffen hat, ist der Mensch durch seine Vernunft zur Urheberschaft fähig, kann also selbst neue Kausalketten anstoßen und genuin Neues schaffen.

Allerdings gesteht auch Locke zu, dass der Mensch anders als Gott nichts buchstäblich aus dem Nichts heraus erschaffen kann:

»Seine Macht, wie kunstreich und geschickt sie auch gehandhabt werden möge, reicht nicht weiter als bis zu der Zusammensetzung und Zerlegung des ihm in die Hände gelieferten Materials; dagegen ist er außerstande, auch nur das kleinste Partikel neuer Materie zu schaffen oder ein Atom der schon vorhandenen zu vernichten.« (Locke 2006: 128)

Und dennoch, so Locke weiter, trägt der Mensch den entscheidenden Funken der göttlichen Allmacht in sich. Zwar bleibt er von unzähligen Dingen abhängig, die er selbst nicht geschaffen hat – von äußeren Gütern über seinen Körper bis hin zu den »einfachen Ideen«, die ihn als Sinneseindrücke aus der Außenwelt erreichen. Aber, und das ist entscheidend: Der Mensch ist durch seine Vernunft dazu in der Lage, diese »einfachen Ideen« aus eigener Kraft, also frei und aktiv, zu etwas ganz Neuem zusammenzusetzen.[44] Er ist daher nicht »allein auf die Beobachtung und auf das von außen sich Darbietende angewiesen; er kann vielmehr aus eigener Kraft die Ideen, die er besitzt, verknüpfen und *neue komplexe Ideen schaffen*, die sich ihm in dieser Verbindung nie dargeboten haben.« (Ebd.: 187, Hervorh. hinzugefügt)

Der Intellekt arbeitet somit ähnlich wie eine Autorin, die bereits existierende Elemente (Buchstaben, einfache Ideen) in frei gewählter Form neu kombiniert und dadurch etwas genuin Neues schafft (eine Geschichte, komplexe Ideen). Durch körperliche Handlungen kann der Mensch dieses Neue dann aus dem Intellekt in die Welt überführen. Es ist diese schwache Parallele zur göttlichen Allmacht, die den Menschen Locke zufolge von der restlichen Schöpfung abhebt: Er gehört zwar als Geschöpf in letzter Instanz Gott, gilt aber zugleich in allen weltlichen Belangen als frei und gehört sich insofern selbst.

Die politischen und eigentumstheoretischen Konsequenzen dieser Freiheitslehre entfaltet Locke in seinen *Zwei Abhandlungen über die Regierung*. Er spricht deutlich aus, dass der Ursprung des Eigentums letztlich in der Gottesebenbildlichkeit des Menschen, d. h. in seiner Vernunft zu suchen ist: »Denn worin auch sonst das *Ebenbild Gottes* bestanden haben mag, die Vernunft war jedenfalls ein Teil davon. Sie war ein Kennzeichen der ganzen Gattung und befähigte sie, über die niedrigeren Geschöpfe zu herrschen.« (Locke 1977: 89)

Als vernünftige Wesen haben Menschen ein natürliches Recht auf Selbsterhaltung und Selbstbestimmung – also darauf, im Rahmen des naturrechtlich Erlaubten »über ihren Besitz und ihre Persönlichkeit so zu verfügen, wie es ihnen am besten erscheint, ohne dabei [...] vom Willen eines anderen abhängig zu sein« (ebd.: 201). Damit aber tragen sie zugleich *»die große Grundlage des Eigentums«* in sich: Als »Herr seiner Selbst« bzw. als »Eigentümer seiner eigenen Person und ihrer Handlungen oder Arbeit« ist der Mensch dazu in der Lage, genuin Neues zu schaffen und somit zu dessen Eigentümer zu werden (ebd.: 227).

Da der Mensch im Gegensatz zu Gott nichts buchstäblich aus dem Nichts schaffen kann, sondern lediglich bereits vorhandene Güter transformiert, bleibt die Eigentumsbildung durch den Menschen allerdings erklärungsbedürftig. Denn wenn sie stets auf äußere Güter angewiesen bleibt, dann setzt sie voraus, dass der Zugriff auf diese Güter bereits legitim war. Eben das versucht Locke im berühmten fünften Kapitel der *Zweiten Abhandlung* nachzuweisen. Seine Eigentumstheorie geht in drei Schritten vor. Entscheidend ist dabei bereits der erste Schritt, mit dem Locke den Nachweis erbringen will, dass eine Aneignung von Gütern schon im Naturzustand ohne Rückgriff auf Verträge legitim sein kann. Lockes Strategie besteht darin, die moralischen Ansprüche herauszuarbeiten, die einem solchen Aneignungsakt im Wege stehen können, um dann mithilfe seiner innovativen Arbeitstheorie zu zeigen, dass diesen Ansprüchen auch ohne Verträge Genüge getan werden kann. Erst im zweiten und dritten Schritt greift Locke dann auf vertragstheoretische Konstruktionen zurück, um die naturrechtlichen Eigentumstitel mit der Einführung des Geldes zu entgrenzen und durch die Staatsgründung positivrechtlich zu kodifizieren. Obwohl Eigentumsrechte Lockes Arbeitstheorie zufolge ihren »Ursprung in der Arbeit und im Fleiß« haben, kommen sie auch bei ihm also erst durch

»Vertrag und Übereinkunft« auf ihre uns bekannte rechtliche Form (Locke 1977: 228). Verträge begründen Eigentumsrechte nicht, aber sie vervollkommnen sie.

Die Gütergemeinschaft

Die menschliche Gottesebenbildlichkeit – d.h. das Vermögen zur vernünftigen Selbstbestimmung – ist nur die eine Seite der menschlichen Natur. Die andere Seite ist die menschliche Kreatürlichkeit; also das Faktum, dass der Mensch tief in natürliche und soziale Stoffwechselkreisläufe eingebettet ist und somit auf konstitutive Weise von seinem Umfeld und seiner Umwelt abhängig bleibt. Im Gegensatz zu Gott kann der Mensch als abhängiges Wesen seine Freiheit daher nur verwirklichen und erhalten, indem er auf äußere Güter zurückgreift.[45] Dafür aber muss er auch berechtigt sein, diese zu nutzen. Diese Berechtigung konzipiert Locke – ebenso wie zahlreiche seiner eigentumstheoretischen Vorgänger – als eine ursprüngliche Gütergemeinschaft, der zufolge die Welt zunächst allen Menschen gemeinsam gehört. Im Gegensatz zu seinen Vorgängern aber begreift er die Gütergemeinschaft gerade nicht als »negativen« Zustand der Rechtlosigkeit, sondern vielmehr als eine »positive« Form von Gemeineigentum. In einer negativen Gütergemeinschaft gehört nur in dem schwachen Sinne alles allen, dass niemandem etwas privat gehört. Die negative Gütergemeinschaft bezeichnet also die Abwesenheit von (exklusiven) Individualrechten und betrachtet die Welt als *Open-Access*-Gut. Auch Locke ist der Meinung, dass im Naturzustand zunächst niemandem etwas exklusiv gehört. Aber er macht geltend, dass es neben exklusiven auch *inklusive* Individualrechte geben kann. Auch diese inklusiven Rechte führt Locke auf Gott zurück: Weil dieser die Welt allen Menschen gleichermaßen überlassen habe, besitzt jeder Mensch ein natürliches

Recht, nicht von den Gütern der Welt ausgeschlossen zu werden (vgl. Tully 1980: 53 ff.). Mit dieser positiven Konzeption der Gütergemeinschaft als einer Form inklusiven Gemeineigentums verschiebt sich auch die Herausforderung, vor der Lockes Eigentumstheorie steht: Erklären muss sie nicht den Übergang von einem rechtlosen Zustand zum Eigentum, sondern vielmehr den Übergang vom inklusiven Gemeineigentum zu exklusiven Eigentumsformen, insbesondere dem Privateigentum.

Aus seiner Konzeption einer inklusiven Gütergemeinschaft leitet Locke insgesamt drei Vorbehalte ab, die sicherstellen sollen, dass niemand von den Gütern der Welt ausgeschlossen werden kann: die Rechte von Bedürftigen, die Pflicht zur produktiven Nutzung und die Pflicht, anderen genügend Güter übrig zu lassen. Nur wenn diese Vorbehalte erfüllt sind, können Güter der ursprünglichen Gütergemeinschaft privat genutzt und angeeignet werden.

Erstens leiten sich aus der positiven Gütergemeinschaft Ansprüche der *Bedürftigkeit* ab. Locke nennt zwei Arten solcher Ansprüche: Zum einen geht er (wie bereits Thomas vor ihm) von einem Notrecht auf die existenzsichernde Nutzung von Gütern aus;[46] zum anderen spricht er Kindern das Recht zu, aus dem Vermögen ihrer Eltern versorgt zu werden – falls nötig auch über deren Tod hinaus.[47] Jede private Aneignung steht daher unter dem Vorbehalt, dass sie durch Ansprüche der Bedürftigkeit übertrumpft werden kann. Diese Not- und Versorgungsrechte sollen verhindern, dass Menschen, die sich das Lebensnotwendige nicht selbst verschaffen können, durch fremde Aneignungsakte vom Zugang zu Versorgungsgütern abgeschnitten werden.

Der zweite und dritte Vorbehalt hingegen soll Menschen, die ihren Lebensunterhalt selbst bestreiten können, einen Zugang zur Gütergemeinschaft sichern. Dazu leitet Locke zum einen ein

Verschwendungsverbot aus der inklusiven Gütergemeinschaft ab: Da der einzig legitime Zweck einer Aneignung gemeinsam besessener Güter darin liegt, diese für die menschliche Selbsterhaltung und -bestimmung zu nutzen, wäre es illegitim, Güter anzueignen, aber ungenutzt verkommen zu lassen. Aneignen darf der Mensch nur, was er »zu irgendeinem Vorteil seines Lebens gebrauchen kann, bevor es verdirbt [...]. Was darüber hinausgeht, ist mehr als sein Anteil und gehört anderen.« (Ebd.: 219)

Dieses auf den ersten Blick eher unspektakuläre Verbot entwickelt eine überraschende Brisanz, wenn man es vor dem Hintergrund des britischen Siedlerkolonialismus liest. Denn es stellt die argumentativen Ressourcen bereit, um Praktiken der kolonialen Landnahme in Nordamerika zu legitimieren. Während traditionelle Eigentumstheorien den First Nations Amerikas ein Anrecht auf das Land zugesprochen hätten, das sie bewohnen oder etwa zur Jagd nutzen, spricht Locke ihnen ebendiesen Anspruch ab: Wo das Gras »am Boden verdarb« oder die Früchte »verfaulten, ohne daß sie gesammelt und aufbewahrt wurden«, musste das Land offenbar »herrenlos« sein und konnte daher »von einem anderen in Besitz genommen werden« (ebd.: 224). Lockes Eigentumstheorie erklärt Amerika also kurzerhand zur herrenlosen *terra nullius*, die sich weiterhin im Gemeinbesitz aller Menschen befindet und nur darauf wartet, von den »Fleißigen und Verständigen« (d.h. den Briten) angeeignet zu werden (ebd.: 220).[48]

Der dritte Vorbehalt schließlich soll sicherstellen, dass Aneignungen die Situation der Mitmenschen *nicht verschlechtern*: Da alle Menschen den gleichen Anspruch auf die gemeinsamen Güter haben, kann eine Aneignung nur legitim sein, wenn »genug und ebenso gutes den anderen gemeinsam verbleibt« (ebd.: 217), diese also nicht in der Ausübung ihrer natürlichen Rechte auf Selbsterhaltung und Selbstbestimmung behindert werden.

Es ist in der Eigentumstheorie viel und ausdauernd darüber gestritten worden, wie genau dieser dritte Vorbehalt Lockes zu deuten ist. Mit Robert Nozick (1976: 165) können wir zwischen zwei möglichen Lesarten unterscheiden: Nach einer schwachen Lesart geht es Locke nur darum, anderen genügend gleichwertige Güter *zur Benutzung* übrig zu lassen. Es wäre dann z. B. legitim, alles Land der Erde privat zu besitzen, sofern man der übrigen Menschheit Nutzungsrechte einräumt. Eine strenge Lesart hingegen würde erfordern, anderen genügend Güter *zur Aneignung* zu überlassen. Nozick meint zwar, dass Locke die strenge Lesart vertritt, greift sie aber mit einem scharfsinnigen Argument an: In einer Welt mit begrenzten Ressourcen sei diese so streng, dass sie irgendwann *jede* Aneignung für illegitim erklären müsste (ebd.). Denn wenn eine Person erstmals nichts mehr aneignen darf (weil sonst nicht mehr »genug und ebenso gutes« übrig bleiben würde), dann muss bereits der letzte Aneignungsakt davor illegitim gewesen sein. Denn dieser hatte ja dazu geführt, dass niemand mehr Güter aneignen kann. Dann aber muss auch schon die zweitletzte Aneignung illegitim gewesen sein, usw. Wie eine Reihe Dominosteine fällt so ein Eigentumstitel nach dem anderen dem dritten Vorbehalt zum Opfer.

Nozicks Einwand setzt allerdings voraus, dass es Locke darum geht, anderen »genug und ebenso gute« Güter *der gleichen Art* übrig zu lassen – denn nur dann kommt der erste Dominostein zwingend früher oder später zu Fall. Locke hingegen scheint davon auszugehen, dass sich der Vorbehalt auch durch die Bereitstellung anderer, *äquivalenter* Güter erfüllen lässt (vgl. Sreenivasan 1995: 47–59). Indem er zeigt, dass die Aneignung von Gütern gerade kein Nullsummenspiel darstellt, sondern den verfügbaren Güterpool sogar vergrößern kann (s. u.), entzieht er sich dem Einwand, den Nozick formulieren wird. Die strenge Lesart des dritten Vorbehalts ist also durchaus plausibel:

Eine Aneignung ist nur dann legitim, wenn sie andere Menschen nicht daran hindert, so viele Güter in ausreichender Menge und Qualität anzueignen, wie sie für die Ausübung ihres natürlichen Rechts auf Selbsterhalt und Selbstbestimmung benötigen.

Die Arbeitstheorie

Vor dem Hintergrund dieser drei naturrechtlichen Aneignungsvorbehalte entwickelt Locke seine Arbeitstheorie des Eigentums. Sie soll zeigen, dass es auch ohne fremde Zustimmung möglich ist, Güter anzueignen, ohne mit diesen Vorbehalten in Konflikt zu geraten. Ihr zentrales Argument formuliert Locke in einer berühmten Passage:

> »Obwohl die Erde und alle niederen Lebewesen allen Menschen gemeinsam gehören, so hat doch der Mensch ein *Eigentum* an seiner eigenen *Person*. Auf diese hat niemand ein Recht als nur er allein [1]. Die *Arbeit* seines Körpers und das *Werk* seiner Hände sind, so können wir sagen, im eigentlichen Sinne sein Eigentum [2]. Was immer er also dem Zustand entrückt, den die Natur vorgesehen und in dem sie es belassen hat, hat er mit seiner *Arbeit* gemischt und ihm etwas eigenes hinzugefügt. Er hat es somit zu seinem *Eigentum* gemacht [3].« (Locke 1977: 216f.)

Lockes Argument lässt sich in drei Schritten rekonstruieren: Erstens verfügt der Mensch schon im Naturzustand nicht nur über die *inklusiven* Rechte der Gütergemeinschaft, sondern ebenso über ein *exklusives* Recht – nämlich das Selbsteigentum, also das Recht auf Selbsterhaltung und Selbstbestimmung. Dieses Eigentum richtet sich zunächst nur auf die eigene »Person«. (Ein Eigentumsrecht auf den eigenen Körper findet sich bei Locke – anders als oft behauptet wird – hingegen nicht.) Der Ausdruck »Person« ist bei Locke ein technischer Begriff: Als Person gilt, wer als vernunftbegabtes Wesen im oben eingeführten Sinne zur Urheberschaft an eigenen Handlungen fähig ist, diese also selbstständig hervorbringt.[49] So wie Gott die Welt gehört, weil er sie geschaffen hat, gehören dem Menschen seine Handlungen, weil er sie aus eigener Kraft hervorbringt. Eigentümer seiner Person zu sein bedeutet also, das Vermögen zu besitzen, als vernunftbegabtes Wesen Handlungen aus eigener Kraft hervorzubringen und damit (in einem erklärungsbedürftigen Sinne) zu deren »Eigentümer« zu werden. Das gilt besonders für das Vermögen, durch Handlungen wertvolle Güter herzustellen, die für ein gesichertes und selbstbestimmtes Leben nötig sind – also für die eigene Arbeitskraft.

Zweitens leitet Locke aus diesem Eigentum an der eigenen Arbeitskraft ein Eigentum an den Erträgen der Arbeit ab: Wer sich selbst gehört, dem gehört auch das, was sein »Körper« und seine »Hände« erzeugen. Der Grund dafür ist das Verwertungsrecht, das Eigentümern zukommt: Wem eine Handlung gehört, dem gehören auch die Werte, die aus dieser hervorgehen. Wäre der Mensch in der Lage, nur durch Einsatz seiner Arbeitskraft wertvolle Güter hervorzubringen, so würden diese zweifelsfrei ihm gehören.

Dazu ist der Mensch aber, drittens, gerade nicht in der Lage. Denn im Gegensatz zu Gott kann er wertvolle Güter nicht buchstäblich aus dem Nichts erzeugen. Menschen können ihr Vermögen zur produktiven Arbeit vielmehr nur verwirklichen, indem sie auf bereits vorhandenes Material einwirken (s. o.). Deswegen ist die bloße Verwirklichung einer komplexen Idee, d. h. der materielle Arbeitsprozess, nicht im strengen Sinne schöpferisch, sondern besteht bloß in einer Transformation von vorhandenem Material.[50] Aber *das, was verwirklicht wird*, d. h. die intentional und aktiv gebildete komplexe Idee, entspringt der selbsttätigen geistigen Aktivität des Menschen. Was immer er den Gütern im Zuge dieser schöpferischen Transformation »hinzufügt«, gehört also ihm. Das ist es, was Locke als »Vermischung« bezeichnet: Eine Person, die ihre Arbeit mit einem herrenlosen Gut »vermischt« und diesem so etwas Eigenes (d.h. einen selbst erzeugten Gebrauchswert) hinzufügt, erwirbt einen exklusiven Anspruch auf das dabei entstehende Produkt. Denn wer ihr dieses Produkt nehmen würde, würde sie zugleich ihrer Arbeit berauben; das aber wäre illegitim. Das Gut muss also in ihr Privateigentum übergegangen sein.

Vor allem dieser dritte Schritt von Lockes Arbeitstheorie ist immer wieder angegriffen worden.[51] So wirft etwa Nozick (1976: 164) die Frage auf, warum das Vermischen von etwas Eigenem mit etwas Fremdem nicht einfach zum Verlust des Eigenen führt: Wer z.B. eine Dose Tomatensaft ins Meer gieße, werde dadurch ja auch nicht zu dessen Eigentümer, sondern hätte bloß seinen Tomatensaft vergeudet. Nozicks Herausforderung übersieht allerdings, dass Locke mit seiner Wortwahl auf das römischrechtliche Prinzip der *Akzession* anspielt, dem zufolge bei einer irreversiblen Verbindung von Gütern die »Nebensache« – also das weniger wertvolle Gut – der »Hauptsache« eigentumsrechtlich folgt. Wer also den wertvolleren Input-Faktor leistet, dem steht auch das Output zu (zumindest sofern er bereit ist, anderen Beitragenden ihre Kosten zu erstatten). Locke scheint offenbar umstandslos davon auszugehen, dass dieses Prinzip schon im Naturzustand Geltung besitzen muss. Aus diesem Grund gibt er sich große Mühe nachzuweisen, dass produktive Arbeit »den weitaus größten Anteil des Wertes« zum Produktionsprozess beisteuert (Locke 1977: 226). Denn wenn menschliche Arbeit den größeren Input-Faktor darstellt, kann sie als »Hauptsache« der Akzession gelten. Die Natur und insbesondere der Boden hingegen stellen, wie Locke nicht müde wird zu beteuern, »nur die an sich fast wertlosen Rohstoffe« bereit und können daher nahezu vernachlässigt werden (ebd.: 227). So meint Locke etwa, dass schon das Aufheben eines Apfels ausreichend ist, um die inklusiven Ansprüche der restlichen Menschheit zu überwiegen und den Apfel privat anzueignen.

Die Arbeitstheorie soll zeigen, dass die Bearbeitung von Gütern der inklusiven Gütergemeinschaft auch ohne fremde Zustimmung hinreichend ist, um exklusive Eigentumsansprüche zu begründen. Denn wo keine fremden Rechte verletzt werden, ist auch keine fremde Zustimmung nötig. Locke argumentiert daher, dass die Aneignung durch produktive Arbeit im Naturzustand keinem der naturrechtlichen Aneignungsvorbehalte widerspricht: Zum einen verschlechtert sie die Situation von Bedürftigen nicht – im Gegenteil, sie verbessert sie sogar, weil sie wertschöpfend ist und somit den Güterpool vergrößert, auf den Not- und Versorgungsrechte geltend gemacht werden können. Zum anderen verschlechtert sie aber auch nicht die Situation von Nicht-Bedürftigen, da sie weder Güter verschwendet noch anderen Menschen die Möglichkeiten nimmt, selbst Güter anzueignen. Denn zumindest zu Beginn des menschlichen Zivilisationsprozesses stehen noch weit mehr aneignungsfähige Güter bereit, als die Menschheit nutzen kann (ebd.: 228).

Entgrenzung und Positivierung des Eigentums

Dieses »goldene Zeitalter« (ebd.: 280), in dem die Menschen sich nach Lust und Laune an den Gütern der Natur bedienen können, währt aber nicht ewig: Infolge des zivilisatorischen Fortschritts geht der Naturzustand in Lockes Narrativ allmählich in eine zweite Phase über, in der schließlich die Geldwirtschaft aufkommt (ebd.: 228 ff.). Obwohl das Geld Locke zufolge zunächst nur als hilfreiches Instrument zur Vereinfachung von Transaktionen eingeführt wird, entgrenzt es das Eigentum in doppelter Hinsicht: Zum einen hebelt es als Wertspeicher das Verbot aus, Güter ungenutzt verderben zu lassen. Da Geld nicht verdirbt, hat Geldeigentum – im Gegensatz zu den ursprünglichen Eigentumstiteln, die ja unter dem Vorbehalt der Nichtverschwendung standen – kein Verfallsdatum. Damit wird zum anderen auch die Akkumulation von Eigentum möglich: Während es im ursprünglichen Naturzustand nicht nur »unredlich«, sondern auch »dumm« war, sein Vermögen über den Subsistenzbedarf des eigenen Haushalts hinaus zu vergrößern (ebd.: 229), wird es nun zu einer rationalen Handlungsoption, Überschüsse zu verkaufen und Reichtum anzuhäufen.

Da das insbesondere die Nachfrage nach fruchtbarem Land explodieren lässt, werden die in der Gütergemeinschaft verbleibenden Güter nun erstmals knapp. Damit droht eine Verletzung des dritten naturrechtlichen Vorbehaltes – es stehen nicht mehr »genug und ebenso gute« Güter zur Aneignung bereit. Diesem Problem versucht Locke mit einem (allerdings fragwürdigen) vertragstheoretischen Argument zu begegnen: Er macht geltend, dass die »stillschweigende und freiwillige« Übereinkunft, dem Geld einen Wert beizumessen, zugleich als Einwilligung in alle Folgen der Geldwirtschaft gelten könne (ebd.: 230). Wer Geld nutze, gebe daher zu erkennen, auch mit der »ungleichen und unproportionierten« Vermögensverteilung einverstanden zu sein, die dieses mit sich bringt – egal, wie sie aussieht (ebd.).[52] Im Hintergrund dieses Arguments steht Lockes optimistische Annahme, dass die Einführung einer geldvermittelten Wirtschaft die Produktivität und damit auch die Lebensstandards *aller* Menschen signifikant erhöhen würde. Obwohl sie die Möglichkeit verlieren, »genug und ebenso gute« Güter der Gütergemeinschaft anzueignen, wäre die Einführung des Geldes dann im Interesse aller Menschen. Denn ihr Verlust würde durch die geldvermittelten Produktivitätssteigerungen überkompensiert (ebd.: 225).

In der Folge beziehen die Menschen die meisten Güter, die sie für die Erfüllung ihres natürlichen Rechts auf Selbsterhalt und Selbstbestimmung benötigen, auf dieser zweiten Stufe von

Lockes Theorie nicht länger aus der ursprünglichen Gütergemeinschaft, sondern aus der Teilhabe an einer arbeitsteiligen Wirtschaftsgemeinschaft. Da sich diese Güter bereits in Privateigentum befinden, erfolgt ihre Aneignung nicht länger durch Bearbeitung, sondern durch Tausch. Wer nicht über äußeres Eigentum zum Tausch verfügt, kann sie Locke zufolge jederzeit gegen sein inneres Eigentum eintauschen, d.h. gegen seine Arbeitskraft. Locke vertritt dabei – Platon und Aristoteles nicht unähnlich – ein patriarchales Modell von Arbeitsteilung (ebd.: 217f.): Personen, die sich einem fremden Haushalt als Knechte anschließen, bleiben zwar formal frei, werden aber hinsichtlich ihrer Dienstpflichten zu bloßen Instrumenten ihrer Dienstherren. Knechte verrichten daher während ihrer Arbeitszeit buchstäblich die Arbeit ihrer Herren und tauschen ihren natürlichen Anspruch auf die Produkte ihrer Arbeit gegen Lohnzahlungen ein. Damit legt Locke – wenn auch vielleicht nicht ganz absichtlich – zugleich einen Grundstein für kapitalistische Lohnarbeitsverhältnisse (vgl. Macpherson 2011).

Obwohl sie Locke zufolge naturrechtskonform ist, setzt die Einführung des Geldes Akkumulationsspiralen in Gang und verursacht Verteilungskonflikte um die knapper werdenden Güter. Um ihr »Eigentum« – also ihr Leben, ihre Freiheit und ihr Vermögen – angesichts dieser Konflikte nachhaltig sichern zu können, schließen sich die Menschen schließlich zu Staaten zusammen (Locke 1977: 278). Mit dieser Staatsgründung erreicht Lockes Theorie ihre dritte und letzte Stufe: die positivrechtliche Kodifizierung von Eigentumstiteln. Diese stabilisiert einerseits die im Naturzustand erworbenen Eigentumstitel und stellt ihre Durchsetzbarkeit sicher. Andererseits gestehen die Menschen damit dem Staat zugleich auch das Recht zu, Steuern zu erheben (ebd.: 289f.) und die Eigentumsordnung demokratisch so auszugestalten, wie es »das Wohl der Gesellschaft erfordert«

(ebd.: 281). Wenngleich Locke selbst keine solche Forderung erhebt, wird damit neben regulatorischen Maßnahmen auch die systematische Umverteilung von Vermögen zu einer legitimen politischen Option.

Locke ist nicht der erste Denker der westlichen Tradition, der die Arbeit als Quelle legitimer Eigentumsansprüche ansieht.[53] Aber er ist der Erste, der sie konsequent in den Mittelpunkt seiner Eigentumstheorie stellt. Damit prägt er ein bis in die Gegenwart ungeheuer wirkmächtiges Narrativ für die Legitimität privater Eigentumsansprüche. Aus heutiger Sicht erscheinen allerdings zahlreiche Elemente seiner Theorie problematisch: ihr theologisches Fundament, ihre kolonialen Implikationen, ihre einseitige Ausrichtung auf Privateigentum, ihr optimistischer Fortschritts- und Wachstumsglaube, ihr patriarchales Modell von Arbeitsteilung und nicht zuletzt ihre Abwertung von Naturgütern und Reproduktionsarbeit. Trotz dieser gravierenden Probleme ist die freiheitstheoretische Einsicht hinter Lockes Theorie aber kaum sinnvoll zurückzuweisen: dass exklusive Eigentumsrechte dort (und nur dort) legitim sind, wo sie auf intentional durchgeführte Wertschöpfungshandlungen selbstbestimmter Akteure zurückgehen. Wie wir in Kapitel 4 und 5 sehen werden, könnte eine Gesellschaftsordnung, die mit diesem Programm ernst macht, allerdings auch ganz anders aussehen, als Liberale wie Locke offenbar meinen.

(3) Der Libertarismus

Im Laufe ihrer langen und komplexen Rezeptionsgeschichte haben sich ganz unterschiedliche politische Bewegungen auf Lockes Eigentumstheorie berufen. In aktuellen Diskussionen werden jedoch hauptsächlich *libertäre* Positionen mit ihr in Verbindung gebracht. Das ist einerseits verständlich, da Lockes emphatische Rhetorik durchaus zu einer libertären Interpretation einlädt. Andererseits ist es aber auch nicht frei von Ironie, da Lockes politische Philosophie ja gerade darauf abzielte, eine Theorie unbeschränkter Eigentumsrechte zurückzuweisen (s. o.).

Ebenso wie Locke gehen Libertäre davon aus, dass Menschen sich als freie Wesen selbst gehören.[54] Während diese Freiheit bei Locke aber an zahlreiche naturrechtliche Pflichten gebunden bleibt, wird sie von Libertären als ein vollumfängliches Verfügungsrecht nach dem Vorbild des schrankenlosen Sacheigentums konzipiert. Anders als bei Locke erstreckt sie sich dabei explizit auch auf den eigenen Körper. Individuen steht es somit frei, buchstäblich alles zu tun, was nicht die (Selbst-)Eigentumsrechte anderer Individuen verletzt.[55] Die Aufgabe des Staates besteht dann lediglich darin, die Einhaltung dieser natürlichen Eigentumsrechte sicherzustellen.

Obwohl nahezu alle Anhänger des Libertarismus eine solche radikalisierte Konzeption des Selbsteigentums vertreten, kommen sie teils zu völlig unterschiedlichen Ergebnissen in der Frage, was daraus für die Aneignung *äußerer* Güter folgt. Sogenannte »Rechtslibertäre« stilisieren das Selbsteigentum zur alleinigen Quelle menschlicher Rechte und argumentieren, es beinhalte auch ein schrankenloses Recht, äußere Güter anzueignen. Im Gegensatz dazu vertritt der »Linkslibertarismus« eine konsequent egalitäre Position, der zufolge äußere Güter zunächst allen gemeinsam gehören und allenfalls unter hohen Auflagen privat angeeignet werden können. Die beiden Varianten des Libertarismus weichen also hinsichtlich der Aneignung von äußeren Gütern in je entgegengesetzter Weise von der Position Lockes ab.

Rechtslibertäre treten nur die eine Hälfte des Erbes von Lockes Eigentumstheorie an: Sie berufen sich auf die Idee des Selbsteigentums (oder theologisch formuliert: der Gottesebenbildlichkeit), wenden sich aber vehement gegen seine Theorie der positiven Gütergemeinschaft (Kreatürlichkeit). Stattdessen bedienen sie sich wieder der – normativ weniger voraussetzungsreichen – Idee einer negativen Gütergemeinschaft, der zufolge äußere Güter nicht allen gemeinsam, sondern zunächst niemandem gehören (vgl. exemplarisch Epstein 1985: 11). Da der Aneignung herrenloser Güter somit auch keine fremden Rechte im Weg stehen können, schließen viele Rechtslibertäre Aneignungs- oder Eigentumsvorbehalte grundsätzlich aus. Stattdessen sprechen sie sich für einen unregulierten Kapitalismus aus, in dem jeder nach Belieben Güter aneignen und akkumulieren kann (vgl. Rothbard 2006: 28; Narveson 2001). Andere Rechtslibertäre erkennen die von Locke formulierten Aneignungsvorbehalte zwar grundsätzlich an, wollen sie aber auf ein Minimum reduzieren. So hält etwa Nozick die Aneignung äußerer Güter nur dann für problematisch, wenn sie auf erpresserische Weise verwendet werden. Wer sich das einzige Wasserloch in einer Wüste aneignet, darf deswegen für dessen Nutzung nicht einfach »verlangen, was er will«, sondern muss es anderen zu fairen Preisen zur Verfügung stellen (Nozick 1976: 168). Abgesehen von solchen Extremsituationen will aber auch Nozick die Eigentumsordnung vollständig dem freien Markt überlassen (ebd.: 144). Nur dieser könne sicherstellen, dass niemand in seinem Recht auf Selbsteigentum verletzt wird. Staatliche Umverteilung hingegen brandmarken Rechtslibertäre als »Zwangsarbeit« (ebd.: 159). Denn wer jemandem die »Früchte seiner Arbeit« nimmt und sie an andere Personen umverteilt, mache diese zu »Teileigentümern des Betroffenen« und verletze somit dessen Recht auf Selbsteigentum (ebd.: 162). Allenfalls seien Steuern in dem Maße legitim, wie sie unbedingt nötig sind, um einen minimalen »Nachtwächterstaat« zu finanzieren, der über die Einhaltung der Eigentumsordnung wacht und sie gegen äußere Feinde verteidigt.

In direktem Gegensatz dazu wirft der *Linkslibertarismus* Locke vor, einen zu schwachen Begriff der positiven Gütergemeinschaft zu vertreten. Wie wir gesehen haben, konzipiert Locke die Gütergemeinschaft als inklusives Gemeineigentum der gesamten Menschheit und leitet daraus drei Vorbehalte ab, die das Privateigentum von innen her begrenzen und als Minimalstandards gegen es geltend gemacht werden können. Linkslibertäre wenden ein, dass solche Minimalstandards die natürliche Gleichheit der Menschen nicht hinreichend berücksichtigen. Für sie muss die positive Gütergemeinschaft vielmehr als das Recht eines jeden (heutigen oder zukünftigen) Menschen verstanden werden, *buchstäblich gleichermaßen* vom Reichtum der Natur zu profitieren. Neben ihrem privaten Anspruch auf Werte, die sie aus eigener Kraft geschaffen haben (Selbsteigentum), haben die Menschen daher auch einen Anspruch auf einen gleichwertigen Anteil an den natürlichen (d.h. unbearbeiteten) Ressourcen der Welt. Einige Linkslibertäre konzipieren diesen Anspruch im Anschluss an Henry George (2017) als *Pro-Kopf-Anteil* am Gesamtwert der erreichbaren natürlichen Ressourcen, allen voran dem Land (Steiner 1994).[56] Andere gehen noch einen Schritt weiter und zielen nicht auf eine Gleichverteilung der Pro-Kopf-Anteile, sondern der *Chancen auf persönliches Wohlergehen*. So sollen etwa durch Behinderung oder mangelnde Bildungschancen besonders benachteiligte Personen einen größeren Anteil der natürlichen Ressourcen erhalten (Otsuka 2003). In beiden Fällen muss, wer sich mehr als seinen persönlichen Anteil natürlicher Ressourcen aneignet, einen Teil seiner Mehrerträge in einen (ggf. globalen) Fonds einzahlen. Dieser wird an alle Menschen ausgeschüttet, die bislang weniger als den Gegenwert ihres gerechten Anteils an natürlichen Ressourcen erhalten haben – z.B. in Form eines bedingungslosen Grundeinkommens (Van Parijs 1995).

Wenngleich der Libertarismus (besonders in seiner rechten Variante) bis heute eine einflussreiche *politische* Position darstellt, bleiben seine Prämissen *philosophisch* hochumstritten. Zahlreiche kritische Stimmen haben die libertäre Konzeption des Selbsteigentums als eine bestenfalls überflüssige und schlimmstenfalls hochproblematische Konzeption zurückgewiesen (vgl. Nagel 1975; Philips 2013; Fried 2004). Hinzu kommt, dass viele libertäre Positionen eigentumstheoretisch überraschend blass bleiben. So sucht man etwa bei Autoren wie Nozick oder Epstein vergebens nach einer überzeugenden Aneignungstheorie. Und während das linkslibertäre Ideal einer strikten Gleichverteilung natürlicher Ressourcen zwar eine gewisse intuitive Plausibilität beanspruchen kann (und auch einigen wichtigen *policy*-Ansätzen implizit zugrunde liegt, etwa bei Berechnungen von CO_2-Budgets), bleiben seine Anhänger eine überzeugende säkulare Begründung bislang schuldig. Die gegenwärtige Eigentumstheorie begegnet daher den libertären Versuchen, spezifische Eigentumsordnungen im Rückgriff auf individuelle moralische Ansprüche zu naturalisieren, insgesamt mit großer Skepsis.

3. Eigentum und Wohlstand: Jeremy Bentham und der Utilitarismus

»Was macht denn den Besitz von Eigentum, von Grund und Boden zum Beispiel, so wertvoll? Die mannigfachen Freuden, die der Besitzer daraus ziehen kann, und, was auf das gleiche hinausläuft, all die Leiden, denen er dank seiner entgehen kann.«
Jeremy Bentham

Die Frage nach den Wohlstandseffekten des Eigentums ist so alt wie die Eigentumstheorie selbst: Bereits Aristoteles rechtfertigt das Privateigentum – unter anderem – mit Verweis auf dessen besondere Produktivität. Aber erst in der Frühen Neuzeit löst sich die Auseinandersetzung mit dieser Frage allmählich aus ihrem naturrechtlichen Rahmen und entwickelt sich zu einem eigenständigen Ansatz: der utilitaristischen Eigentumstheorie. Wichtige Impulse gehen dabei unter anderem von David Hume und anderen Vertretern der schottischen Aufklärung aus.[57] Auf seine kanonische Form bringt den utilitaristischen Ansatz schließlich der englische Sozialreformer und Philosoph Jeremy Bentham (1748–1832), indem er »das größte Glück der größten Zahl« (Bentham 1983: 18) zum alleinigen Maßstab moralischen und staatlichen Handelns erklärt und eine entsprechende Ausgestaltung der Eigentumsordnung einfordert (1). Benthams hedonistischer Ansatz ist aber mit dem Problem konfrontiert, dass man individuelles Glück nicht ohne Weiteres messen und vergleichen kann. Jüngere Varianten des Utilitarismus sind daher dazu übergegangen, subjektives Glück durch leichter messbare Kriterien wie die Erfüllung von Präferenzen oder Wohlstand zu ersetzen. Damit ebnen sie den Weg für eine instrumentelle Begründung von Eigentumsrechten, der zufolge Eigentum in dem Maße legitim ist, wie es eine effiziente Ressourcenallokation ermöglicht oder den aggregierten Wohlstand aller maximiert (2). Deutliche Spuren dieses utilitaristischen Ansatzes finden sich – oft implizit – in einigen der einflussreichsten ökonomischen Eigentumstheorien der Gegenwart. Auch wenn in diesen meist das Privateigentum im Mittelpunkt steht, ergibt ein genauerer Blick ein komplexes Bild der Produktivitäts- und Effizienzeffekte unterschiedlicher Eigentumsformen.

(1) Jeremy Bentham

Bentham gilt als Begründer des Utilitarismus. Von dieser streng säkular und rationalistisch begründeten Moralphilosophie erhofft er sich Antworten auf die drängenden Fragen seiner Zeit. Als Zeitgenosse der industriellen Revolution erlebt er aus erster Hand die sozialen Verwerfungen, die mit dieser einhergehen: Die Bevölkerung explodiert, die Städte wachsen wie nie zuvor, und der aufstrebende Industriekapitalismus verschärft die soziale Ungleichheit in beispiellosem Maße. Zudem wird Bentham Zeuge einer zentralen Phase der Aufklärung – inklusive der Versuche, deren Ideale mit der Französischen, Amerikanischen und Haitianischen Revolution zu verwirklichen. Zwar hat Bentham für die naturrechtliche Rhetorik dieser Revolutionen nur Spott übrig (an einer berühmten Stelle bezeichnet er sie als »Unsinn auf Stelzen«; Bentham 2013a). Aber das ändert nichts daran, dass er sich in Auseinandersetzung mit den aufklärerischen Idealen seiner Zeit zunehmend radikalisiert. Der späte Bentham wird so zu einem überzeugten Demokraten, der sich vehement für ein allgemeines Wahlrecht einsetzt. Von diesem nimmt er – ungewöhnlich für seine Zeit – auch Frauen nicht aus (ebd.: 81 f.). Gemeinsam mit einer Gruppe Gleichgesinnter, den sogenannten *Philosophical Radicals*, gelingt es ihm, die Liberalisierung Großbritanniens voranzutreiben und die utilitaristische Moralphilosophie fest im aufklärerischen Denken Europas zu verankern. Benthams progressive Einstellungen sollten aber nicht darüber hinwegtäuschen, dass er zugleich eine ziemlich konservative Eigentumstheorie vertritt.

Utilitarismus

In einer berühmten Passage beschreibt Bentham die Grundlage seiner Moralphilosophie wie folgt:

> »Die Natur hat die Menschheit dem Regiment zweier oberster Gebieter unterstellt: *Leid* und *Freude*. Sie alleine legen uns nahe, was wir tun sollen, und sie alleine bestimmen, was wir dann wirklich tun. An ihrem Thron sind die Normen für Recht und Unrecht ebenso festgemacht wie die Kette von Ursachen und Wirkungen.« (Bentham 2013b: 10)

Lust und Freude entscheiden also einerseits darüber, was wir »wirklich tun«. Eine vernünftige Person wird Bentham zufolge unter verschiedenen Handlungsoptionen stets diejenige auswählen, von der sie sich den größten privaten Vorteil erhofft (ein Verhalten, nach dem später der *homo oeconomicus* getauft wurde). Diesen zunächst individualistischen Ansatz überträgt Bentham andererseits aber auch auf die kollektive Ebene: Ebenso wie es für ein Individuum vernünftig ist, nach eigenem Vorteil zu streben, ist es auch für die Menschheit als ganze vernünftig, das zu tun, was *allen* den größten Nutzen bringt. Deswegen bestimmen Lust und Freude nicht nur darüber, was wir »wirklich tun«, sondern auch, was vernünftige Personen moralisch betrachtet »tun sollen«: nämlich das Glück aller befördern. Eine Handlung gilt Bentham daher als moralisch wünschenswert, wenn sie dazu beiträgt, das Glück der von ihr betroffenen Personen zu vermehren oder zumindest nicht zu mindern (vgl. ebd.: 11). Je mehr Glück eine Handlung für alle Beteiligten erzeugt, desto besser ist sie.

Damit legt Bentham den Grundstein für die utilitaristische Moralphilosophie. Diese beruht auf drei Prinzipien: Erstens müssen sich Handlungen und Institutionen nicht an abstrakten moralischen Prinzipien oder anspruchsvollen Idealen messen lassen, sondern an ihren tatsächlichen Konsequenzen (Konsequentialismus). Zweitens ist der alleinige Maßstab, anhand dessen diese Konsequenzen bemessen werden, deren »Nutzen« für das Wohlergehen moralischer Subjekte (Welfarismus). Drittens ist es moralisch geboten, den aggregierten Gesamtnutzen aller zu maximieren (Maximierungsprinzip), in Benthams Utilitarismus also das Glück.

Um unter verschiedenen Handlungsoptionen die moralisch wünschenswerteste auswählen zu können, müssen ihre Konsequenzen zunächst miteinander vergleichbar gemacht werden. Zu diesem Zweck entwickelt Bentham das sogenannte »hedonistische Kalkül«. Das hedonistische Kalkül geht streng aggregativ vor: Es addiert einfach die – nach Faktoren wie Intensität, Dauer usw. gewichteten – individuellen Glückserfahrungen, die von einer Handlung zu erwarten sind, abzüglich des Leids (ebd.: 40–43). Mit diesem aggregativen Ansatz setzt sich Bentham deutlich von der aristotelischen Tradition ab. Nicht die Verwirklichung eines objektiven Ideals des guten, gemeinwohlorientierten Lebens ist der Maßstab moralischen Handelns, sondern allein die Maximierung des subjektiven Glücksempfindens. Die spezifische Qualität dieses Glücks spielt dabei keine Rolle. Entscheidend ist vielmehr seine Quantität: »Lassen wir Vorurteile beiseite, hat das Push-Pin-Spiel [ein beliebtes Kinderspiel in Benthams Zeit] den gleichen Wert wie [...] Musik und Poesie. Wenn das Push-Pin-Spiel mehr Vergnügen bereitet, ist es wertvoller als beide.« (Bentham 1830: 206)

Wie Bentham selbst anerkennt, besteht eine der zentralen Herausforderungen an seinen Ansatz allerdings in der Frage, ob und wie das hedonistische Kalkül tatsächlich angewendet werden kann. Denn eine solche Anwendung wäre epistemisch extrem voraussetzungsreich: Sie würde nicht nur erfordern, dass sämtliche Präferenzen eines jedes betroffenen Individuums bekannt sind und auf einer einheitlichen Skala verortet werden können (subjektive Vergleichbarkeit), sondern auch, dass die Präferenzskalen verschiedener Individuen sinnvoll zueinander in Bezug gesetzt werden können (intersubjektive Vergleichbarkeit). Dieser Herausforderung versucht Bentham zu begegnen, indem er ein einfaches »Messinstrument für die Bestimmung der Quantität von Leid oder Glück« einführt: Geld (Bentham 2004a: 117). Welchen Glücksgewinn sich eine Person von einem Gut erhofft, lässt sich demnach daran ablesen, wie viel Geld sie dafür auszugeben bereit ist. Bentham gibt selbst zu, dass die Genauigkeit dieses Messinstruments oft zu wünschen übrig lässt.[58] Aber es sei nun mal »das genaueste Maß«, das den Menschen zur Verfügung stehe (Bentham 2004b: 438). Wer damit nicht zufrieden sei, müsse sich eben »von Politik und Moral verabschieden« (Bentham 2004a: 117).

Eigentum bei Bentham

Bevor wir uns einigen alternativen Versuchen zuwenden, die Herausforderung der Vergleichbarkeit von Nutzen in den Griff zu bekommen, soll zunächst noch Benthams eigenwillige Eigentumstheorie eingeführt werden. Wie alle Rechtsinstitutionen begreift Bentham auch die Eigentumsordnung als ein Werkzeug zur Maximierung des aggregierten individuellen Glücks. Die Idee natürlicher Rechte, die von zahlreichen Naturrechtslehren seiner Zeit vertreten wird, lehnt er entschieden ab. Bentham ist vielmehr Positivist: »Eigentum und Recht werden gemeinsam geboren und sterben gemeinsam. Bevor es Gesetze gab, gab es kein Eigentum; nimm die Gesetze weg, und alles Eigentum vergeht.« (Bentham 1962: 309) Trotzdem hat der Gesetzgeber bei der Ausgestaltung des Eigentums nicht einfach freie Hand, sondern steht unter der moralischen Pflicht, das Glück aller zu befördern. Bentham interessiert sich dabei – ganz anders als etwa Locke – nicht sonderlich für die Geschichte von Eigentumstiteln oder die Legitimation von Akten der Erstaneignung. Seine Theorie ist vielmehr zukunftsgewandt: Im Mittelpunkt steht die Frage, wie sichergestellt werden kann, dass die vorhandenen Güter möglichst produktiv eingesetzt werden, um das aggregierte Glück aller nachhaltig zu vergrößern (vgl. dazu Pierson 2020, 12f.; Waldron 1988, 73–79).

Was bedeutet das nun für die konkrete Ausgestaltung der Eigentumsordnung? Auf den ersten Blick kann es so scheinen, als würde Benthams Utilitarismus für eine radikale Umverteilung von Wohlstand argumentieren. Das liegt daran, dass Bentham das Prinzip des sogenannten »sinkenden Grenznutzens« klar vor Augen hat (vgl. Bentham 1962: 305). Dieses Prinzip besagt, dass der Lustgewinn, den man aus dem Konsum einer Einheit eines Gutes bezieht, bei weiteren konsumierten Einheiten tendenziell sinkt. So wird eine Person, die sieben Eiskugeln isst, dadurch in aller Regel nicht siebenmal so glücklich, wie wenn sie nur eine Eiskugel gegessen hätte. Wenn sieben Eiskugeln auf sieben Personen verteilt werden sollen, maximiert es daher in aller Regel das aggregierte Glück, jeder Person genau eine Eiskugel zuzuteilen. Auch gesamtgesellschaftlich, so macht Bentham deutlich, spricht das Prinzip des sinkenden Grenznutzens zunächst für eine Gleichverteilung aller Güter: »Je weiter sich der tatsächliche Anteil des Reichtums der Gleichheit annähert, desto größer wird die Gesamtsumme des Glücks sein.« (Ebd.) Bentham erscheint so als Befürworter einer strikten Gleichverteilung. Angesichts der utilitaristischen Betonung des Glücks *aller* scheint das auch eine naheliegende Konsequenz zu sein. Es überrascht daher auch nicht, dass einige der bedeutendsten Utilitaristen zugleich Sozialisten waren.[59]

Auf Bentham hingegen trifft das klarerweise nicht zu. Das liegt daran, dass er zwei Argumente für schlagend hält, die prinzipiell gegen politische Maßnahmen der Umverteilung sprechen. Zum einen meint er, dass die Annäherung an eine Gleichverteilung katastrophale Folgen für die Produktivität hätte: »Wenn alles Eigentum gleichmäßig aufgeteilt würde, hätte das die sichere und unmittelbare Folge, dass es bald nichts mehr zu verteilen gäbe. Alles würde schnell zerstört werden.« (Ebd.: 303) Obwohl eine Gleichverteilung also das Glück maximiert, das eine Gesellschaft aus dem Konsum *bereits existierender* Güter beziehen kann, so verhindert sie zugleich auch die Produktion *neuer Güter*. Denn dem *homo oeconomicus* fehlt dann der Anreiz, Güter zu erhalten und produktiv zu nutzen: »Wenn die Lage der Fleißigen nicht besser wäre als die der Untätigen, gäbe es keinen Grund, fleißig zu sein.« (Ebd.) Indem Umverteilungsmaßnahmen das Band zwischen Aufwand (Produktion) und Nutzen (Konsum) zerschneiden, bringen sie den zentralen Motor gesellschaftlichen Wohlstands zum Erliegen: die Bereitschaft, Arbeit und Kosten auf sich zu nehmen. Systematische Umverteilung und eine hohe Produktivität schließen sich für Bentham daher aus.

Zum anderen argumentiert Bentham, dass jede politische Veränderung der Eigentumsordnung mit hohen Glückskosten verbunden ist, weil sie das Sicherheitsgefühl der Eigentümer erodiert. Das gilt ihm zufolge sogar schon dann, wenn solche Veränderungen bloß *befürchtet* werden müssen, aber gar nicht eingeführt werden (ebd.: 310). Er lässt daher keinen Zweifel: »Wenn Sicherheit und Gleichheit in Konflikt geraten, darf es kein Zögern geben: Die Gleichheit muss weichen.« (Ebd.: 311) Hier zeigt sich deutlich die konservative Schlagseite von Benthams utilitaristischer Eigentumstheorie: Um das gesellschaftliche Glück nicht zu gefährden, darf die Angleichung der Vermögen nicht kurzerhand politisch erzwungen werden. An einigen Stellen geht er sogar so weit, zu fordern, im Zweifelsfall *jede* bereits existierende Eigentumsordnung beizubehalten – selbst dann, wenn sie auf Sklaverei basiert (eine Institution, die Bentham eigentlich verachtet). Allenfalls hält er politische Maßnahmen wie Erbschaftssteuern für legitim, die Vermögen über Generationen hinweg schrittweise angleichen. Vor allem aber setzt er darauf, dass das Wirtschaftswachstum langfristig allen zugutekommen wird (ebd.: 313).

(2) Utilitaristische Ansätze in den Wirtschaftswissenschaften

In Reaktion auf die Probleme von Benthams Ansatz sind im Laufe der Zeit zahllose Varianten der utilitaristischen Moralphilosophie entstanden.[60] Prägenden Einfluss auf die zeitgenössische Eigentumstheorie haben aber vor allem die utilitaristischen Motive, die sich in zahlreichen ökonomischen Theorien der Gegenwart finden. Einige Ansätze legen diese normativen Motive offen, etwa die Wohlfahrtsökonomik, die weithin als eine Form des angewandten Utilitarismus angesehen wird. Die meisten ökonomischen Ansätze der Gegenwart aber verstehen sich nicht als normativ, sondern als deskriptiv: Sie beanspruchen, die Welt zu beschreiben, wie sie ist, und nicht, wie sie sein sollte. Wie wir sehen werden, wohnt aber auch solchen Ansätzen oftmals ein normativer Überschuss inne, der deutliche utilitaristische Züge trägt. So zielt etwa eine einflussreiche Lesart der sogenannten »Tragik der Allmende« auf eine instrumentelle Begründung des Privateigentums aus Gründen der ökonomischen Effizienz. Bei genauerer Betrachtung erweist sich die Sache aber doch als komplizierter: Je nach Kontext können ganz unterschiedliche Eigentumsinstitutionen Effizienzvorteile bieten. Das Kapitel schließt mit einigen kritischen Anmerkungen zur Reichweite utilitaristischer Ansätze in der Eigentumstheorie.

Pareto und die Wohlfahrtsökonomik

Die modernen Wirtschaftswissenschaften knüpfen in vielfacher Weise an Bentham an. Besonders deutlich äußert sich das in der sogenannten Wohlfahrtsökonomik. In diesem Ansatz spielt das Eigentum zwar insofern nur eine nachgeordnete Rolle, dass hier stabile Eigentumsrechte bereits vorausgesetzt werden und lediglich nach den Mechanismen gefragt wird, die eine effiziente Allokation dieser Rechte ermöglichen. Die dabei entwickelten Kriterien sind aber eine zentrale Grundlage für den Versuch, Privateigentumsrechte mit dem Verweis auf ihre besondere Effizienz utilitaristisch zu legitimieren.

Die frühe Wohlfahrtsökonomik übernimmt Benthams Ansatz weitgehend, gelangt aber spätestens mit den Arbeiten des italienischen Ökonomen Vilfredo Pareto (1848–1923) an einen Wendepunkt.[61] Auch Pareto vertritt eine konsequentialistische und welfaristische Position, will Situationen also allein aufgrund von deren Auswirkungen auf den Nutzen von Individuen bewerten. Anders als Bentham konzipiert Pareto diesen Nutzen aber nicht länger als individuelles Glück, sondern als die Erfüllung individueller Präferenzen. Das erlaubt es ihm, Nutzen nicht (wie Bentham) *quantitativ* zu bestimmen, sondern nur noch *relative*

Nutzengewinne oder -verluste zu betrachten. Gemäß dem nach ihm benannten Kriterium der Pareto-Effizienz ist eine Güterverteilung dann optimal, wenn es nicht mehr möglich ist, die Situation eines Individuums zu verbessern, ohne die eines anderen Individuums zu verschlechtern. Damit gelingt Pareto zweierlei: Zum einen reformuliert er eine zentrale Einsicht der »unsichtbaren Hand« (Adam Smith), der zufolge kompetitive Märkte unter bestimmten Voraussetzungen zu einer effizienten Güterverteilung führen. (Da der *homo oeconomicus* danach strebt, seine eigene Situation zu verbessern, wird er unter idealen Bedingungen so lange mit anderen Handel treiben, bis ein Pareto-effizienter Zustand erreicht ist.) Zum anderen umgeht Pareto aber auch Benthams Problem der Vergleichbarkeit: Erstens müssen Personen ihre Präferenzen nicht mehr auf einer quantifizierbaren Skala verorten (»Ergebnis X wäre doppelt so gut wie Y«), sondern nur noch in eine Reihenfolge bringen (»Ich bevorzuge Zustand X gegenüber Zustand Y«). Die subjektive Vergleichbarkeit wird so deutlich entlastet. Zweitens fällt der intersubjektive Vergleich von Präferenzen ganz weg, weil nicht mehr das Glück verschiedener Personen miteinander verglichen wird, sondern nur noch danach gefragt wird, ob sich die Lage der einzelnen Individuen verbessert oder verschlechtert.

Das Kriterium der Pareto-Effizienz ist zwar deutlich sparsamer in seinen Annahmen, kommt aber zu einem Preis: Es kann nur auf den engen Kreis von Transaktionen angewandt werden, von denen niemand schlechter gestellt wird. Die Frage einer möglichen Umverteilung von Ressourcen gerät damit – wie bereits bei Bentham – aus dem Blick. Dem Pareto-Kriterium zufolge wäre etwa eine Situation mit zwei Personen effizient, in der Person A hundert Güter besitzt und Person B kein einziges. Denn um B schlechterzustellen, müsste A Güter abgeben; das aber soll gerade ausgeschlossen werden. Kompensationsbasierte Ansätze wie das Kaldor-Hicks-Kriterium erweitern das Pareto-Kriterium daher um eine hypothetische Kompensation. Das Ergebnis einer Transaktion kann demnach auch dann effizient sein, wenn sie eine Person schlechterstellt. Das ist genau dann der Fall, wenn der Zugewinn der bessergestellten Person so groß ist, dass sie die schlechtergestellte Person für ihren Verlust kompensieren könnte. Ob diese Kompensation bzw. Umverteilung auch tatsächlich durchgeführt werden sollte, lässt die Wohlfahrtsökonomik offen: Dies sei eine normative bzw. politische Frage, die sich ökonomisch nicht entscheiden lasse. Im Ergebnis erklärt das Kaldor-Hicks-Kriterium daher jede Handlung für allokationseffizient, die den aggregierten Gesamtnutzen aller erhöht – ganz egal, wie dieser verteilt ist. Bildlich gesprochen ist eine Vergrößerung des Kuchens also selbst dann ökonomisch wünschenswert, wenn dafür einzelne Stücke kleiner werden müssen. Das von Pareto explizit zurückgewiesene Maximierungsprinzip erhält so effektiv wieder Einzug in die Theorie. Nicht zu Unrecht gilt die Wohlfahrtsökonomik daher vielen als eine Form des »angewandten Utilitarismus« (Posner 1979: 105).

Die »Tragik der Allmende«

Während die Wohlfahrtsökonomik weniger nach der Ausgestaltung von Eigentumsrechten als vielmehr nach ihrer Allokation fragt, bildet die von ihr behauptete Effizienz von kompetitiven Märkten einen wichtigen Hintergrund für ökonomische Theorien, die das Eigentum genauer ins Visier nehmen. Den Ausgangspunkt der meisten ökonomischen Eigentumstheorien bildet die sogenannte »Tragik der Allmende«. Dieser Ausdruck wird meist mit einem gleichnamigen Essay des amerikanischen Ökologen Garrett Hardin in Verbindung gebracht (Hardin 1968).[62] Allerdings ist schon die Bezeichnung irreführend: Das, was gemeinhin unter diesem Stichwort diskutiert wird, befasst sich gar nicht mit Allmenden – einer Form des Gemeineigentums –, sondern mit unregulierten Gütern ohne Eigentumsrechte, sogenannten *Open-Access-Commons*. Wie auch Hardin später zugestanden hat, sollte man anstelle von der »Tragik der Allmende« also besser von einer »Tragik der unregulierten Commons« sprechen (vgl. Hardin 1998).

In Hardins berühmtem Beispiel lassen einige Tierwirte ihre Rinder auf einem gemeinsam genutzten Weideland grasen. Er argumentiert, dass ohne private Eigentumsrechte oder staatliche Eingriffe früher oder später zwingend eine Übernutzung des Landes eintritt. Denn es sei im rationalen Eigeninteresse eines jeden Tierwirts, immer mehr Rinder auf die Weide zu führen: Jedes weitere Tier steigert seinen Ertrag, während er große Teile der zusätzlichen (Futter-)kosten auf andere abwälzen kann. Im Hintergrund dieses Arguments steht abermals die Annahme vom Menschen als einem rationalen Nutzenmaximierer, dessen Verhalten allein von privaten Kosten-Nutzen-Rechnungen bestimmt wird (*homo oeconomicus*). Obwohl sich jeder Tierwirt individuell rational verhält, ist das kollektive Ergebnis irrational, da das Weideland früher oder später übernutzt wird. Wenn nicht gegengesteuert wird, bricht letztlich die gesamte Weidewirtschaft zusammen. »Darin«, so Hardin, »liegt die Tragik. Jeder ist in ein System eingespannt, das ihn zwingt, seine Herde grenzenlos zu vergrößern – und das in einer begrenzten Welt.« (Hardin 1968: 1244)

Diese »Tragik« wurde immer wieder als Beweis für die Überlegenheit des Privateigentums über andere Eigentumsformen angeführt – von Aristoteles über Bentham bis zu den Gründern der Neoklassik. Ökonomisch formuliert lautet das zentrale Argument dabei, dass das Privateigentum für eine »Internalisierung der Externalitäten« sorge, also Kosten und Nutzen in einer Hand zusammenführt (Demsetz 1967: 348). Um das an

Hardins Beispiel zu erläutern: Wenn das Weideland aufgeteilt und in das Privateigentum einzelner Tierwirte überführt würde, könnten diese ihre Kosten nicht länger auf andere abwälzen (d.h. »externalisieren«). Vielmehr müssten sie die Kosten ihres Handelns vollständig in ihre Kosten-Nutzen-Rechnung einbeziehen (»internalisieren«). Damit verschwindet der Anreiz zur Übernutzung, da sie als Landeigentümer ein Interesse haben, ihr Land effizient zu nutzen und seinen Wert langfristig zu erhalten. Neben den Kosten werden dabei auch ihre Erträge internalisiert. Das Privateigentum stellt also sicher, dass sie von den Früchten ihrer Arbeit profitieren können. Das motiviert nicht nur dazu, Arbeit und Geld in die Aufwertung von Gütern zu investieren, sondern entspricht auch einem tief verankerten Gerechtigkeitsempfinden, das vielen Eigentumstheorien zugrunde liegt: Wer sät, darf auch ernten (vgl. dazu prägnant Richters/Siemoneit 2019: 39–47). Privateigentum, so also das neoklassische Argument, steigert den gesellschaftlichen Wohlstand, indem es die Übernutzung begrenzter Ressourcen verhindert und Anreize zur Wertschöpfung schafft.

Dieses Argument lässt sich neoklassischen Ansätzen zufolge auf alle knappen Güter übertragen. So fordert etwa die ökonomische Analyse des Rechts: »Alle [knappen] Güter sollten irgendjemandem gehören« (Posner 1972: 11). Diese universellen Eigentumsrechte sollen zudem handelbar sein, damit sie über den Markt an diejenige Person gelangen, die sie am effizientesten nutzen kann. So soll etwa ein Bauer, der sein Feld nur halbherzig bestellt und daher keine hohen Erträge erwirtschaftet, dazu bewegt werden, dieses an seinen produktiveren Konkurrenten zu verkaufen (ebd.). Aber nicht nur materielle Güter wie Land sollen dieser Logik zufolge umfassend propertisiert und privatisiert werden, sondern auch immaterielle Güter wie Erfindungen, Texte, Melodien oder Markennamen.

Im Gegensatz zu materiellen Gütern wie Land sind diese Güter zwar gerade nicht knapp, wenn sie erst einmal erzeugt wurden: Sind Ideen, Erfindungen oder geistige Werke einmal in der Welt, können sie zunehmend zu vernachlässigbaren Kosten reproduziert werden. Gerade aufgrund dieser »Unknappheit« (Staab 2019) aber fehlt privaten Akteuren ein ökonomischer Anreiz, solche Erfindungen und Werke überhaupt erst zu entwickeln und sie, sobald sie existieren, mit der Öffentlichkeit zu teilen. Ohne Eigentumsrechte kann sich daher kein Markt für immaterielle Güter entwickeln, was ausbleibende Innovationen und Wohlstandsverluste zur Folge hat. Geistiges Eigentum soll dieses Problem lösen, indem es den Zugang zu immateriellen Gütern durch Patente, Urheberrechte, Markenrechte und ähnliche Rechtsformen künstlich verknappt. Auch immaterielle Güter können so – zumindest temporär – wie Privateigentum behandelt werden (vgl. Landes/Posner 2003).[63]

Während unvollständige oder uneindeutige Rechte also zu Externalitäten, mangelnder Innovationskraft und Wohlstandsverlusten führen, steigern starke private Eigentumsrechte die Effizienz und den Wohlstand einer Gesellschaft – so zumindest das neoklassische Argument. In ökonomischen Modellrechnungen lässt sich dieser Effekt auch tatsächlich mathematisch nachweisen. Interessanterweise zeigt sich dabei, dass die ursprüngliche *Verteilung* der Eigentumsrechte für die Bewertung der Effizienz unerheblich ist (so das sogenannte »Coase-Theorem«, Coase 1960). Denn unter perfekten Marktbedingungen können die Marktakteure so lange miteinander verhandeln, bis alle Güter von denjenigen besessen werden, die sie am produktivsten verwenden können. Für die konkrete Ausgestaltung von Eigentumsrechten interessiert sich die neoklassische Wirtschaftstheorie daher kaum.[64] Ähnlich wie bereits bei Bentham tritt damit die Verteilungsfrage letztlich in den Hintergrund: Entscheidend ist nicht, wer was besitzt, sondern lediglich, dass möglichst vollständige, eindeutige und handelbare Eigentumsrechte existieren. Alles Weitere regelt der Markt.

Zu derart effizienten Märkten führt universelles Privateigentum allerdings nur im Modell, d.h. unter Voraussetzung der stark idealisierten Vorannahmen der neoklassischen Wirtschaftstheorie. Und diese Vorannahmen sind höchst anspruchsvoll: Zum einen behandeln neoklassische Ansätze Individuen als perfekte Nutzenmaximierer (*homo oeconomicus*), die vollkommen rational sind und über vollständiges Marktwissen verfügen. Zum anderen berücksichtigen sie keine Transaktionskosten. Das bedeutet, dass im Modell keine Kosten für die Marktnutzung anfallen (z.B. für Verhandlungen, Informationsbeschaffung oder Vertragsüberwachung). Auch politische Transaktionskosten wie die Kosten für die Einrichtung und Überwachung von Eigentumsrechten oder die »Betriebskosten eines Wirtschaftssystems« kommen in den Modellen nicht vor (vgl. Arrow 1969: 48; North 1992). Aufgrund dieser zutiefst unrealistischen Annahmen sind die »perfekten Märkte« der neoklassischen Theorie mit real existierenden Märkten allenfalls entfernt verwandt. Das wirft aber die schwerwiegende Frage auf, welchen explanatorischen Mehrwert diese Theorien eigentlich für die Welt besitzen, in der wir leben. (Dieses Problem hat Generationen von Entscheidungsträgern aber nicht davon abgehalten, neoklassische Modelle wie das Coase-Theorem anzuführen, um neoliberale Politiken der Privatisierung und Deregulierung zu rechtfertigen.[65])

Eigentum in der Neuen Insititionenökonomik

Auch innerhalb der Wirtschaftswissenschaften werden die stark idealisierten Annahmen der neoklassischen Modelle inzwischen grundsätzlich hinterfragt. Vor allem Ansätze der *Neuen Institutionenökonomik* machen geltend, dass reale Märkte stets vor dem Hintergrund von Transaktionskosten, begrenzter Rationalität und Informationsasymmetrien verstanden werden müssen. Im Mittelpunkt dieser Ansätze stehen die Anreize, die von den institutionellen Rahmenbedingungen von Marktwirtschaften ausgehen. Damit rückt die konkrete Ausgestaltung der Eigentumsordnung stärker in den Fokus. Institutionentheoretische Ansätze gelangen daher in der Regel zu einer differenzierteren Beurteilung der Effizienz von Eigentumsinstitutionen. Anstelle der Gegenüberstellung von »tragischen« Commons und »effizientem« Privateigentum ergibt sich so ein ganzes Spektrum der Effizienzeffekte unterschiedlicher Eigentumsformen.

Eigentumslose *Open-Access-Commons* sind demnach bei Gütern effizient, die nicht knapp sind und die daher nur geringen wirtschaftlichen Wert besitzen. Bei Gütern wie dem Weltall, der Oberfläche des Mondes oder der Hochsee ist es einfach günstiger, auf eine kostenintensive Propertisierung zu verzichten. Aber auch kulturelle Güter, Erfindungen und Wissen sollten nur so weit propertisiert werden, wie es unbedingt nötig ist, um einen ausreichenden Anreiz für Innovationen zu bieten. Nach Ablauf einer möglichst kurzen Schutzfrist muss ihre künstliche Verknappung enden, um nicht selbst zu Effizienzverlusten zu führen.

Öffentliches Eigentum ist hingegen vor allem in zwei Kontexten effizient: Erstens bei dem, was in den Wirtschaftswissenschaften »öffentliche Güter« genannt wird – also bei Gütern, bei denen weder Rivalität im Konsum besteht noch eine Ausschließbarkeit gegeben ist. Ein einschlägiges Beispiel dafür ist der Deichbau: Der Schutz, den eine Person aus einem Deich bezieht, verringert nicht den Schutz ihrer Nachbarin (keine Rivalität im Konsum). Außerdem ist es unmöglich, einzelne wirksam vom Schutz eines Deichs auszuschließen (z. B. weil sie sich nicht an den Baukosten beteiligt haben). Zugleich sind Deiche aber insofern knapp, als sie vielerorts überlebenswichtig sind, ihre Bereitstellung aber mit großen Kosten verbunden ist. Aufgrund dieser Eigenschaften – Knappheit, aber weder Rivalität noch Ausschließbarkeit – versagen Märkte bei der Bereitstellung von öffentlichen Gütern. Analoges gilt für zahlreiche weitere Güter, nach denen eine öffentliche Nachfrage existiert, die von Märkten nicht (oder zumindest nicht in angemessener Qualität oder Quantität) bedient werden kann. Beispiele dafür sind etwa Bildung, Grundlagenforschung, öffentlicher Nahverkehr oder bezahlbare Schwimmbäder. Eine zentrale Bereitstellung durch den Staat ist hier nicht nur meist aus Gründen der Gerechtigkeit, Demokratie oder Nachhaltigkeit wünschenswert, sondern oft auch schlichtweg ökonomisch effizienter (vgl. Samuelson 1954; Hanna 2018: 36–50). Zweitens kann öffentliches Eigentum auch bei sogenannten »natürlichen Monopolen« Effizienzvorteile bieten – also bei Gütern, bei denen es günstiger ist, sie nur von einem einzelnen Anbieter bereitstellen zu lassen (z.B. Infrastrukturen wie Bahnschienen oder Stromleitungen). Um solche Effizienzvorteile aber nicht wieder zu verspielen, ist die konkrete Ausgestaltung der institutionellen Rahmenbedingungen entscheidend: Es muss sichergestellt werden, dass die Repräsentanten des Staates die Güter nicht privatnützig verwenden (sondern im Sinne der Allgemeinheit), dass die Problematik von Trittbrettfahrern in Schach gehalten werden kann und dass die Verwaltung der Güter möglichst günstig erfolgt.

Auch bei Gütern, die sich – im Gegensatz zu öffentlichen Gütern – durch Rivalität im Konsum auszeichnen, muss das Privateigentum nicht immer die effizienteste Lösung sein. Denn anders als die »Tragik der Allmende« nahelegt, können auch Güter wie Weideland, Saatgut oder Software durchaus effizient in Formen des *Gemeineigentums* bewirtschaftet werden. Das gilt besonders dann, wenn der Ausschluss Einzelner zwar möglich, aber im Verhältnis zum Wert der Güter kostenintensiv wäre, sodass sich eine Privatisierung nicht lohnt. Dafür müssen allerdings die von Hardin beschriebenen »tragischen« Tendenzen durch gemeinschaftliche Regelungen in Schach gehalten werden. Dass das durchaus möglich ist, bezeugen unzählige Beispiele für gelingende Commons, die z. T. bereits seit Jahrhunderten existieren (vgl. Helfrich 2012). Wie die wegweisenden Arbeiten der amerikanischen Politikwissenschaftlerin Elinor Ostrom (1999) gezeigt haben, florieren Commons besonders dort, wo Gemeinschaften in ihren Ansichten und Interessen relativ homogen sind, Kosten und Nutzen fair verteilt werden und die gemeinschaftlichen Regeln zumindest ein Mindestmaß von staatlicher Anerkennung erfahren, also eigentumsrechtlich geschützt werden.[66] Auch selbstverwaltete und genossenschaftliche Betriebe können durchaus effizient arbeiten, wie etwa der spanische Genossenschaftsverband Mondragon eindrücklich unter Beweis stellt (vgl. Wright 2017: 336–343).

Das *Privateigentum* schließlich kann die effizienteste Lösung bei rivalen Gütern mit geringen oder moderaten Ausschlusskosten sein. Denn in der Tat dürften rationale Eigentümer besonders motiviert sein, ihr Eigentum produktiv und effizient zu bewirtschaften. Diese Effizienzgewinne schlagen sich allerdings nur unter drei Bedingungen auch gesamtgesellschaftlich nieder: *Erstens* dürfen keine nennenswerten Externalitäten im Spiel sein. Denn sobald es Eigentümern möglich ist, Kosten auf andere Akteure abzuwälzen – etwa, indem sie Umweltgifte in einen Fluss ableiten, unreguliert CO_2 emittieren oder die Gesundheit ihrer Angestellten aufs Spiel setzen –, liegt es in ihrem rationalen Eigeninteresse, das auch zu tun. Mehr noch: Da sie befürchten müssen, dass ihre Konkurrenz ebenfalls möglichst viele Kosten abwälzt, entsteht in unregulierten Märkten sogar ein struktureller Zwang zur Externalisierung (dazu mehr in Kapitel 5). Aufgrund der hohen Folgekosten führen solche Externalisierungen mittel- und langfristig zu erheblichen Wohlstandsverlusten (vgl. Lessenich 2016). *Zweitens* dürfen die institutionellen Rahmenbedingungen der Eigentums- und Wirtschaftsordnung nicht machtpolitisch verzerrt sein. Das ist insofern eine besondere Herausforderung, als es für privatwirtschaftliche Akteure rational ist, Profite nicht nur im Rahmen konkurrenzbasierter Märkte zu erwirtschaften, sondern auch, indem sie auf die politische Gestaltung dieses Rahmens Einfluss nehmen (sog. »rent seeking«; vgl. Krueger 1974; Löhr 2013). Akteure können so von staatlichen Umverteilungsmechanismen profitieren und systematisch leistungslose Boden-, Rohstoff- und politische Renten wie Subventionen, Steuererleichterungen, Förderrechte, Emissionslizenzen usw. abschöpfen. In vielen Fällen ist es gerade das Eigentumsrecht, das diese Abschöpfungen institutionell absichert. Und *drittens* müssen Eigentumsinstitutionen laufend auf ihre konkreten Effizienzeffekte hin untersucht und wettbewerbsrechtlich flankiert werden. Denn private Eigentumsrechte können ökonomisch sinnvolle Kooperationen nicht nur ermöglichen, sondern ebenso auch verhindern. So können Monopolstellungen den fairen Wettbewerb stören, stark fragmentierte Eigentumsrechte Verhandlungen unnötig kostspielig machen oder Patentrechte dazu missbraucht werden, die Entwicklung fortschrittlicher Technologien zu blockieren (vgl. Heller 1990).

Keine Externalitäten, kein *rent-seeking*, permanente Überprüfung: Können real existierende Privateigentumsinstitutionen angesichts der prägenden Stellung des Kapitalismus diese Bedingungen überhaupt erfüllen? Wie effizient ist das Privateigentum also wirklich? Diese Frage wird bis heute kontrovers diskutiert. Interessanterweise bleiben hier nicht nur Positionen skeptisch, die auf die dramatischen sozialen und ökologischen Kosten von kapitalistischen Eigentumsordnungen hinweisen (vgl. exemplarisch Fraser 2023; Buller 2022). Vielmehr betrachten inzwischen auch einige marktradikale Ökonomen das Privateigentum in Effizienzfragen nicht mehr als Teil der Lösung, sondern eher als Teil des Problems. So vertreten etwa Eric Posner und Glen Weyl die These, dass private Eigentumsrechte de facto Monopole für bestimmte Güter darstellen und somit immer schon marktverzerrende Wirkung haben. Effiziente Märkte und Privateigentum, so ihre überraschende Pointe, sind daher nicht miteinander vereinbar (Posner/Weyl 2017: 52). Sie schlagen vor, das Privateigentum durch ein marktbasiertes Leasingmodell zu ersetzen, das sie für deutlich effizienter halten.

Für alle, die sich – wie etwa viele Anhänger der ökonomischen Analyse des Rechts – von der Orientierung an Effizienz und Wohlstand eine neuartige Legitimation des Privateigentums erhofft hatten, mag das ein ernüchterndes Ergebnis sein. Die hier bloß skizzierten Entwicklungen machen aber deutlich, dass auch von einer ökonomischen Perspektive keine einfachen Antworten auf die Eigentumsfrage zu erwarten sind: Das Privateigentum kann Produktivkräfte entfesseln, aber ebenso blockieren; *Commons* können übernutzt, aber ebenso nachhaltig und effizient bewirtschaftet werden; und öffentliches Eigentum kann in dem einen Kontext verschwenderisch, in einem anderen aber die effizienteste Lösung sein. Selbst wenn man also die utilitaristische These akzeptiert, Eigentum sei letztlich nur ein Instrument zur Wohlstandsmaximierung, bleibt es kompliziert. Auch Ostrom (1999: 18) hält als Ergebnis ihrer jahrzehntelangen Eigentumsforschung fest, dass es aus ökonomischer Perspektive »nicht eine einzige Lösung für ein einzelnes Problem« gibt, sondern vielmehr »viele Lösungen, die mit vielen verschiedenen Problemen fertig zu werden versuchen«. Oft gilt es dabei, die Stärken und Schwächen verschiedener Eigentumsformen miteinander zu kombinieren. Eigentumsinstitutionen klug zu designen bleibt daher ein »schwieriger, zeitaufwendiger und konfliktträchtiger Prozess«.

Probleme der utilitaristischen Eigentumstheorie

Gegen den Utilitarismus ist eine Reihe von grundsätzlichen Einwänden vorgebracht worden, aufgrund derer sich die utilitaristische Verengung des Eigentums auf Wohlstandsfragen aber auch problematisieren lässt. Nur zwei besonders gewichtige Herausforderungen an den Utilitarismus sollen hier genannt werden: einerseits Einwände, die sich gegen die vom Utilitarismus behauptete Priorität des Guten über das Rechte wenden; und andererseits das Problem der moralischen Überforderung.

Paradigmatisch für ersteres stehen die Arbeiten von John Rawls. Rawls' Kritik hängt sich vor allem daran auf, dass der Utilitarismus das *Rechte* (z.B. die Eigentumsordnung) auf das *Gute* (z.B. das subjektive Glück) zurückführen will: »das Gute wird unabhängig vom Rechten definiert, und dann wird das Rechte als das definiert, was das Gute maximiert.« (Rawls 1979: 42) Daraus ergeben sich für Rawls drei inakzeptable Konsequenzen utilitaristischer Positionen. *Erstens* missachtet dieses Vorgehen die Würde und Autonomie von Individuen: »Der Utilitarismus nimmt die Verschiedenheit der einzelnen Menschen nicht ernst.« (Ebd.: 45) Da er etwa den Schutz von Menschenrechten nicht als Wert an sich, sondern lediglich als ein Werkzeug zur Nutzenmaximierung betrachtet, nimmt der Utilitarismus Personen nicht als würdevolle und selbstbestimmte Wesen in den Blick, sondern nur als austauschbare Trägerinnen von Nutzenfunktionen. *Zweitens* führt die gleichwertige Behandlung aller Präferenzen mitunter zu fragwürdigen Ergebnissen: Wenn es etwa einigen Menschen »Freude macht, andere zu diskriminieren«, muss die Befriedigung dieser Bedürfnisse im Nutzenkalkül genauso berücksichtigt werden wie alle anderen auch (ebd.: 49). Das aber scheint moralisch inakzeptabel zu sein.[67] Und *drittens* gerät der Utilitarismus in Konflikt mit verbreiteten Gerechtigkeitsvorstellungen. Das utilitaristische Maximierungsprinzip fordert uns dazu auf, den gesellschaftlichen Gesamtnutzen um jeden Preis zu erhöhen – selbst dann, wenn dieser Nutzen extrem ungleich verteilt ist. Im Extremfall lassen sich so sogar Ausbeutung und Unterdrückung utilitaristisch rechtfertigen (wie wir bei Bentham bereits gesehen haben). Schließlich gibt es keinen Grund, »warum die Verletzung der Freiheit einiger weniger nicht durch das größere Wohl vieler anderer gutgemacht werden könnte« (ebd.: 44). Auch das scheint moralisch nicht hinnehmbar zu sein.

Auf ein weiteres Problem hat besonders der englische Philosoph Bernard Williams hingewiesen. Der Utilitarismus ist demnach moralisch überfordernd, weil er das vertritt, was Williams eine »starke Theorie von negativer Verantwortung« nennt (vgl. Williams 1979: 72f.). Da der Utilitarismus nur die Konsequenzen der eigenen Handlung betrachtet, nicht aber das Zustandekommen dieser Handlung, tragen wir nicht nur eine moralische Verantwortung für alles, was wir tun, sondern auch für das, was wir *nicht* tun. Zu jedem Zeitpunkt steht uns aber eine Reihe von Handlungsoptionen zur Verfügung, die die Welt utilitaristisch betrachtet verbessern würden. Der Utilitarismus enthält daher eine »grenzenlose Verpflichtung, die Welt zu verbessern« (ebd.: 74). Dieser Pflicht müssten wir utilitaristisch betrachtet all unsere Handlungen und eigenen Projekte vollständig unterordnen. Ein derart anspruchsvolles Verständnis von Moral scheint mit den moralischen Intuitionen der meisten Menschen nicht vereinbar zu sein.

Anschließend an diese Kritiken lässt sich die Frage aufwerfen, was denn eigentlich dafürspricht, die normative Eigentumstheorie auf die wirtschaftliche Dimension des Eigentums zu verengen. Zwar ist es zweifellos richtig und wichtig, dass Faktoren wie Effizienz, Produktivitätsanreize und Wohlstand bei der Frage nach der Legitimität von Eigentumsinstitutionen berücksichtigt werden sollten. Dass diese Faktoren hier die *einzigen* oder zumindest *wichtigsten* seien, bleibt aber eine willkürliche Setzung, die andere Dimensionen des Eigentums kurzerhand ausblendet – schließlich betrifft das Eigentum ebenso zentral auch Fragen der gesellschaftlichen Teilhabe, der sozialen Gerechtigkeit oder der persönlichen und politischen Selbstbestimmung. Utilitaristische Argumente sollten daher in der normativen Eigentumstheorie ihren Platz haben, aber nicht das letzte Wort.

4. Eigentum als Widerspruch: G. W. F. Hegel und das Vernunftrecht

»Das Schicksal des Eigentums ist uns zu mächtig geworden, als daß Reflexionen darüber erträglich, seine Trennung von uns denkbar wäre. Aber soviel ist doch einzusehen, daß […] dem Leben noch etwas als eigen zugegeben ist, was doch nie sein Eigentum sein kann.«
G. W. F. Hegel

Am Anfang von Hegels *Grundlinien der Philosophie des Rechts* steht das Eigentum. Die Theorie des Eigentums bildet den Auftakt seines Hauptwerks der praktischen Philosophie aus dem Jahr 1821. Doch schon der erste Satz stellt uns vor die Verständnisschwierigkeit, die bezeichnend für Hegels Philosophie im Ganzen ist. »Die Person muß sich eine äußere *Sphäre ihrer Freiheit* geben, um als Idee zu sein.« (41/102)[68] Eigentum ist eine solche äußere Sphäre der Freiheit. Die Frage ist allerdings, warum die Person eine Idee sein soll und dafür Eigentum nötig ist. Weshalb greift Hegel allenthalben auf theoretische Grundbegriffe wie Idee, Vernunft, Wahrheit oder Geist zurück, wenn er eine ganz konkrete Praxis wie das Eigentumsrecht beschreibt?

Eine Antwort findet sich in der Tradition des Vernunftrechts, in der Hegel steht. Allein schon der Name dieser Rechtstradition unterstreicht, dass Recht und Vernunft eine untrennbare Einheit bilden.[69] Unter Rechten versteht Hegel verbindliche Ansprüche, deren Anerkennung erwartet und deren Missachtung kritisiert werden darf. Laut Vernunftrechtslehre haben Rechte eine solche Verbindlichkeit nur dann, wenn sie einer Prüfung auf Wahrheit standhalten. Über sie müssen ebenso wahrheitsfähige Aussagen möglich sein wie über die Kugelgestalt der Erde. Ohne ihre Überprüfbarkeit verdienen Rechte genauso wenig eine Geltung wie die Annahme, die Erde sei eine Scheibe. Sollen Eigentumsrechte als berechtigte Ansprüche gelten, müssen sie sich an wahrheitsfähigen Aussagen bewähren. Eine bleibende Einsicht von Hegels Eigentumstheorie ist, dass für Eigentum ein solch hoher Begründungsstandard gilt und dass dieser vom Vernunftrecht des Eigentums erfüllt werden kann. Auf keiner anderen gesellschaftlichen Institution lastet ein derart großer Begründungsdruck. Es bedarf somit eines tragfähigen Fundaments, auf dem sich wahrheitsfähige Aussagen über Eigentum treffen lassen. Die Rechtsphilosophie ist deshalb, woran Hegel mehrmals erinnert (u.a. Vorrede/12f., 2/30ff., 31/84), mit der Logik verklammert, in der Begriffe wie Idee, Vernunft und Wahrheit beheimatet sind. Es führt deshalb kein Weg am wahrheitstheoretischen Unterbau von Hegels Rechtsphilosophie vorbei.

Der wahrheitstheoretische Unterbau ist die eine Seite der Hegel'schen Rechtsphilosophie; die andere ist umgekehrt ihre tiefe Verankerung in der Praxis. Anstatt eine Welt zu bauen, »*wie sie sein soll*«, geht es in Hegels Rechtsphilosophie um »das *Erfassen des Gegenwärtigen und Wirklichen*« (Vorrede/26 resp. 24). Sie soll »*ihre Zeit in Gedanken*« (Vorrede/26) fassen. Ausgangspunkt seiner Rechtsphilosophie bildet die Betrachtung bestehender Rechte, die in einer Gesellschaft bereits etabliert sind. Zu ihnen zählen die Eigentumsrechte, mit denen Gesellschaftsordnungen seit dem 17. Jahrhundert zunehmend organisiert werden. Sie werden von Hegel anhand ihrer normativen Inhalte, politischen Institutionalisierungen und sozialen Einbettungen untersucht. Sein Augenmerk richtet sich dabei auf die gesellschaftlichen Widersprüche, in die sich Eigentumsrechte verstricken. Krisen und Konflikte in einer Gesellschaft lassen sich als Realwidersprüche begreifen, die mehr als nur Widersprüche im Denken sind. Eigentum nimmt unvermeidlich diese Gestalt eines gesellschaftlichen Widerspruchs an; und deshalb steht es unter dem großen Begründungsdruck. Zu Hegels Einsichten gehört auch, dass Eigentumsrechte zu gesellschaftlichen Widersprüchen führen, die sich nur durch einen Strukturwandel des Eigentums lösen lassen.

Diese Verschränkung von Logik und Sozialwissenschaft, von Wahrheitstheorie und Rechtspraxis bildet die Grundstruktur der Hegel'schen Rechtsphilosophie. Sie stellt somit auch den Schlüssel für seine Eigentumstheorie dar. Die Einheit von Eigentum und Vernunft soll in fünf Schritten dargestellt werden. Zu Beginn wird die normative Geltungslogik nachgezeichnet, die den Eigentumsrechten zugrunde liegt und deren *Vernunft* ausmacht (1.). Hier wird der wichtigste Gedanke von Hegels Vernunftrecht des Eigentums eingeführt: Nicht moralische Vorstellungen oder soziale Praktiken, sondern die Vernunft stellt die normative Grundlage des Eigentums dar. Hegels äußerst erklärungsbedürftiger Vernunftbegriff bereitet den Boden, auf dem anschließend vier Besonderheiten seiner Eigentumstheorie erläutert werden. Eigentumsrechte zeichnen sich bei Hegel dadurch aus, dass sie *Freiheit* (2.) und *Gemeinwohl* vereinen (3.). Dies zählt zu einer weiteren Einsicht Hegels, die von großer Aktualität ist: Ebenso wie ein Freiheitsrecht ist Eigentum bereits in seinem Kern eine soziale Praxis des Gemeinwohls. Für seine Geltung wird dabei die *Wirklichkeit* des Eigentums vorausgesetzt (4.). Schließlich hängt die Geltung des Eigentums von dem *Fortschritt* ab, den seine Ausgestaltung im geschichtlichen Verlauf annimmt (5.). Diese Besonderheit drückt eine nach wie vor gültige Einsicht Hegels aus: Eigentumsrechte haben nur dann

Bestand, wenn sie fortschreitend die gesellschaftlichen Widersprüche bewältigen, die sie selbst erzeugen.

(1) Die Vernunft des Eigentums

Hegel unterscheidet zwei Bedeutungen des Rechts. Vom positiven Recht (§ 3) wird eine normative Bedeutung des Rechts abgehoben, mit der sich die *»philosophische Rechtswissenschaft«* (1/29) beschäftigt. Die normative Bedeutung des Rechts ist gleichbedeutend mit Gerechtigkeit. Gerechtigkeit bedeutet, dass Personen die Achtung ihrer Ansprüche *zusteht.* Personen, Institutionen und Gesellschaften sind demnach gerecht, wenn sie Ansprüche anerkennen, die eine solche Anerkennung *verdienen.* Der Rechtsbegriff im Titel *Grundlinien der Philosophie des Rechts* deckt sich mit dieser normativen Bedeutung von Gerechtigkeit. Unter dem Recht, das Hegel in seinem Werk durchgehend behandelt, werden demnach berechtigte Ansprüche verstanden, die Achtung verdienen. Berechtigte Ansprüche können die Gestalt des abstrakten Rechts, der Moralität und der Sittlichkeit annehmen. Hegels Schrift widmet sich also der Gerechtigkeit und gliedert sich dabei in diese drei Teile auf.

Die positivistische Bedeutung des Rechts betrifft wiederum die institutionalisierten Rechte, die von einem Gesetzgeber beschlossen werden. Ansprüchen wird hier Gesetzeskraft verliehen. Die Einhaltung dieser positiven Rechte darf notfalls erzwungen werden. Positive Rechte gelten innerhalb einer Rechtsgemeinschaft, wobei ihre Geltung der Rechtsetzung entspringt: Sie gelten allein deshalb, weil sie von einem politischen Willen – dem Gesetzgeber – beschlossen werden.

Die Frage nach der Geltung normativer Rechte – nach dem, was als gerecht gilt – ist hingegen weniger einfach zu beantworten. Berechtigte Ansprüche *verdienen* es, von einem Gesetzgeber in zwangsbefugte Rechte gegossen zu werden. Sie gelten somit unabhängig vom politischen Willen. Sie haben eine willensunabhängige Geltung und sind der Geltung positiver Rechte vorgelagert. Wie kann jedoch festgestellt werden, welche Rechte tatsächlich als berechtigte Ansprüche gelten? Um diese Frage nach dem Geltungsgrund des Rechts kreist Hegels Rechtsphilosophie.

Die normative Geltung von Rechten hängt, so Hegels Grundgedanke des Vernunftrechts, von der wahrheitsfähigen Erkenntnis solcher Rechte ab. Ansprüche gelten nur dann, wenn sie sich als Ansprüche *erkennen* lassen. Hegel macht von Anfang an klar, dass es ihm um eine solche wahrheitstheoretische Sicht auf das Vernunftrecht geht. Wie mit einem Paukenschlag führt er im ersten Paragrafen das Recht in Verbindung mit dem klassischen Wahrheitsverständnis – Wahrheit als Einheit von Begriff und Wirklichkeit – ein. »*Die philosophische Rechtswissenschaft* hat die *Idee des Rechts*, den Begriff des Rechts und dessen Verwirklichung zum Gegenstand.« (1/29) Untersucht wird, inwiefern Rechte einen Wahrheitsanspruch, das heißt die Einheit von Begriff und Wirklichkeit erfüllen. Auch in der Anmerkung dazu ist Hegel unmissverständlich: Abseits vom Vernunftrecht sei jedes Recht »vorübergehendes *Dasein*, äußerliche Zufälligkeit, Meinung, wesenlose Erscheinung, Unwahrheit, Täuschung usf.« (1/29) Die normative Geltung von Ansprüchen wird demnach auf die Geltung wahrheitsfähiger Erkenntnis zurückgeführt. Sie wird, kurzum, mit der Wahrheitsgeltung verknüpft. Normen verdanken ihre Geltung also nicht überlieferten Werten, kulturellen Kontexten, moralischen Überzeugungen oder sozialen Konventionen. Zwar sind – das ist der Kern von Hegels Begriff der Sittlichkeit – soziale, kulturelle und politische Praktiken unverzichtbar für ihre Geltung (s. u., Abschnitt 4–5). Eine verbindliche Geltung erhalten sie jedoch erst, wenn sie sich vor dem Gerichtshof wahrheitsfähiger Erkenntnis bewähren. Die normative – nicht die positivistische – Geltung von Rechten bemisst sich demnach an der Geltung einer Erkenntnis über sie.

Hegels Philosophie des Vernunftrechts erhält ihre unverwechselbare Handschrift jedoch erst durch den Gedanken der *Geltungsbedingungen*. Rechte gelten als verbindliche Ansprüche, wenn die allgemeinen Bedingungen erfüllt sind, unter denen eine Erkenntnis als wahr gilt. Jede Aussage – ob über Naturgesetze, Handlungen oder Gedanken – setzt bestimmte Bedingungen voraus, denen sie eine Geltung verdanken. Werden also solche Geltungsbedingungen von Aussagen über Gerechtigkeit erfüllt, gelten diese Aussagen als wahr und die entsprechenden Rechte als berechtigte Ansprüche. Rechte gelten demnach verbindlich für alle, wenn ihre Erkenntnis die Bedingungen erfüllt, unter denen eine Erkenntnis als wahr gilt. Hegel fasst diese Geltungsbedingungen unter dem Begriff der Vernunft zusammen. Die »Vernunft eines Gegenstandes« (2/30) ist gleichbedeutend mit der Idee, die, wie soeben gesehen, für die wahrheitstheoretische Einheit von Begriff und Verwirklichung steht. Vernünftig ist demnach ein Eigentumsrecht, wenn seine Erkenntnis die Geltungsbedingungen erfüllt und sich somit als wahr bewährt. Die Vernunft ist also eine normative Grundlage für Gerechtigkeit, da sie für die Geltungsbedingungen einsteht, die von Aussagen über berechtigte Ansprüche erfüllt werden müssen.

Die Geltungsbedingungen werden von Hegel in seiner *Wissenschaft der Logik* behandelt und in den *Grundlinien* als methodische Grundlage vorausgesetzt. In den Methoden-Paragrafen §§ 5–7 werden sie in aller Kürze unter der Aristotelischen Begrifflichkeit Allgemeinheit, Besonderheit und Einzelheit in Erinnerung gerufen. Diese Trias übersetzt Hegel eigenwillig in die Begriffe an-sich-sein, für-sich-sein sowie an-und-für-sich-sein. Solche Bedingungen liegen jeder Geltung formal – unabhängig vom Inhalt einer Aussage – zugrunde. Sie machen die logische Struktur von Aussagen über die Welt aus. Ohne sie können Menschen überhaupt keine Aussagen machen. Wer sie bestreitet, muss verstummen und wird, wie sich Aristoteles ausdrückt, »einer Pflanze gleich« (Aristoteles 2005: 1006b). Jede Aussage setzt zwangsläufig solche formalen Bedingungen voraus, die wahre Aussagen erfüllen können müssen.

Die Aufgabe von Hegels Rechtsphilosophie besteht nun darin, auszuführen, wie solche Geltungsbedingungen in Bezug auf praktisches Wissen erfüllt werden. Während in der *Wissenschaft der Logik* untersucht wird, welche Geltungsbedingungen bestehen, wird in den *Grundlinien* beurteilt, ob die bestehenden Rechte diesen Geltungsbedingungen entsprechen und, falls dies nicht der Fall ist, zu welchen Rechten sie konkret auszugestalten sind, damit sie den Geltungsbedingungen gerecht werden.

Welche Ansprüche berechtigterweise gelten (und welche nicht), lässt sich also aus der Wissenschaftsperspektive unbeteiligter Beobachter erkennen; von dem Standpunkt aus, den Hegel in den *Grundlinien* einnimmt. Zugleich können sich die Beteiligten ihrer Ansprüche aus der Betroffenenperspektive selbst vergewissern; das heißt vom Standpunkt der Ersten Person aus: welche Ansprüche – von einem selbst und von anderen – für mich oder für uns gelten. Denn jedes Vernunftwesen ist zu dieser Einsicht in der Lage, weil die Rechte ihre Geltung allgemeinen Bedingungen verdanken, die jeder Geltung zugrunde liegen. Diese Geltungsbedingungen gehören zur logischen Struktur jeder Aussage und sind von objektiver Art. Sie ermöglichen, dass Bürgerinnen ihre Rechte nachvollziehen und als berechtigte Ansprüche geltend machen können. »Gelehrter, heißt es, versteht die Sache [...] Als ob hiermit alle die Bürger, welche keine juristischen Kollegia gehört, vom Recht nichts verstünden [...] – dies Recht zu vernünftigem Begreifen läßt sich kein Volk nehmen [...]

es ist die Zeit gekommen, daß man nach der Vernunft der Sache fragt.« (3/44) Wenn Eigentum auf den Füßen des Vernunftrechts steht, dann ist seine Geltung für alle Vernunftwesen erkennbar; und als ein solches Recht, das grundsätzlich für alle einsehbar ist, darf seine Anerkennung allen zugemutet werden. Die *Möglichkeit* der Zustimmung, nicht aber die tatsächliche Einwilligung ist für die normative Geltung zwingend erforderlich. Wie von jedem verlangt werden darf, die Kugelgestalt der Erde anzuerkennen, ohne dass er sich vom Weltraum aus selbst davon überzeugen konnte, so darf auch jedem zugemutet werden, die berechtigten Ansprüche anderer anzuerkennen.

Eigentum wird von Hegel deshalb auf seine Vernunft hin untersucht. »Im Verhältnis zu äußerlichen Dingen ist das *Vernünftige*, daß ich Eigentum besitze.« (49/112; vgl. 41/102 Zusatz) Unter der Vernünftigkeit des Eigentums werden die erfüllten Geltungsbedingungen verstanden, die ihm die Geltung eines berechtigten Anspruchs verleihen. Dieser Zusammenhang von Vernunft und Eigentum hat in Hegels Rechtsphilosophie einen doppelten Stellenwert, der sich aus der Unterscheidung zwischen Form und Inhalt der Vernunft ergibt.

Erstens geht es Hegel um eine Eigentumsbegründung. Die Tätigkeit des Begründens wird von ihm die »*Form*« der Vernunft oder »die Vernunft als begreifendes Erkennen« (Vorrede/27) genannt. Rechte müssen, damit sie als berechtigte Ansprüche gelten, begründet sein. Wie jeder Anspruch wird auch das Eigentumsrecht im Rückgriff auf die Geltungsbedingungen begründet, die ein Anspruch erfüllen muss, damit seine Anerkennung von allen erwartet werden darf. Seine Geltungsbedingungen werden in Gestalt – Hegel spricht von »*Gestaltung*« (1/29) – konkreter Eigentumsrechte erfüllt. Damit Eigentum seine Geltungsbedingungen auch tatsächlich erfüllt, muss es zu bestimmten Rechten ausgestaltet werden. Das Privateigentum, aber auch das gemeinschaftliche und öffentliche Eigentum der Sittlichkeitssphäre bilden die unterschiedlichen Gestalten, zu denen das Eigentum in Entsprechung zu seinen Geltungsbedingungen konkretisiert wird.

Zweitens verleiht Eigentum Gesellschaften ihre Vernünftigkeit. Vernunft wird hier von Hegel als der »*Inhalt*« oder »die Vernunft als substantielles Wesen der sittlichen wie der natürlichen Wirklichkeit« (Vorrede/27) genannt. Vernünftig sind demnach Eigentumsordnungen nicht nur insofern, als sie begründet sind; sondern auch deshalb, weil Gesellschaften mitunter ihnen ihre normative Geltung verdanken. Sie tragen wesentlich zur normativen Geltung einer Gesellschaftsformation bei. Ohne eine vernünftige Eigentumsordnung büßen Gesellschaftsformationen ihre Geltung ein. Wir werden im 4. Abschnitt über die Wirklichkeit des Eigentums ausführlich den Grund behandeln, warum einer Gesellschaft durch Eigentum eine normative Geltung verschafft wird.

So viel sei aber bereits vorweggeschickt: Die Geltungsbedingungen sind hier nicht, wie in der Eigentumsbegründung, ein Mittel, um Eigentumsrechten ihre Geltung zu verleihen. Vielmehr stehen Mittel und Zweck hier in einem umgekehrten Verhältnis: Eigentum ist ein Mittel, das der Geltungssicherung dient. Damit normative Ordnungen ihre Geltungsbedingungen erfüllen, bedarf es des Eigentums. Die Bedeutung des Eigentums als eines Mittels zum Zweck der Geltungssicherung wird von dem obigen Anfangszitat zum Ausdruck gebracht: »Die Person muß sich eine äußere *Sphäre ihrer Freiheit* geben, um als Idee zu sein.« (41/102) Freiheit dient dem Zweck der Idee. Ihre äußere Sphäre wird insbesondere durch Eigentum garantiert: Freiheit wird in Bezug auf äußere Güter in Gestalt von Eigentum ausgeübt; der Vertrag (§§ 72–81) ist eine weitere, aber nachgeordnete Möglichkeit. Zweck des Eigentums ist demnach »das *Vernünf-*

tige« (49/112). Oder: »Erst im Eigentum ist die Person als Vernunft.« (41 Zusatz/102)

Eigentum dient also weder der Bedürfnisbefriedigung noch der Freiheitsoptimierung, Güterverteilung, Wohlstandsvermehrung oder Sicherheitsgarantie. Sein Zweck ist vielmehr die Vernunft: Eigentum dient dazu, dass eine normative Ordnung ihre Geltungsbedingungen erfüllt und somit tatsächlich erst Geltung erlangt.[70] Das Eigentumsrecht ist, so Hegel in den *Vorlesungen über die Geschichte der Philosophie*, das »vernünftige Prinzip« (Hegel 1998: 126). Ohne Eigentumsrechte ist eine Gesellschaft dem Untergang geweiht; jedoch nicht, weil ohne Eigentum ein Kriegszustand droht (Hobbes), Wohlstand schwindet (Utilitarismus) oder Freiheitsrechte verloren gehen (Liberalismus), sondern deshalb, weil es in ihr keine berechtigten Ansprüche gibt. Diese Zweckbindung des Eigentums an die Vernunft ist das zentrale und unverwechselbare Merkmal von Hegels Eigentumstheorie. Sie ist jedoch auch besonders erklärungsbedürftig. Die weiteren Überlegungen verfolgen deshalb das Ziel, dieser sperrigen Idee einen berechtigten Sinn abzuringen.

Dafür muss Hegels Eigentumstheorie vor allem verständlicher gemacht werden. Eigentum folgt bei Hegel einer inneren Geltungslogik, die sich aus verschiedenen Geltungsbedingungen zusammensetzt. Seine Theorie des Eigentums lässt sich deshalb nur von dessen Geltungslogik her entschlüsseln. Zur Beschreibung der Geltungsbedingungen findet Hegel eine Sprache, deren Sperrigkeit legendär ist. Mit den eigenwilligen Begriffsschöpfungen, unfassbaren Abstraktheiten und dunklen Theoriezusammenhängen mutet Hegel seinen Leserinnen einiges zu. Um mehr Klarheit zu gewinnen, ist es deshalb sinnvoll, Hegels Begrifflichkeiten in eine kontrollierbare Sprache zu übersetzen. Vier Geltungsbedingungen bei Hegel lassen sich auch folgendermaßen bezeichnen: Konsistenz, Kohärenz, Faktizität und Geschichtlichkeit. Zwar verwendet Hegel selbst diese Bezeichnungen nicht. Seine eigenen Begrifflichkeiten lassen sich jedoch in sie übersetzen. Sie helfen, seine Überlegungen verständlicher und seine Argumente überprüfbar zu machen. Bevor sie im Einzelnen ausgeführt werden, hilft ein knapper Überblick über die Begriffszuordnungen. Hegel bezeichnet, wie bereits gesehen, die Idee als die Einheit von »Begriff« und »Verwirklichung«: Unter den »Begriff« fallen die Geltungsbedingungen der Konsistenz (u. a. »An-und-für-sich-sein«) und der Kohärenz (u. a. »Totalität«, »System«). Die Geltungsbedingungen der Faktizität (u. a. »Sein«) und Geschichtlichkeit (u. a. »Entwicklung«, »Fortschreiten«) beziehen sich wiederum auf die »Wirklichkeit« bzw. »Verwirklichung«.

(2) Die Freiheit des Eigentums

Konsistenz ist die erste Geltungsbedingung. Auf sie verweist Hegels Bezeichnung An-und-für-sich-sein. Konsistenz bedeutet, dass eine Schlussfolgerung regelkonform aus Annahmen gezogen wird, die selbst begründet sind. Es dürfen deshalb keine unbegründeten Annahmen vorausgesetzt werden. Daraus ergeben sich zwei Konsequenzen: das, was Hegel erstens das An-sich-sein und zweitens das Für-sich-sein nennt. Beides wird von ihm zum An-und-für-sich-sein zusammengeführt.

Das *An-sich-sein* wird von Hegel auch als das Allgemeine (genus proximum) bezeichnet und in der philosophischen Tradition das Oberste (supremum) genannt, das alle anderen Normen miteinschließt.[71] Wenn keine Annahmen vorausgesetzt werden dürfen, die selbst unbegründet sind, dann bedarf es für eine konsistente Begründung letztlich einer Annahme, deren Geltung allen anderen Annahmen vorgeordnet ist. Eine solche oberste Annahme hat eine unbedingte Geltung, weil ihre Geltung von keiner weiteren Bedingung abhängt. Eine unbedingte Norm gilt an sich und als Oberstes, das alle anderen Normen umfasst. Würde es eine Norm geben, die nicht von der obersten mit einbegriffen wäre, stünde sie außerhalb einer Begründung und hätte insoweit keine Geltung. Eine konsistente Begründung ist deshalb ohne eine oberste Annahme nicht denkbar. Eine normative Begründung setzt also notwendigerweise eine oberste Norm voraus, aus der sich alle anderen müssen herleiten lassen.

Diese oberste Norm ist laut Hegel die Freiheit; weshalb, das erklärt sich aus dem *Für-sich-sein*. Das Für-sich-sein wird von Hegel auch als das Besondere (differentia specifica) bezeichnet und in der Tradition das Selbstständige oder Vollendete (consumatum) genannt. Die Geltung der unbedingten Annahme, die von einer konsistenten Begründung vorausgesetzt wird, kann von nichts anderem als sich selbst abhängen. Eine solche Norm bestimmt sich insoweit selbst und gilt selbstständig: Sie gilt für sich.

Wenn eine Norm unbedingt gilt, dann kann ihre Geltung trotzdem nicht einfach als gegeben vorausgesetzt werden; wie etwa Rousseau (vgl. 29/80 f.) am Anfang seines *Gesellschaftsvertrags* behauptet: »Der Mensch ist frei geboren.« (Rousseau 2003: 5) Sie bedarf vielmehr selbst einer Begründung. Allerdings kann sie nicht durch weitere, inhaltliche Vorstellungen begründet werden, die selber begründungsbedürftig wären. Begründet wird sie vielmehr kraft ihrer Form (gr. *eidos*), die sie als Norm hat. Aus Gründen der Konsistenz bildet nicht der Inhalt, sondern die Form einer Norm die Grundlage ihrer Begründung. Eine Norm besteht formal aus den Bedingungen, die ihre Geltung erfüllen können muss. Eine konsistente Begründung kann deshalb von nichts anderem als ebendiesen Geltungsbedingungen ausgehen, die von einer normativen Geltung formal vorausgesetzt werden. Eine normative Begründung gelingt nur in Gestalt einer formalen Begründung. Der bestimmte Inhalt – also die Bestimmung, *welche* Norm unbedingte Geltung besitzt – muss sich aus der formalen Konsistenz einer Begründung herleiten lassen.

Diese normative Begründung eines Inhalts der Norm aus deren Form ist Thema der §§ 5–9.[72] Auf sie bezieht sich Hegel auch mit dem Begriff der Immanenz; wenn er etwa von »der eigenen immanenten Entwicklung der Sache selbst« (2/30) oder dem »immanent Vernünftige[n]« (29/81) oder davon spricht, dass »der Begriff sich aus sich selbst entwickelt und nur ein *immanentes* Fortschreiten und Hervorbringen seiner Bestimmungen ist« (31/84; vgl. Vorrede/25). Immanent begründen bedeutet, eine Geltung allein aus ihren eigenen Bedingungen herzuleiten, anstatt einen Inhalt von außen heranzutragen und damit vorauszusetzen. Eine unbedingte Geltung hat unabhängig von anderen Annahmen Bestand und bestimmt sich insoweit aus sich selbst. Unabhängigkeit und Selbstbestimmung sind aber nur andere Wörter für Freiheit. Normen zeichnen sich also in einer formalen Hinsicht durch Freiheit aus. Sie setzen formal Freiheit in Gestalt dieses Für-sich-seins, das heißt der Unabhängigkeit und Selbstständigkeit einer unbedingten Geltung voraus. Die Freiheit ist daher die einzige Norm, deren Inhalt mit ihrer Form übereinstimmt: Wenn in einer konsistenten Begründung einer Norm nichts anderes als deren Für-sich-sein, d. h. ihre Unabhängigkeit und Selbstständigkeit vorausgesetzt werden kann, dann kann ihr Inhalt in nichts anderem bestehen als in der Freiheit. Freiheit ist die inhaltliche Entsprechung zu dieser Form: Eine Sollgeltung lässt sich nicht konsistent begründen, ohne dass Freiheit ihr Inhalt ist. Wenn sich Normen überhaupt begründen lassen, dann muss – wegen der Konsistenz dieser Begründung – Freiheit ihr wesentlicher Inhalt sein.

Normative Begründungen gelingen also nur insofern, als sich die unbedingte Geltung einer Norm *formal* begründen lässt und *Freiheit* ihr Inhalt ist. Das An-und-für-sich-sein, das heißt die allgemeine und selbstständige Geltung der Freiheit läuft am Ende von Hegels Genealogie der Freiheit (§§ 10–27) auf folgenden Begriff hinaus: »*der freie Wille, der den freien Willen will.*« (27/79) Der Inhalt – das heißt das, worauf der Wille zielt – ist identisch mit der Form eines Willens, der sich auf nichts als sich selbst bezieht. Die grundlegende Norm in einer Gesellschaft ist demnach die Freiheit, aus der sich jede weitere Sollgeltung ergibt und deren Geltung selbst von keiner anderen Norm abhängt.

Mit seiner Beweisführung der Freiheit hat Hegel der Tradition subjektiver Rechte ein Begründungsfundament gegeben. Statt die Unantastbarkeit der Person, wie es John Locke tut, der theologischen Vorstellung vom Heiligen zu entlehnen, erbringt Hegel für sie den Nachweis. Die schützenswerte Freiheit wird als der Gehalt einer personalen Unantastbarkeit eigens begründet. Unter subjektiven Rechten, oder in Hegels Worten: unter dem abstrakten Recht, sind die individuellen Freiheitsrechte von Personen zu verstehen.[73] Personen zeichnen sich durch einen Freiheitsstatus aus, der sie zu Trägerinnen von eigenen Rechten macht. Jede Person besitzt als Person individuelle Freiheitsrechte. Diese werden durch ihre formale Gleichheit begrenzt (36/95). Die Gleichheit ist also ein notwendiger Bestandteil der Freiheit: Weil Freiheit allgemein gilt, gilt sie für jede Person gleichermaßen; deshalb wird die Freiheit jedes Einzelnen durch die gleiche Freiheit aller anderen begrenzt.

Das erste und grundlegende Recht dieser individuellen Freiheitsrechte ist das Eigentum. Mit der allgemeinen Geltung der Freiheit sind die Weichen für das Eigentumsrecht gestellt. Eigentum wird von Hegel aus der allgemeinen Geltung der Freiheit hergeleitet, ohne dass, ganz im Sinne der Konsistenz, begründungsbedürftige Zusatzannahmen eingeführt werden: Wenn Personen ihre Freiheit so weit ausüben dürfen, wie die Freiheit anderer reicht, dann dürfen sie ihre Freiheit über alles ausüben, das nicht frei ist. Was nicht frei ist, gilt als Sache. »Das von dem freien Geiste unmittelbar Verschiedene ist für ihn und an sich das Äußerliche überhaupt – eine *Sache*, ein Unfreies, Unpersönliches und Rechtloses.« (42/103) Freiheit schließt also den freien Willen ein, über Sachen zu bestimmen. Oder wie Hegel sich ausdrückt: Das Recht, seinen Willen in eine Sache zu legen (44/106; 58/126; 90/178), oder das Recht, dass der Wille in der Sache sein Dasein hat (53/117) oder als Wille des Einzelnen objektiv wird (46/108), oder das Recht, eine Sache von seinem Willen gänzlich zu durchdringen (62/131). Eigentum wird somit als das Verfügungsrecht über eine Sache begriffen; als ein *ius in re* oder *ius disponendi de re sua*. Hegels Leistung besteht darin, dass er dem Eigentumsrecht eine belastbare Begründung verschafft. Erst wird Freiheit als ein berechtigter Anspruch begründet und dann das Eigentum als die Ausübung dieses Anspruchs in Bezug auf äußere Sachen hergeleitet.

Hegel unterscheidet drei Weisen, wie sich über Sachen bestimmen lässt. Eigentum ist das Recht auf Besitznahme (§§ 54–58), auf den Gebrauch (§§ 59–64) und auf die Entäußerung (§§ 65–70). Personen üben ihre Freiheit aus, indem sie Sachen sich aneignen, sie nutzen und wieder an andere übertragen. Eigentum schließt demnach das Recht ein, etwas, das niemandes Eigentum ist, in Eigentum zu überführen; zudem das Recht auf den Gebrauch der eigenen Güter, um mit ihnen Bedürfnisse zu befriedigen; und schließlich das Recht, sie in das Eigentum einer anderen Person zu übertragen.

(3) Das Gemeinwohl des Eigentums

Aus dem Erfordernis der Konsistenz folgt eine weitere Bedingung, die von Normen erfüllt werden muss, um Geltung zu besitzen: ihre Kohärenz. Normen müssen kohärent begründet werden und in einem widerspruchsfreien Zusammenhang stehen. Kohärenz sichert die Einheit in der Vielfalt verschiedener Rechte. Geltungsansprüche dürfen sich nicht widersprechen; ansonsten gelten sie nicht. Denn Normen, die sich ausschließen, machen sich ihre Geltung wechselseitig streitig. Die Geltung einer Norm muss deshalb stimmig mit der Geltung anderer Normen sein. Sie müssen miteinander kohärent sein, um Geltung zu besitzen. Hegel nennt diese Kohärenz »*System*« (145/294), das »Rechtssystem« (4/46) oder die »Totalität« (143/293).

Zwar wird Freiheit von Hegel als das zentrale Recht in einer gesellschaftlichen Ordnung betrachtet. Freiheit ist für ihn aber keineswegs das Einzige, was zählt. Im Gegenteil gehört zu seinen wichtigsten Einsichten, dass Freiheit, wenn sie auf sich allein gestellt ist, sich zwangsläufig in ihr Gegenteil verkehrt. Diese Widerspruchsstruktur der Freiheit wird bereits in der Einleitung der *Grundlinien* ausgeführt (§§ 10–27). Freiheit schlägt hier unweigerlich in Notwendigkeit um, die in Gestalt von Zwang, Zufall, Schicksal usf. stets die Freiheit aufs Neue untergräbt. Freiheit entwickelt sich dabei über die Aufhebung der jeweiligen Widersprüche zu immer anspruchsvolleren Freiheitsformen. Als »die *konkretere*, in sich reichere und wahrhafter allgemeine« hat die Freiheit »eben damit auch eine höheres Recht« (30/83). Jede neue Freiheit verstrickt sich in einen weiteren Widerspruch, der durch eine wiederum neue, reichhaltigere Freiheit aufgehoben wird. Je mehr Widersprüche von ihr bewältigt werden, desto stärker wird ihre Geltung.

Auch das Eigentumsrecht besitzt eine solche Widerspruchsstruktur. Eigentum ist für Hegel eine durch und durch widersprüchliche Praxis, die Freiheit verwirklicht und zugleich aushöhlt. Statt jedoch solche Widersprüche durch Abschaffung des Eigentums handstreichartig aufzulösen, werden sie als Schubkraft anerkannt, die eine Entwicklung der Freiheit vorantreibt. Dieses Vorgehen wird von Hegel »Dialektik« (31/84) genannt. Dialektik bedeutet die Herleitung von etwas aus seinem anderen: Positives schlägt in sein Gegenteil (Negatives) um, wobei aus dem Widerspruch zwischen beiden ein neues Positives entsteht. Freiheit verstrickt sich zwar in stets neue Widersprüche; nur aber über die Aufhebung solcher Widersprüche entwickelt sich Freiheit weiter. Die Widersprüche des Eigentums werden durch anspruchsvollere Eigentumsformen aufgehoben. Um seinen Widersprüchen zu entkommen, wird Eigentum also nicht aufgelöst, sondern zu komplexeren Eigentumsrechten fortentwickelt: Statt durch Regression werden sie durch seinen Fortschritt überwunden. Eigentum erzeugt laut Hegel drei gesellschaftliche Widersprüche (i–iii).

(i) Erstens entsteht durch Eigentum der *Widerspruch zwischen Freiheit und Sicherheit*. Freiheit wird durch Eigentumsrechte geschützt und zugleich bedroht. Eigentum ist ein Entscheidungsrecht in Bezug auf äußere Güter und erlaubt dem Eigentümer, selbst über seine Güter zu bestimmen. Eigentum schließt deshalb unvermeidlich andere von der Entscheidung aus und ist insoweit ein Exklusionsrecht, das etwas vor dem Zugriff anderer schützt. Als ein solches Exklusionsrecht macht Eigentum jedoch Unrecht erst möglich. Denn der Gebrauch von etwas durch eine Person kann, so Hegel im Abschnitt über »Das Unrecht« (§§ 82–104), nur Unrecht sein, wenn der Gebrauch ohne die Zustimmung eines Eigentümers verboten ist. Nur weil also Eigentum als berechtigter Anspruch gilt, kann sein Gebrauch durch andere als Eigentumsverletzung, als Unrecht gelten.

Unrecht wird also durch das Eigentum überhaupt möglich gemacht. Erst nachdem Eigentum eingeführt wird, kann ein Anspruch verletzt werden und diese Verletzung als Verbrechen gelten. Nicht der Schutz vor Verbrechen ist der Grund dafür,

Eigentumsrechte einzuführen. Eher umgekehrt sind Verbrechen die Folge von Eigentumsrechten. Verbrechen drohen paradoxerweise erst dort, wo Eigentum geschützt wird. Eigentum wird also vom Verbrecher bedroht, den es selbst hervorbringt. Der Verbrecher betritt erst nach dem Eigentümer die Bühne. Eigentumsrechte steigern deshalb nicht das Sicherheitsgefühl, sondern das Bedrohungsgefühl in einer Gesellschaft.

Ohne Eigentum also auch keine Verbrechen. Ebenso wenig aber wäre dann Freiheit in Bezug auf äußere Güter möglich. Deshalb kann vor Verbrechen nicht geschützt werden, indem hinter das Eigentum zurückgegangen wird. Vielmehr müssen laut Hegel zusätzliche Schutzmaßnahmen eingeführt werden, die das Eigentum vor Betrug, Diebstahl und Raub sichern. Das »*Recht des Eigentums*« wird zum »*Schutz des Eigentums*« (208/360). Ein solcher Eigentumsschutz wird durch die Sanktionsandrohung und eine Staatsmacht gewährleistet, die die Einhaltung des Eigentumsrechts notfalls erzwingen kann. Die Strafe (§§ 90–103) soll von Eigentumsdelikten abschrecken und wird vom Staat durchgesetzt.

Der Staat spielt hier die Rolle eines Eigentumsgaranten, der über die Durchsetzung von Eigentumsrechten wacht und gegen Verbrecher durchgreift. Ein solcher Obrigkeitsstaat sorgt für Recht und Ordnung und darf als Gegenleistung die Loyalität seiner Untertanen erwarten. Dieses stockkonservative Staatsverständnis entspricht dem Bild vom preußischen Staat zu Zeiten Hegels. Hegel hat sich in den *Grundlinien* mit Kritik an der Obrigkeit zurückgehalten. Ob sich diese Zurückhaltung aus Hegels Vorsicht angesichts der allgegenwärtigen Zensur erklärt oder ob sie eher seine eigene Überzeugung widerspiegelt, ist in der Hegel-Forschung seit langem umstritten (vgl. Ilting 1973). Wie dem auch sei: Der Widerspruch zwischen Freiheit und Sicherheit liegt ganz auf der Linie von Hegels Argumentation, dass Freiheit stets in einen Widerspruch mit sich selbst gerät. Im Namen des Eigentumsschutzes etabliert sich ein starker Staat, dessen Sicherheitspolitik sich in eine Freiheitsbedrohung verkehrt. Zur Verbrechensbekämpfung werden Überwachung, Zensur und andere Repressionen eingeführt. Freiheiten werden also zum Schutz vor Verbrechen eingeschränkt, die vom Eigentum überhaupt erst hervorgerufen werden. Um Eigentum zu schützen, werden andere Freiheiten ausgehöhlt. Aufheben lässt sich dieser Widerspruch zwischen Freiheit und Sicherheit nur, indem politische Freiheitsrechte und eine demokratische Kontrolle eingeführt werden, die die staatlichen Freiheitseingriffe abwehren. Bei Licht betrachtet folgen aus Eigentumsrechten, wie sie Hegel einführt, notwendigerweise demokratische Rechte, die über den preußischen Obrigkeitsstaat hinausführen.

(ii) Eigentum erzeugt zweitens den *Widerspruch zwischen Freiheit und neuen Abhängigkeiten*. Einerseits ist Eigentum ein Freiheitsrecht; andererseits schafft Eigentum neue Unfreiheiten. Eigentum verwirklicht Freiheit und erzeugt zugleich neue Zwänge und Abhängigkeiten. Dieser Widerspruch wird von Hegel in vier Schritten entwickelt. Zunächst betont er die materialistische Bedeutung des Eigentums für die Bedürfnisbefriedigung des Menschen (1. Schritt). Für Hegel ist Eigentum ein Freiheitsrecht im materiellen Kontext der Selbsterhaltung oder der Befriedigung von Bedürfnissen. So wird in der bürgerlichen Gesellschaft »das System der Bedürfnisse« (189/346) über eine Eigentumsordnung organisiert. Auch wird Freiheit in den *Grundlinien* von vornherein als das Vermögen eingeführt, selbst Ziele zu setzen und die erforderlichen Mittel zu wählen (vgl. 12/63), um »die *Triebe*, *Begierden*, *Neigungen*« zu stillen, »durch die sich der Wille von Natur bestimmt findet« (11/62). Bedürfnisse widerfahren zunächst als Naturnotwendigkeit. Sie zwingen den Menschen dazu, sich mit Gütern zu versorgen, die für ihre Befriedigung benötigt werden.

Dieser Zwang der materiellen Reproduktion wird, zumindest teilweise, durch Eigentum gebrochen (2. Schritt). Die Notwendigkeit der Bedürfnisbefriedigung wird mit der eigentumsförmigen Freiheit verbunden, über Güter selbst zu bestimmen, die für die Bedürfnisbefriedigung benötigt werden. Das Freiheitsversprechen des Eigentums liegt also darin, über die nötigen Güter der materiellen Reproduktion selbst zu verfügen. Mithilfe von Eigentum wird eine »*Befreiung*« (194/350) innerhalb der materiellen Zwänge möglich.

Die Kehrseite dieser Befreiung durch Eigentum ist, dass ein neuer Zwang entsteht (3. Schritt). Eigentümer üben Freiheit aus, indem sie über Sachen verfügen. Damit aber geraten sie in Abhängigkeit davon, solche Sachen zu haben. So müssen sie ihr Hab und Gut bewahren, gebrauchen, sichern und pflegen. Vor allem entsteht der Zwang zur Bildung von Eigentum, das erworben, beschafft und vermehrt werden muss. Um frei zu sein, macht man sich vom Besitz an Dingen abhängig. Freisein erzwingt, etwas zu haben. Indem Freiheit nun davon abhängt, Eigentum zu bilden, erzeugt Eigentum eine neue Abhängigkeit und gerät so in Widerspruch mit seinem eigenen Freiheitsversprechen. Ermöglichungsbedingungen, wie das Eigentum, haben bei Hegel stets die ambivalente Bedeutung, Freiheit zu ermöglichen und zu untergraben. Jede Bedingung ist zugleich Ermöglichungsgrund und Abhängigkeitsverhältnis. Wenn etwas durch anderes ermöglicht wird, dann gewinnt es zwar eine Selbstständigkeit, gerät aber auch in Abhängigkeit von dem, was seine Selbstständigkeit ermöglicht. Eigentum verwirklicht zwar Freiheit, aber nur um den Preis des Besitzzwangs. Wer frei sein will, steht unter dem Zwang zum Besitz.

Dieser Widerspruch zwischen Freiheit und Besitzzwang wird laut Hegel durch die Eigentumsordnung der bürgerlichen Gesellschaft aufgehoben (4. Schritt). Er wird zwar durch Eigentum erzeugt, aber durch dessen bürgerliche Neugestaltung auch überwunden. Für Widersprüche innerhalb einer Eigentumsordnung wird eine Lösung nicht außerhalb derselben, sondern durch ihre Weiterentwicklung gefunden. Der Widerspruch soll mithilfe des »Prinzips« (208/360) der bürgerlichen Gesellschaft aufgehoben werden: Dieses Prinzip ist das Eigentum an den Früchten der Arbeit und steht auch in den Gesellschaftstheorien von John Locke, Johann Gottlieb Fichte und Karl Marx im Mittelpunkt (vgl. Fichte 1971: 212–214, 219). Wer einen Beitrag zur Wertschöpfung leistet, dem gehören auch die geschaffenen Werte. Hegel begreift Arbeit als einen Prozess der »*Formierung*« (56/121; vgl. 57/122–126). Die Formgebung einer Materie rechtfertigt das Eigentum an ihr. Auf dieser Grundlage entsteht durch Arbeit das Eigentum an einem Vermögen, das den Lebensunterhalt sichert. In Bezug auf die bürgerliche Gesellschaft wird Eigentum von Hegel als das besondere »Vermögen« beschrieben, das von jedem »durch seine Arbeit« erworben wird, »um für seine Subsistenz gesichert zu sein« (199/353). Durch Arbeit ist es somit jeder Person möglich, Eigentum zu bilden. Der Zwang zur Eigentumsbildung wird mittels der Arbeit aufgehoben, die Hegel als ein Vermögen der Selbstbestimmung deutet: Durch Arbeit kann man sich unabhängig von einem Versorger selbst mit einem Lebensunterhalt versorgen. Hegel verwendet für diesen Gedanken in der *Phänomenologie des Geistes* auch das Bild von der Dialektik zwischen Herr und Knecht. Zunächst erscheint es so, als hänge der Knecht von seinem Herrn ab, der ihn versorgt. Aufgrund seiner Arbeit – »das Formieren« – ist der Knecht in Wirklichkeit aber frei von seinem vermeintlichen Versorger (Hegel 1988: 135). Denn seine Arbeit verleiht ihm ein Recht an ihren Früchten; stattdessen hängt vielmehr der Herr von der Arbeit des Knechts ab, dem die Erträge gehören, von denen sich der Herr nährt.

Die bürgerliche Eigentumsordnung setzt eine hohe Produktivität der Wirtschaft voraus, damit jeder durch Arbeit Eigentum bilden kann, von dem er auch leben kann. Diese Produktivität wird durch Arbeitsteilung möglich. In arbeitsteiligen Gesellschaften trägt jeder zur gesamtwirtschaftlichen Produktivität bei, indem er durch spezifische Arbeitstätigkeiten Eigentum für sich bildet (vgl. 199/353). Allein das Selbstinteresse an der eigenen Eigentumsbildung führt deshalb dazu, dass auch andere Eigentum erwerben können. Durch diese wechselseitige Abhängigkeit entsteht ein Kooperationszusammenhang aller, die an der Produktion beteiligt sind. Die eigene Eigentumsbildung hängt somit davon ab, dass andere ebenfalls durch Arbeit Eigentum für sich bilden.

Die Eigentumsbildung durch Arbeit wird damit zum strukturbildenden Prinzip der bürgerlichen Gesellschaft. Diese kennzeichnet deshalb ein charakteristisches Eigentumsethos. Bürgerinnen und Bürger werden erst aufgrund ihrer jeweiligen Eigentumsbildung als Mitglieder der Gesellschaft anerkannt und wertgeschätzt. Über das Eigentum, das sie sich durch Arbeit aufbauen, vergewissern sie sich ihrer Zugehörigkeit zur bürgerlichen Gesellschaft.

»Die sittliche Gesinnung in diesem Systeme ist daher die *Rechtschaffenheit* und die *Standesehre*, sich, und zwar aus eigener Bestimmung, durch seine Tätigkeit, Fleiß und Geschicklichkeit zum Gliede eines der Momente der bürgerlichen Gesellschaft zu machen und als solches zu erhalten und nur durch die Vermittlung mit dem Allgemeinen für sich zu sorgen sowie dadurch in seiner Vorstellung und der Vorstellung anderer *anerkannt* zu sein.« (207/359)

In der bürgerlichen Eigentumsordnung werden somit materielle Reproduktion und Freiheit miteinander scheinbar versöhnt. Die Notwendigkeit der materiellen Reproduktion ist nur dann mit Freiheit vereinbar, wenn sie in die Notwendigkeit der Eigentumsbildung überführt wird, die die Mitglieder einer Gesellschaft voneinander erwarten dürfen. Erst mit dem bürgerlichen Prinzip der Eigentumsbildung durch Arbeit wird eine Kohärenz zwischen Freiheit und Notwendigkeit hergestellt. Doch das ist nicht die ganze Geschichte. Denn damit erscheint ein weiterer Widerspruch.[74]

(iii) Eigentum erzeugt drittens einen *Widerspruch zwischen Freiheit und Herrschaft.* Freiheit verkehrt sich in der bürgerlichen Eigentumsordnung in ein Herrschaftsverhältnis. Herrschaft widerfährt als Kontrollverlust, Ohnmacht oder, wie Hegel sich ausdrückt, in Gestalt von »*Zufälligkeiten*« (230/382 und passim). Einerseits verfügen Eigentümer selbst über die Güter, die sie benötigen. Andererseits wird damit eine Wirtschaftsweise geschaffen, die Selbstermächtigung untergräbt. Die Privathandlungen eines Eigentümers werden zu einer »Zufälligkeit, die aus [seiner] Gewalt tritt und den anderen zum Schaden und Unrecht gereichen kann oder gereicht« (232/383). Die bürgerliche Gesellschaft löst einen solchen Kontrollverlust in drei Richtungen aus.

Zunächst verselbstständigt sich der wirtschaftliche Kooperationszusammenhang zu einer Sphäre, auf die sich willentlich kaum einwirken lässt. Sie tritt den Bürgern als ein selbstständiges System gegenüber, das einer eigenen Dynamik gehorcht. Je weitverzweigter, engmaschiger und kleinteiliger die Arbeitstätigkeiten miteinander verflochten sind, desto weniger lässt sich dieses Geflecht formen, steuern oder regulieren. Die Eigentumsbildung durch Arbeit wird zwar vom bürgerlichen Kooperationszusammenhang möglich gemacht. Dieser Freiheitsgewinn hat jedoch den Freiheitsverlust zum Preis, die wirtschaftliche Grundlage nicht selbst gestalten und bestimmen zu können. Die bürgerliche Eigentumsbildung durch Arbeit setzt eine Wirtschaftsweise voraus, deren Lenkung sich den Eigentümern entzieht.

Ein weiterer Kontrollverlust widerfährt den Eigentümern, weil die Bedürfnisse, für deren Befriedigung sie arbeiten und Eigentum erwerben, in der bürgerlichen Gesellschaft künstlich vermehrt werden. Die unbegrenzte »Vervielfältigung und Spezifizierung der Bedürfnisse, Mittel und Genüsse [...] ist eine ebenso unendliche Vermehrung der Abhängigkeit und Not« (195/350 f.). Den Eigentümern entgleitet die Selbstbestimmung über ihre Bedürfnisbefriedigung, weil unbegrenzt viele Bedürfnisse entfacht werden. Der *»Luxus«* (195/351) wird von Hegel als Ausdruck für ein solches bürgerliches Bedürfniswachstum beschrieben. Es werden stets neue Bedürfnisse erzeugt, die man zu befriedigen wünscht. Dadurch entsteht der Zwang, immer mehr Eigentum zu erwerben und dafür zu arbeiten. Je mehr Eigentum, desto größer scheinbar die Aussicht auf erfüllte Interessen, Wünsche und Begierden. Die Bedürfnisbefriedigung treibt somit zur unbegrenzten Eigentumsbildung an, die wie ein Selbstzweck erscheint, der um seiner selbst willen erstrebt wird.

Der dritte Kontrollverlust nimmt die Gestalt des sozialen Abstiegs an. Der Zwang zur steigenden Eigentumsbildung führt zur Herausbildung eines Gegensatzes gesellschaftlicher Klassen. Die bürgerliche Gesellschaft ist für Hegel eine Sphäre der *»Entzweiung«* (33/87, 184/340), in der sich – was Karl Marx aufgreifen wird – die Klassen der Eigentümer und der Lohnarbeiter gegenüberstehen. Auf der einen Seite konzentrieren sich »unverhältnismäßige Reichtümer in wenige Hände« (244/389); auf der anderen steigt die Armut, Abhängigkeit und Not (241–244/388 ff.) und es entsteht eine *»Pöbel«* (244/389) genannte Schicht, die unter das Niveau der Existenzsicherung fällt. Bürgerliche Eigentumsrechte sollen materielle Selbstbestimmung absichern und führen zugleich dazu, dass Menschen ins Elend abgleiten.

Diesen verschiedenen Arten des Kontrollverlustes wird laut Hegel dadurch entgegengewirkt, dass die Orientierung am Gemeinwohl institutionell verankert wird. Das Gemeinwohl – also Solidarität, gesellschaftlicher Zusammenhalt oder, in Hegels Worten, Sittlichkeit – muss auf wirksame Weise Einlass in die bürgerliche Gesellschaft finden. Hegels Eigentumstheorie läuft auf die Einsicht hinaus, dass diese Gemeinwohlorientierung in der bürgerlichen Gesellschaft die Gestalt eines sozialen Eigentums annimmt: Die Eigentumsordnung der bürgerlichen Gesellschaft erschöpft sich nicht im Privateigentum, sondern schließt ein »sittliches Eigentum« (170/323) mit ein. Der Begriff des sittlichen Eigentums wird von Hegel als Bezeichnung für die Eigentumsstruktur einer Solidargemeinschaft eingeführt, für die die Familie Pate steht. »Die Familie hat als Person ihre äußerliche Realität in einem *Eigentum*, in dem sie das Dasein ihrer substantiellen Persönlichkeit nur als in einem *Vermögen* hat.« (169/323) Im gemeinschaftlichen Eigentum der Familie werden die individuellen Interessen ihrer Mitglieder »in die Sorge und den Erwerb für ein *Gemeinsames*, in ein *Sittliches* [verändert]« (170/323). Dieses gemeinschaftliche Eigentum ist dem Gemeinwohl verpflichtet und dient dem Zweck, für alle Mitglieder einen Lebensunterhalt zu sichern. Das Gemeinwohl wird von Hegel also eigentumstheoretisch gedacht und eigentumsrechtlich ausgestaltet. Privateigentum wird zwar am Anfang der *Grundlinien* eingeführt, aber im weiteren Verlauf um eine soziale Eigentumsform ergänzt, deren Inhalt das Gemeinwohl ist.

Freiheit lässt sich nur in einer Gesellschaftsformation mit einer starken Gemeinwohlorientierung verwirklichen. Freiheit und Gemeinwohl stehen in einem kohärenten Verhältnis zueinander, weil dieses von jener vorausgesetzt wird.[75] Ohne eine Gemeinwohlorientierung schlägt Freiheit in ihr Gegenteil, in Herrschaft um. Um diesen Widerspruch der Freiheit mit sich selbst aufzuheben, bedarf es der Gemeinwohlorientierung. Obwohl Freiheit durch das Gemeinwohl begrenzt wird, sind beide dennoch miteinander vereinbar, weil Freiheit sich nur unter der sozialen Bedingung der Gemeinwohlorientierung stabilisiert. Ausdruck dieser Einheit von Gegensätzen – von Freiheit und Gemeinwohl – ist das sittliche Eigentum, in dem scheinbar Unvereinbares vereinigt wird. Sittliches Eigentum bringt somit die erforderliche Kohärenz zum Ausdruck, die von normativen Ansprüchen für ihre Geltung erfüllt sein muss.[76]

Auf den Widerspruch zwischen Freiheit und Herrschaft lässt sich laut Hegel mit zwei Maßnahmen reagieren: mit sozialstaatlicher Umverteilung und mit der Einführung von sogenannten Korporationen. In der sozialstaatlichen Umverteilung wird Privateigentum vor allem durch Besteuerung in »öffentliche[s] Eigentum« (245/390; vgl. 277/442) überführt, das dann zugunsten von Bedürftigen in Gestalt von Sozialleistungen verteilt wird. Hegel führt zwei Einwände gegen diese steuerfinanzierte Umverteilung an (vgl. 245/390). Zum einen reichen die gesellschaftlichen Ressourcen nicht aus, um mit einer Umverteilung alle Nöte zu beheben. Zum anderen werden Bedürftige zu bloßen Empfängern degradiert, denen das Recht vorenthalten wird, durch eigene Arbeit Eigentum zu erwerben.

Hegel setzt deshalb auf die Korporation als die geeignetere Maßnahme, um den Widerspruch zwischen Freiheit und Herrschaft zu überwinden. »In der Korporation verliert die Hilfe, welche die Armut empfängt, ihr Zufälliges sowie ihr mit Unrecht Demütigendes und der Reichtum in seiner Pflicht gegen seine Genossenschaft den Hochmut und den Neid, den er, und zwar jenen in seinem Besitzer, diesen in den anderen erregen kann.« (253/396) Korporationen sind Gemeinschaften von Produzenten in einem spezifischen Gewerbe und handeln je als kollektive Marktakteure. Ihre Mitglieder tragen füreinander und für die Angehörigen »Sorge« (252/394), indem das erwirtschaftete Vermögen zum Lebensunterhalt aller dient.

Hegel bleibt äußerst vage über die genaue Ausgestaltung einer Korporation. Seine Ausführungen legen jedoch nahe, sich die Korporation als eine Form des gemeinschaftlichen Eigentums am erwirtschafteten Vermögen vorzustellen. Darauf verweist zunächst ihre Bezeichnung als »*Genossenschaft*« (251/394), die das klassische Beispiel für ein gemeinschaftliches Eigentum ist, das sich die Mitglieder miteinander teilen; Mitglieder sind hier Miteigentümer. Einen weiteren Hinweis gibt ihre Bezeichnung als »*zweite Familie*« (252/394): Die Korporation ist dem sittlichen Eigentum der Familie nachgebildet, das an die Versorgung aller Mitglieder zweckgebunden ist. Schließlich verknüpft Hegel die Korporation mit der eigentumsähnlichen Institution der »*Privilegien*« (252/394). Privilegien sind, wie Eigentum, Verfügungsrechte an Gütern. Im Unterschied jedoch zu den historischen Privilegien, die ein exklusives Vorrecht weniger waren, gelten die Privilegien der Korporation laut Hegel für alle gleichermaßen: Jeder Bürger hat das Recht auf Mitgliedschaft in einer Korporation, sofern er für das jeweilige Gewerbe geeignet ist. Dieses Recht auf Mitgliedschaft versetzt jeden in die Lage, Eigentum durch Arbeit gemeinsam mit anderen zu erwerben. Die Erträge der Arbeit sind dabei gemeinschaftliches Eigentum. Die Kooperation ermöglicht also die Eigentumsbildung durch Arbeit und entspricht insoweit dem Prinzip der bürgerlichen Gesellschaft. Zugleich überwindet sie deren Entzweiung, weil aus der Arbeit gemeinschaftliches Eigentum entsteht.

Das gemeinschaftliche Eigentum der Korporation trägt zur Überwindung des Widerspruchs zwischen Freiheit und Herrschaft bei und setzt deshalb ein höheres Maß an Freiheit um, als es auf der Grundlage allein von Privateigentum möglich ist. Als Miteigentümer sind alle an der Gestaltungsmacht beteiligt und bestimmen über die Ziele der Produktion sowie über die Weisen des Konsums mit. Sie entscheiden gemeinsam darüber, wozu die

Erträge genutzt, verwertet und übertragen werden. Dadurch gewinnen die Bürger eine gewisse Kontrolle über die Wirtschaftsweise zurück, die sich in der bürgerlichen Gesellschaft ansonsten zur unverfügbaren Sphäre verselbstständigt. Zudem erlauben die gemeinsamen Entscheidungen darüber, wozu die Erträge gebraucht werden sollen, eine Mitbestimmung über die Bedürfnisse, die erfüllt werden sollen. Sie wirken damit der entfesselten Steigerungsdynamik bürgerlicher Bedürfniszuwächse entgegen. Schließlich werden soziale Ungleichheit und Klassengegensätze durch die Gemeinwohlbindung des Eigentums abgebaut.

Hegels Konzept des sittlichen Eigentums wird sowohl in der Hegel- als auch in der Eigentumsforschung nur selten zur Kenntnis genommen. Die Ursache hierfür liegt in dem verbreiteten Eindruck, Hegels Eigentumstheorie beschränke sich auf den ersten Teil über das abstrakte Recht in den *Grundlinien*. Das Eigentumsrecht kommt jedoch nicht nur am Anfang vor, sondern kehrt in der Sittlichkeit wieder. Es wird als Privateigentum eingeführt und durch ein sittliches oder gemeinschaftliches Eigentum ergänzt, mit dem Freiheit und Gemeinwohl zusammengeführt werden.

(4) Die Wirklichkeit des Eigentums

Die dritte und die vierte Geltungsbedingung bestehen in der Faktizität und Geschichtlichkeit eines Rechts. Sie sind eng miteinander verschlungen und bilden zusammen die Grundlage für den Fortschritt der Eigentumsrechte. Damit Eigentum als berechtigter Anspruch gilt, muss sich seine Geschichte als Fortschritt begreifen lassen. Der Fortschrittsgedanke des Eigentums setzt beide Bedingungen voraus: Faktizität und Geschichtlichkeit, die jedoch zunächst je für sich stehen.

Zunächst zur dritten Geltungsbedingung: Jede Sollgeltung setzt ihre *Faktizität* voraus. Normative Gründe besitzen eine faktische Geltung, weil ansonsten ein Zirkel in der Begründung entsteht. Würde ein Anspruch, der gelten soll, aus etwas begründet werden, das gelten soll, so würde das Seinsollende vorausgesetzt werden, das erst noch zu begründen wäre. Anstatt einen Anspruch (Sollen) zu begründen, würde er unbegründet vorausgesetzt werden. Normative Gründe sollen nicht bloß gelten, sondern sie gelten bereits. Ihre Geltung wird nicht lediglich beansprucht, sondern ist faktisch in Kraft. Normative Gründe müssen also eine faktische Geltung haben.

Hegel grenzt sich von traditionellen Erklärungsversuchen einer solchen Faktizität ab: vom Naturalismus (Aristoteles), vom Empirismus (Hume) und von der Transzendentalphilosophie, in der sie beispielsweise von Kant als eine transzendentale Idee gedeutet wird. Sie wird von Hegel vielmehr im Sinne einer Praxisphilosophie als der reale Vollzug eines Anspruchs gedeutet: Die faktische Geltung einer Norm drückt sich in deren Praxis aus.[77] Damit eine Norm gilt, muss ihre Praxis vollzogen werden. Der Freiheit wird eine faktische Geltung durch ihren praktischen Vollzug verliehen. Sie besitzt in der bestehenden Praxis schon Geltung. Damit Normen also eine verbindliche Geltung erlangen, müssen sie in Gesellschaft und Kultur objektviert sein. Hegels Begriff des Rechts läuft auf diese Bedeutung von Faktizität hinaus, dem zufolge Normen Realität haben: »Dies, daß ein Dasein überhaupt *Dasein des freien Willens* ist, ist das *Recht*.« (29/80) Sie werden dabei von politischen Institutionen, sozialen Interaktionen, individuellen Handlungen, eingeübten Haltungen, rechtlichen Praktiken und gesellschaftlichen Ritualen verkörpert. Der Faktizität wird durch die Sphäre der Sittlichkeit Rechnung getragen: Sittlichkeit ist »der *zur vorhandenen Welt* [...] *gewordene Begriff der Freiheit*« (142/292).

Die Geltungsbedingung der Faktizität kommt in Hegels Praxisphilosophie auf vielfache Weise zum Ausdruck. Auf sie bezieht sich etwa Hegels berühmte Neudeutung des philosophischen Eulen-Symbols: »die Eule der Minerva beginnt erst mit der einbrechenden Dämmerung ihren Flug.« (Vorrede/28) Vom Wissenschaftsstandpunkt unbeteiligter Beobachter lässt sich die normative Geltung nur nachträglich erfassen, nachdem sie in der Praxis schon verwirklicht ist. Freiheit wird durch die theoretische Reflexion nur als eine Norm ausdrücklich gemacht, die in der bestehenden Praxis bereits Geltung besitzt.

Hegel bringt seine Praxisphilosophie zudem auf den Begriff einer vernünftigen Wirklichkeit. Nicht nur sei das Vernünftige wirklich, sondern auch: »was wirklich ist, das ist vernünftig.« (Vorrede/24) Das Vernünftige – das, was der Wirklichkeit Geltung verleiht: die Geltungsbedingungen – ist wirklich insofern, als die Geltungsbedingungen notwendige Voraussetzungen der gesellschaftlichen Realität sind. Das Vernünftige muss nicht herbeigewünscht werden, weil es sich als die Geltungsbedingungen rekonstruieren lässt, die von einer normativen Praxis immer schon vorausgesetzt werden. Darüber hinaus ist die Wirklichkeit selbst – als Faktizität – eine solche Geltungsbedingung. Die Wirklichkeit ist vernünftig in dem Sinne, dass sie eine Bedingung ist, von deren Erfüllung die Geltung einer Norm abhängt: Eine Norm muss in der Praxis realisiert werden, damit sie Geltung besitzt. Auf diesen praxisphilosophischen Ansatz verweist zudem Hegels wahrheitstheoretische Bestimmung der Idee des Rechts, die sich aus dem »Begriff des Rechts und dessen Verwirklichung« (1/29) zusammensetzt. Die normative Geltung eines Rechts muss demnach von seiner vollzogenen Praxis gedeckt sein. Bezogen auf das Eigentum besagt Hegels Praxisphilosophie also Folgendes: Dem Eigentum wird durch seine Wirklichkeit, das heißt durch seine Institutionalisierung als Recht eine Geltung verliehen.[78]

Hegels praxisphilosophischer Ansatz ist schließlich der Grund dafür, dass die Rechtsphilosophie mit dem Eigentum anfängt und Eigentum ihre Grundlage durchgehend bleibt. In ihm realisiert sich Freiheit erstmalig. Eigentum ist »das erste *Dasein*« (45/107) der Freiheit. Es versteht sich nicht von selbst, warum Hegel unter der Vielzahl von Freiheitsrechten ausgerechnet das Eigentum auswählt, um zu zeigen, dass Freiheit real und die Wirklichkeit vernünftig ist. Was zeichnet Eigentum gegenüber der Meinungsfreiheit, Bewegungsfreiheit, Willensfreiheit, Handlungsfreiheit oder politischen Freiheit aus, um Freiheit als einen berechtigten Anspruch zu begründen? Im Unterschied zu all diesen Freiheiten ist Eigentum die Freiheit in Bezug auf *äußere* Güter. Freiheit wird in Bezug auf äußere Güter – Dinge, Sachen, Materie in der Außenwelt – in Gestalt von Eigentum ausgeübt. Äußere Güter lassen sich wahrnehmen und damit auf unbezweifelbare Weise erkennen. Sie lassen sich als ein Gegenstand gesicherter Erkenntnis vergewissern. Indem nun über sie Eigentumsrechte ausgeübt werden, objektiviert sich in ihnen Freiheit und lässt sich damit ein gesichertes Wissen über Freiheit gewinnen. Freiheit wird für ein Wahrnehmungswissen erkennbar, wenn sie in Bezug auf äußere Güter, das heißt in Gestalt von Eigentum ausgeübt wird: »daß Ich als freier Wille mir im Besitze gegenständlich und hiermit auch erst wirklicher Wille bin, macht das Wahrhafte und Rechtliche darin, die Bestimmung des *Eigentums* aus.« (45/107) Freiheit erscheint nicht nur als ein inneres Vermögen, das man sich vorstellen, erahnen oder vermuten kann. Eigentum macht Freiheit vielmehr als Wirklichkeit erkennbar. Man kann sich ihrer durch ein gesichertes Wissen über die Welt vergewissern. Aber nicht nur die Selbstvergewisserung der Freiheit ist möglich. In Gestalt von Eigentum ist sie auch für andere zu erkennen und anzuerkennen. Eigentum ist das »*Dasein* der Persönlichkeit« und schließt als ein solches »*Dasein*, welches jenes Wollen hierdurch erhält, [...] die Erkennbarkeit für andere in sich« (51/114f.). Als das Recht an Dingen, über die man frei verfügen kann, lässt sich die Wirklichkeit der Freiheit geradezu greifbar wahrnehmen. Die Geltungsbedingung der Faktizität wird also vom Eigentum erfüllt.

(5) Die Geschichtlichkeit des Eigentums

Die Geltungsbedingung der Faktizität zieht nun viertens die Geltungsbedingung des geschichtlichen Wandels nach sich. Wenn Normen faktisch gelten, dann unterliegt ihre Geltung zwangsläufig einem fortschreitenden Wandel. Mit der Geschichtlichkeit wird dem kontrafaktischen Charakter von Normen Rechnung getragen. Kontrafaktisch bedeutet, dass etwas, das nicht gilt, gelten *soll*. Normen besitzen eine faktische und kontrafaktische Geltung gleichermaßen. Einerseits ist Freiheit, wie soeben gezeigt, aufgrund ihrer faktischen Geltung bereits Teil der Wirklichkeit. Sie hat in Gestalt bestimmter Institutionen, Handlungen und Haltungen bereits Geltung. Andererseits ist Freiheit ein kontrafaktischer Anspruch, der in Kraft treten soll, wo ihr eine Geltung bislang fehlt. Ihre Geltung soll dort erst noch Wirklichkeit werden. Als kontrafaktischer Norm fehlt ihr in der Wirklichkeit eine Geltung. Die kontrafaktische Geltung betrifft also weder bloß den Regelverstoß noch die mangelnde Umsetzung einer bereits geltenden Norm, sondern die fehlende Geltung einer Norm in der Praxis.

Hegels Konzept der Geschichte erklärt, wie die faktische und kontrafaktische Geltung in Einklang miteinander kommt. Freiheitsansprüche gelten faktisch. Um dabei zugleich ihrer kontrafaktischen Geltung gerecht zu werden, wird Faktizität zu einem Prozess verzeitlicht. Auf diesen Prozesscharakter verweist Hegels auffällige Wortwahl gleich zu Beginn seiner Rechtsphilosophie: »die *Idee des Rechts*« ist die Einheit von »Begriff des Rechts und dessen« – anstelle von Wirklichkeit – »Verwirklichung« (1/29). Andere Begriffe sind »*Gestaltung*« (1/29, vgl. 32/85), »Bewegung« (vgl. 31/84), »Fortschreiten« (31/84), »Entwicklung« (2/30, 30/83, 31/84) und »Hervorbringen« (31/84, vgl. 4/46). Das Faktische und Kontrafaktische werden in Gestalt eines Prozesses zusammengeführt; dieser vollführt eine geschichtliche Entwicklung der Geltung von Freiheit. Einerseits gilt Freiheit aufgrund ihrer realen Verkörperung faktisch. Andererseits soll sie kontrafaktisch an Geltung gewinnen; dafür werden ihre bestehenden Gestalten in neue Freiheitsgestalten umgewandelt. Die faktische und kontrafaktische Geltung verbindet sich zu einem Geschichtsprozess, in dem Freiheit zunehmend an Geltung gewinnt.

Der geschichtliche Wandel ist demnach unverzichtbar für die Geltung von Freiheit. Gesellschaften verändern sich unentwegt; neue Krisen, Konflikte und Verwerfungen machen stets neue Anpassungen der Freiheit erforderlich. Geschichtliche Erneuerungen erklären sich zunächst schlicht aus dem Umstand, dass Freiheitsrechte mit den gesellschaftlichen Veränderungen Schritt halten müssen. Der geschichtliche Wandel der Freiheit hat für Hegel jedoch eine weitere Bedeutung: Er ist zudem eine Bedingung ihrer Geltung. Die Geschichtlichkeit einer Norm führt nicht zwangsläufig zum Relativismus, sondern verfestigt im Gegenteil die robuste Geltung einer Norm. Der geschichtliche Wandel ist eine Voraussetzung für die normative Geltung. Normen gelten deshalb, weil sie sich – nur scheinbar paradox – verändern. Damit Normen ihre Geltung behalten, müssen sie sich wandeln.

Im Verlauf der Geschichte, so Hegel, gewinnt Freiheit fortschreitend an Geltung. Geschichte zeichnet sich deshalb durch *Fortschritt* aus: Sie vollführt einen Prozess der Emanzipation.

Fortschritt bedeutet dabei nicht die lineare Realisierung von Freiheit, an deren Ende Gesellschaften vollkommen frei – letztlich wohl auch von der Natur – wären. Ebenso wenig versteht Hegel unter Fortschritt das zunehmende Verschwinden von gesellschaftlichen Widersprüchen. Fortschritt besteht vielmehr darin, dass neue Widersprüche durch je anspruchsvollere Freiheitsgestalten aufgehoben werden. Nur durch die Aufhebung von Widersprüchen, in die sich Freiheit verstrickt, entwickeln sich Gesellschaften. Je mehr Widersprüche durch die Ausgestaltung von Freiheit aufgehoben werden, desto mehr Geltung gewinnt sie. »Die Weltgeschichte ist der Fortschritt im *Bewußtsein* der Freiheit.« (Hegel 1986b: 32 [Hervorhebung hinzugefügt]) In der Geschichte nimmt das Bewusstsein um die Geltung von Freiheitsrechten zu. Nicht also die Realität, sondern die normative Geltung der Freiheit vollführt einen Fortschritt.

Was für die Freiheit im Allgemeinen, gilt für das Eigentum im Besonderen. Eigentumsrechte werden ausgehend von ihren Widersprüchen und der Aufgabe entwickelt, wie diese aufzuheben sind. Sie erzeugen gesellschaftliche Widersprüche zwischen Freiheit und Sicherheit, Freiheit und neuen Abhängigkeiten sowie Freiheit und Herrschaft. Um diese aufzuheben, müssen staatliche (und demokratisch kontrollierte) Eigentumsgarantien gegeben, das Recht auf Eigentum durch Arbeit verbürgt und Gemeineigentum – etwa in Gestalt von Korporationen – in die Wirtschaftssphäre eingeführt werden. Eigentumsrechte verstricken sich in Widersprüche, die nur durch den Fortschritt des Eigentums aufgehoben werden. Sie entwickeln sich also deshalb, weil sie Antworten auf gesellschaftliche Widersprüche sind: ohne Widersprüche auch kein Fortschritt. Die eigentumsgestaltende Macht liegt beim Staat. Obwohl Eigentumsrechte berechtigte Ansprüche sind, steht der Staat über ihnen (vgl. 40/102, 46/108), weil er sie ausgestalten darf, um ihre Widersprüche aufzuheben. Insoweit bleibt der Staat an die Pflicht gebunden, für zeitgerechte Eigentumsrechte zu sorgen. Seine Macht beschränkt sich demnach auf die Gestaltung vernünftiger Eigentumsordnungen, die gesellschaftliche Widersprüche lösen.

Anhand von zwei Musterfällen stellt Hegel die Geschichtlichkeit des Eigentums dar: seiner Kritik von Sklaverei und seiner Gegenwartsdiagnose. Was die Sklaverei betrifft, so ist der Mensch »an und für sich nicht zur Sklaverei bestimmt« (57/123). Sklaverei verstrickt sich unvermeidlich in einen Selbstwiderspruch und lässt sich deshalb in keinem Fall rechtfertigen.[79] Sie widerspricht demselben Freiheitgrund, dem sie ihre Geltung verdanken soll: Einerseits soll das Eigentum an einer Person mithilfe des Rückgriffs auf das Freiheitsrecht begründet werden, das die Begründungsgrundlage jeden Eigentums ist. Andererseits schließt das Eigentum an Personen, ebenso wie jede Gestalt »bloßer Herrenschaft überhaupt« (57/123), das Freiheitrecht von Personen aus. Mit der Konstruktion des Sklaven wird der Mensch »als *Naturwesen* überhaupt nach *einer Existenz*« (57/123) betrachtet und dabei der Begriff der Freiheit geleugnet, auf dem die Geltung des Eigentumsrechts beruht. Mit der Sklaverei wird also derselbe Grund bestritten, der ihr als Eigentumsform eine Berechtigung verschaffen soll.

Bemerkenswert an Hegels Kritik der Sklaverei ist die Ablehnung ihrer moralischen Verurteilung. Damit heißt er sie keineswegs gut. Vielmehr weist er die engen Grenzen der Moralität auf, die er im gleichnamigen, zweiten Teil der *Grundlinien* ausführt. Auffällig ist, dass Hegel die Sklaverei nicht in den Kapiteln über die Moralität, sondern in denen über das Eigentum behandelt. Sie wird nicht aus moralischen Gründen der Würde, der Menschenrechte oder der Autonomie kritisiert, sondern aus den eigentumstheoretischen Gründen einer verfehlten, weil widersprüchlichen Eigentumsvorstellung. Moralisch wird die Sklaverei von außen, etwa von einem historisch späteren oder kulturell fremden Standpunkt aus, missbilligt. »Die Behauptung des absoluten Unrechts der Sklaverei hingegen hält *am Begriffe* des Menschen als Geistes, als des *an sich* freien, fest und ist einseitig darin, daß sie den Menschen *von Natur* frei oder, was dasselbe ist, den Begriff als solchen in seiner Unmittelbarkeit, nicht die Idee, als das Wahre nimmt.« (57/123) Die moralische Verurteilung setzt voraus, dass die Freiheit »*von Natur*« (57/123) aus gilt, anstatt ihre Geltung als das Ergebnis einer geschichtlichen Entwicklung anzuerkennen. Sie verkennt die Geschichtlichkeit von Eigentumsrechten, weil sie allein vom *Begriff* der Freiheit, das heißt den Geltungsbedingungen der Konsistenz und Kohärenz ausgeht und die *Verwirklichung*, also die Geltungsbedingungen der Faktizität und Geschichtlichkeit übersieht. Hegel bezeichnet Moralität als »ein bloßes *Sollen*« (57/124). In ihr wird von der Praxis einer Norm abstrahiert. Damit eine Norm gilt, muss sie in Gestalt von Verrechtlichungen, Routinen und Handlungen vollzogen werden. Also hat eine Norm dort, wo ihre gesellschaftliche Praxis fehlt, keine Geltung. In der Sklavenhaltergesellschaft fehlt eine anerkannte Praxis von Freiheitsrechten. Die moralische Verurteilung setzt also ungeschichtlich voraus, dass Freiheit von Natur aus gilt. Sie gilt deshalb nicht *für* die kritisierte Gesellschaft – und verhallt somit ungehört als unverbindlicher Appell. Der Sklaverei kommt man mit bloßem Sollen allein nicht bei.

Indem Hegel die Geschichtlichkeit des Eigentums anerkennt, redet er trotzdem weder einem Relativismus noch einem Historismus das Wort. Sklaverei bleibt der Kritik ausgesetzt, auch wenn sie in früheren Sklavenhaltergesellschaften als berechtigt erscheint und eine moralische Verurteilung nicht greift. Die Kritik an ihr stützt sich auf die Geltungsbedingung der Geschichtlichkeit. Denn in ihrem Licht erscheint Sklaverei als Regression. Wenn Eigentumsrechte einem Fortschritt unterliegen, dann gilt Sklaverei als rückständig. Denn sie verfehlt die Geltungsbedingungen, die Eigentum rechtfertigen; sie fällt hinter eine vernünftige Eigentumsordnung zurück. Historische Beispiele von Sklaverei lassen sich zwar nicht als unmoralisch, aber als widervernünftig angreifen. Die Sklaverei gerät von jeher in einen Selbstwiderspruch der Freiheit und verfehlt deren Begriff. Hegels Anerkennung der Geschichtlichkeit des Eigentums führt also keineswegs dazu, dass Sklaverei von ihm historisch verharmlost oder nur halbherzig bekrittelt wird.

Hegel veranschaulicht die Geschichtlichkeit des Eigentums nicht nur anhand von Sklaverei, sondern auch in Bezug auf seine eigene Gegenwart.

»Es ist wohl an die anderthalbtausend Jahre, daß die *Freiheit der Person* durch das Christentum zu erblühen angefangen hat und unter einem übrigens kleinen Teil des Menschengeschlechts allgemeines Prinzip geworden ist. *Die Freiheit des Eigentums* aber ist seit gestern, kann man sagen, hier und da als Prinzip anerkannt worden. – Ein Beispiel aus der Weltgeschichte über die Länge der Zeit, die der Geist braucht, in seinem Selbstbewußtsein fortzuschreiten – und gegen die Ungeduld des Meinens.« (62/133)

Zwar gibt es schon in der Antike Eigentumsrechte (siehe Kapitel 1). Und im römischen Recht haben sie sich zum festen Bestand kodifizierter Rechtsordnungen etabliert. Aber erst auf der Schwelle zu Hegels Gegenwart – »seit gestern« – wurde anerkannt, dass Eigentum ein *Freiheits*recht ist. Es ist unklar, auf welche Eigentumstheorie oder Rechtspraxis sich Hegel bezieht. Infrage kommt die Zeitspanne vom 17. Jahrhundert (Hugo Grotius, Samuel Pufendorf, Thomas Hobbes, John Locke) bis zum beginnenden 19. Jahrhundert (die Amerikanische und Französische Revolution sowie der Code Civil).

Eigentumsrechte haben sich im geschichtlichen Verlauf zu Freiheitsrechten erst entwickelt. Diese Entwicklung ist mit Hegels Gegenwart keineswegs abgeschlossen. Die Pointe seines Vergleichs zwischen den Freiheiten der Person und des Eigentums besteht ja darin, dass er eine Analogie zwischen ihren *Anfängen* herstellt. So wie die Freiheit der Person im Christentum zu erblühen begann, hat unlängst vor Hegel die Anerkennung des Eigentums als Freiheitsrecht erst angefangen. 1807 wurde mit den Preußischen Reformen unter anderen den Bauern das Eigentum an Land garantiert. Diese Reformen bilden erst den Auftakt für einen modernen Wandel des Eigentums. Hegels Eigentumstheorie legt den Grundstein dafür, dass jede Eigentumsordnung im Namen der Emanzipation aufgehoben und weiterentwickelt werden kann. Auch das Eigentumsverständnis seiner Zeit wird von der eigenen Geschichtlichkeit eingeholt und über sich hinaus zu einem fortschrittlicheren Verständnis angetrieben. Eigentumsgesellschaften erzeugen stets neue Widersprüche, die sich nicht anders als durch die Weiterentwicklung des Eigentumsrechts beheben lassen. Jede Gegenwart muss deshalb ihre eigenen Widersprüche überwinden und ein zeitgemäßes Eigentumsverständnis entfalten. Im Anschluss an Hegels Eigentumstheorie lassen sich beispielsweise nachhaltige Eigentumsrechte begründen, die den Widerspruch zwischen Eigentum und Ökologie lösen und ein zeitgemäßes Eigentumsverständnis für das Anthropozän bilden.[80]

Vier Einsichten Hegels haben etwas ungebrochen Gültiges für die Eigentumstheorie der Gegenwart. Zu ihnen gehören seine Vorstellung vom Widerspruch des Eigentums und seine Theorie der Geschichtlichkeit, die daran anschließt. Zu ihnen zählt auch seine Einsicht in die Notwendigkeit gemeinschaftlichen Eigentums. Zwar wird die Freiheit in Bezug auf äußere Güter auch durch das Recht auf Privateigentum verbürgt. In der bürgerlichen Gesellschaft reicht es jedoch nicht aus, die Wirtschaft allein durch Privateigentum zu organisieren. Vielmehr muss in der Wirtschaftssphäre auch Gemeineigentum eingeführt werden; sei es in Gestalt von Korporationen oder anderen Gestalten des gemeinschaftlichen und genossenschaftlichen Eigentums. Schließlich gehört zu Hegels bleibenden Einsichten, dass Eigentum ein Vernunftrecht ist. Demnach lassen sich Eigentumsrechte nicht im Rückgriff auf moralische Überzeugungen oder soziale Praktiken begründen. Vielmehr gelten sie als berechtigte Ansprüche, weil sie Geltungsbedingungen erfüllen, die Hegel unter dem Begriff der Vernunft fasst. Nur in Gestalt eines Vernunftrechts gilt Eigentum als berechtigter Anspruch; und erst dann darf seine Anerkennung von allen erwartet werden.

5. Kritik des Eigentums: Karl Marx und der Sozialismus

»Ihr entsetzt euch darüber, daß wir das Privateigentum aufheben wollen. Aber in eurer bestehenden Gesellschaft ist das Privateigentum für neun Zehntel ihrer Mitglieder aufgehoben, es existiert gerade dadurch, dass es für neun Zehntel nicht existiert.«
Karl Marx u. Friedrich Engels

Niemand hat die gesellschaftliche Bedeutung des Eigentums so scharfsinnig, kritisch und umfassend betrachtet wie Karl Marx (1818–1883). Dies verdankt sich der erhellenden Art und Weise, wie Marx Eigentumsrechte und Produktionsverhältnisse miteinander verknüpft. Die Produktionsverhältnisse sind der materialistische Unterbau, in dem Eigentumsrechte verankert sind. Eigentumsrechte folgen demnach der ökonomischen Logik, die von einer bestimmten Wirtschaftsweise vorgegeben wird. Sie werden entsprechend der besonderen Produktionsweise ausgestaltet, in der Arbeit ausgeübt wird, Unternehmen geführt, Rohstoffe gefördert und Kredite verschafft werden. Eigentumsrechte bilden insoweit die Produktionsverhältnisse ab, mit denen Güter und Leistungen bereitgestellt werden.

Dieser materialistische Eigentumsbegriff ist bei Marx aber nur die halbe Wahrheit. Denn umgekehrt werden die Produktionsverhältnisse mithilfe von Eigentumsrechten gestaltet. Eigentum stellt die Rechtsform dar, mit der vor allem die Produktion von Gütern, aber auch deren Konsum und Handel geregelt wird. Das jeweilige Eigentumsrecht verleiht einer Wirtschaftsweise somit ihre unverwechselbare Besonderheit. Je nachdem, durch welches Eigentumsrecht eine Wirtschaft organisiert wird, unterscheiden sich die Gesellschaftsformationen. Produktionsverhältnisse verändern sich, wenn sie auf der Grundlage von entweder Privateigentum oder Gemeineigentum oder Staatseigentum stehen. Was antike Sklavenhaltergesellschaft, Feudalismus, Kapitalismus und Sozialismus voneinander unterscheidet, ist mitunter ihr jeweiliges Eigentumsverhältnis. Jede Epoche zeichnet sich durch ein besonderes Eigentumsverhältnis aus. »In jeder historischen Epoche hat sich das Eigentum anders und unter ganz verschiedenen gesellschaftlichen Verhältnissen entwickelt. Das bürgerliche Eigentum definieren heißt somit nichts anderes, als alle gesellschaftlichen Verhältnisse der bürgerlichen Produktion darstellen.« (Marx 1959: 165) So gesehen bietet sich eine eigentumstheoretische Lesart von Marx an, nach der sich der Unterschied zwischen den Gesellschaften in Geschichte und Gegenwart auch auf den Begriff des Eigentums bringen lässt. Ebenso also wie Eigentumsrechte durch die Produktionsverhältnisse geprägt werden, wirken sie als Stellschrauben, die die Produktionsverhältnisse verändern. Beide Sichtweisen – der materialistische Eigentumsbegriff und die eigentumstheoretische Gesellschaftskonzeption – gehen Hand in Hand.

Zu Beginn des 19. Jahrhunderts setzt sich in Europa und Nordamerika eine Gesellschaftsformation durch, die Kapitalismus heißt. Dessen Merkmal ist das Privateigentum an den Produktionsmitteln. Als Zeitzeuge versuchte Marx, den Aufstieg des Kapitalismus, aber vor allem dessen Krisenerscheinungen zu erklären. Diese reihen sich in die Geschichte des unentwegten Kampfes zwischen sozialen Klassen ein. »Die Geschichte aller bisherigen Gesellschaft ist die Geschichte von Klassenkämpfen.« (Marx/Engels 1959: 462) Diese Klassenkämpfe werden als Eigentumskonflikte ausgetragen. Laut Marx ist der Kapitalismus durch den Grundwiderspruch zwischen Arbeit und Kapital geprägt, der sozial als ein Kampf zwischen den Klassen der Eigentumslosen und der Eigentümer ausgetragen wird. Die Eigentümer an Produktionsmitteln werden als Kapitalisten bezeichnet; Arbeitern hingegen fehlt ein solches Eigentum.

Marx entwirft in seiner Kritik der politischen Ökonomie demnach im Kern auch eine Kritik des Eigentums. Er beschreibt dabei zahlreiche Symptome des Kapitalismus: das Elend, das Leiden und die Armut von Lohnabhängigen und Erwerbslosen; die allgegenwärtige und zunehmende Ausbeutung; die Zwänge und Abhängigkeiten in einer profitgetriebenen Wirtschaftsweise; die versteinerten sozialen Herrschaftsverhältnisse; die Auflösung des sozialen Zusammenhalts; die ungleiche Verteilung von Vermögen, Mängeln und Sicherheiten; die ideologische Verblendung über Marktpraktiken wie Konkurrenz und Konsum; und die Zerstörung der Natur. Der neuartige Ansatz von Marx' Kritik am Kapitalismus besteht nun darin, dass er keine moralische oder ethische Kritik übt. Seine Kritik kommt ohne moralische Vorstellungen von Verteilungsgerechtigkeit, Verdienstgerechtigkeit und menschlicher Würde wie auch ohne eine ethische Vorstellung vom guten Leben aus. Der Maßstab seiner Kritik entstammt nicht den Sphären der Moral und Ethik.

An die Stelle einer moralischen und ethischen Kritik tritt bei Marx eine Art von Kritik, die im Anschluss an Hegels dialektische Methode als immanente Kritik bezeichnet wird.[81] Statt den Maßstab der Kritik von außen anzulegen, wird er dem Kritisierten selbst entnommen. Die Kritik des Eigentums bedeutet also zweierlei, worauf sein doppelter Genitiv verweist: Die Kritik am Eigentum richtet sich gegen den Kapitalismus (*genitivus obiectivus*); und diese Kritik erfolgt vom Standpunkt des kapitalistischen Eigentums aus (*genitivus subiectivus*). Einerseits sollen bestehende Eigentumsverhältnisse aufgehoben werden; andererseits rechtfertigt sich diese Kritik aus den Eigentumsverhältnissen selbst. Diese werden nicht moralisch oder ethisch beurteilt, sondern von den eigenen Grundlagen her betrachtet. »Man muss diese versteinerten Verhältnisse dadurch zum Tanzen zwingen, dass man ihnen ihre eigne Melodie vorsingt!« (Marx 1976: 381) Die Kritik am Kapitalismus umfasst demnach zwei Schritte. Erst muss seine eigene Melodie gehört werden, die dann gegen ihn selbst gewendet wird. Bevor der Kapitalismus kritisiert wird, muss also zunächst die innere Eigenlogik freigelegt werden, die ihn antreibt. Es bedarf demnach einer *Analyse* des Kapitalismus und seiner Verwertungslogik, die sich aus fünf Funktionsweisen zusammensetzt (1.). In der *Kritik* wird anschließend seine innere Verwertungslogik gegen ihn selbst in Anschlag gebracht (2.). Dabei wird das Privateigentum an Produktionsmitteln ins Visier genommen und das Gemeineigentum als eine Alternative entworfen.

(1) Die kapitalistische Eigentumsgesellschaft

Wirtschaftsordnungen haben die Funktion, Menschen in die Lage zu versetzen, sich mit Gütern, Leistungen und Wissen zu versorgen, die für ihre Existenzsicherung und Lebensqualität notwendig sind. Eine mögliche Wirtschaftsweise wird über Märkte organisiert, auf denen Güter als Waren getauscht werden; im Folgenden wird *pars pro toto* nur von Gütern gesprochen, Leistungen sowie Wissen sind dabei mitgemeint. Der Kapitalismus ist eine Art dieser Marktwirtschaft und zeichnet sich dadurch aus, dass die Produktivität mithilfe eines Strebens nach Gewinn – oder: Profit – gesteigert wird. Der Bedarf an Gütern wird durch eine Produktion gedeckt, deren Ziel die Gewinnsteigerung ist. Güter werden also nicht zum Zweck der Bedürfnisbefriedigung produziert, sondern damit Unternehmen hohe Gewinne erzielen, die für ihr Bestehen im Marktgeschehen erforderlich sind; und dieses Gewinnstreben treibt die Produktion der gesellschaftlich benötigten Güter an.

Das Gewinnstreben verselbstständigt sich im Kapitalismus somit zu einem Selbstzweck und drückt die ihm innere Verwertungslogik aus: Es wird nach Gewinn gestrebt, der weder konsumiert noch gespart, sondern genutzt wird, um neue Gewinne zu erzielen – und dieses Vermögen, das um seiner Steigerung willen gewonnen und weiterverwertet wird, nennt Marx Kapital. »Zunächst ist das treibende Motiv und der bestimmende Zweck des kapitalistischen Produktionsprozesses möglichst große Selbstverwertung des Kapitals, d.h. möglichst große Produktion von Mehrwert, also möglichst große Ausbeutung der Arbeitskraft durch den Kapitalisten.« (Marx 1969: 350; vgl. auch ebd.: 644–647) Oder kurz: »Das eigentliche Produkt des Kapitals ist der Profit.« (Marx 1983a: 707) Profite werden erzeugt, um sie für die Steigerung weiterer Profite zu verwerten.

Diese Verwertungslogik entfacht eine Dynamik, die nicht nur die Produktion, die Konsumption und die Distribution erfasst, sondern die Gesellschaft im Ganzen prägt. »Alles Ständische und Stehende verdampft.« (Marx/Engels 1959: 465) Sie breitet ihre Funktionszwänge zunehmend auf alle Lebensbereiche aus. Diese stehen unter dem »stumme[n] Zwang der ökonomischen Verhältnisse« (Marx 1969: 765), die einer Verwertungslogik folgen. Das Gewinnstreben im Kapitalismus wird also von Marx nicht moralisch beurteilt: Es steht jenseits von Gut und Böse. Das Gewinnstreben ist weder Kaufmannstugend wie Tüchtigkeit noch ein Laster wie Gier oder Geiz. Es verselbstständigt sich vielmehr zu einem unverrückbaren *Gesetz*, das den Kapitalismus als ein versteinertes Verhältnis, als unveränderliche Natur oder als unentrinnbares Schicksal erscheinen lässt. Seine Eigentumsverhältnisse werden deshalb selbst von der Arbeiterklasse »als selbstverständliche Naturgesetze« (ebd.) anerkannt.

Der Bedarf an Gütern wird im Kapitalismus also nur gedeckt, wenn Unternehmen möglichst hohe Gewinne erwirtschaften. Diese Gewinnsteigerungen werden durch fünf Funktionsweisen der Wirtschaft – Marx spricht von Produktionsverhältnissen – ermöglicht. Sie bilden die Bedingungen, die vom Kapitalismus vorausgesetzt werden: Damit Gewinne steigen können, muss die Produktion unter den Bedingungen der Effizienz, des Wettbewerbs, der Wertform, des Wachstums und der Expansion erfolgen (zu ihnen im Einzelnen gleich mehr). Diese Funktionsweisen stehen in einem logischen Zusammenhang und werden von einer Wirtschaft zwangsläufig vorausgesetzt, deren Produktivität durch die Steigerung von Unternehmensprofiten sichergestellt wird.

Die ökonomischen Funktionsweisen werden mithilfe von Eigentumsrechten fest institutionalisiert. Eigentumsrechte dienen dazu, die ökonomischen Funktionsweisen durchzusetzen, die erforderlich sind, um gewinnbringend Güter zu produzieren.[82] Die Eigentumsrechte im Kapitalismus – das »bürgerliche Eigentum« – lassen sich demnach nur von den Funktionsweisen her begreifen, die für seine spezifischen Produktionsverhältnisse vorausgesetzt werden. Dem utopischen Sozialisten Pierre-Joseph Proudhon (von ihm stammt der Ausspruch »Eigentum ist Diebstahl«) und dem Anarchisten Max Stirner (dessen Hauptwerk *Der Einzige und sein Eigentum* ist) wirft Marx eine moralisierende Fehldeutung des Eigentums vor. So wohne nach Proudhon dem Eigentum selbst ein eigener Gerechtigkeitsanspruch inne, der losgelöst von den Produktionsverhältnissen einer Gesellschaft gelte und nur umgesetzt werden müsse, damit sich ihre Widersprüche auflösten. Eigentumsrechte verkörpern vielmehr, so Marx, ›nur‹ gesellschaftliche Funktionsweisen, deren Absicherung sie dienen.

Diese Funktionsweisen wurden von Marx herausgearbeitet, indem er die ökonomischen Prozesse seiner Zeit wissenschaftlich untersuchte. Für seine Untersuchungen nutzte er Expertisen philosophischer, ökonomischer, historischer und politischer Art. Vor allem stützen sie sich auf die Auseinandersetzung mit den einschlägigen Wirtschaftstheorien von beispielsweise Adam Smith, David Ricardo oder Jean Baptiste Say sowie auf die datenorientierte Auswertung von Bilanzen einiger Industriebetriebe, von Wirtschaftsstatistiken und Zeitungsberichten über ökonomische Entwicklungen. Marx verwendete zwar noch keine mathematischen Modelle; trotzdem gelang es ihm mit seinen sozialwissenschaftlichen Mitteln, die kapitalistische Eigentumsgesellschaft zu durchdringen und ihre Funktionsweisen freizulegen.

Effizienz durch Ausbeutung

Die erste Funktionsweise ist die Effizienz. Gewinne entstehen, wenn die Erlöse einer Produktion deren Kosten übersteigen. Indem die Produktionserträge über die Deckung der Produktionskosten hinausgehen, bilden sie einen Überschuss, der sich als ein ›Mehr‹ abschöpfen lässt. Der Aufwand für die Produktion von Gütern (input) muss deshalb möglichst gering und der Ausstoß der Produktion (output) möglichst hoch gehalten werden. Das optimale Verhältnis zwischen minimalem Aufwand und maximalem Ergebnis wird Effizienz genannt. Die Effizienz wird durch Arbeitsteilung und technische Innovationen gesteigert, die den Produktionsprozess beschleunigen, verkürzen und erleichtern. Diese Effizienzmaßnahmen sind jedoch für den Kapitalismus nicht spezifisch. Marx betrachtet vielmehr die *Ausbeutung* der Arbeit als das entscheidende Instrument, das im Kapitalismus genutzt wird, um die Effizienz zu erhöhen. Effizienz wird vor allem durch Ausbeutung von Arbeit realisiert.

Eine Gestalt dieser Aneignung ist die Ausbeutung von Lohnarbeit. Arbeit wird ausgebeutet, indem ein möglichst geringer Lohn ausgezahlt und ein möglichst großer Ertrag der Arbeit vom Kapitalisten einbehalten wird. Letzteres – das Abschöpfen eines *Mehrwerts* von Arbeit – ist der eigentliche Akt der Ausbeutung. Die Ausbeutung insbesondere von Arbeit ist laut Marx das besondere Merkmal des Kapitalismus. Denn es muss überhaupt erst ein Wert erzeugt werden, der als Gewinn abgeschöpft werden kann; und Arbeit ist die Quelle einer solchen Wertschöpfung. Um Gewinne zu erzielen, müssen Werte durch Arbeit geschaffen werden, die als Gewinne verbucht werden können. Diese Gewinne werden als Kapital für weitere Gewinnsteigerungen verwertet. Arbeit ist die Produktion von Mehrwert; und Kapital der abgeschöpfte Mehrwert, der zur Gewinnsteigerung verwertet wird. Durch das Einbehalten der Arbeitserträge wird Kapital geschaffen. Kapital entsteht also erst durch die Ausbeutung von Arbeit.

Eigentumsrechte werden aus zwei Gründen für die Effizienz vorausgesetzt. Arbeit wird »fremdes Eigentum schaffen und Eigentum [wird] fremde Arbeit kommandieren« (Marx 1983a: 164). Zum einen wird der Mehrwert, der durch Arbeit erzeugt wird, vom Kapitalisten angeeignet und in sein Eigentum überführt; zum anderen wird durch das Eigentum an Produktionsmitteln Herrschaft über die Arbeiter ausgeübt. Erstens also werden die Erträge des Arbeiters in das Eigentum des Kapitalisten überführt. Der Mehrwert wird zwar vom Arbeiter erzeugt, aber vom Kapitalisten einbehalten und als Kapital weiterverwertet. »Das *Privateigentum* [sc. an Kapital] ist also das Produkt, das Resultat, die notwendige Konsequenz der *entäußerten Arbeit.*« (Marx 2012: 520) Dieses Eigentum an Kapital wird durch Verträge geschaffen. Der Kapitalist sichert sich durch Arbeitsverträge das Eigentum an dem Mehrwert. Als Gegenleistung wird dem Arbeiter das Eigentum an einem Lohn zugesichert; allerdings täuscht der Begriff Gegenleistung darüber, dass der Kapitalist hierfür recht betrachtet keinerlei Leistung erbringt. Der Mehrwert wird vielmehr vom Arbeiter geleistet und vom Kapitalisten als ein leistungsloser Gewinn in Besitz genommen. Durch Verträge und Tausch wird der Mehrwert somit in ein rechtlich abgesichertes Eigentum an Kapital überführt.

Zweitens dient das Privateigentum an Produktionsmitteln als Hebel, um Arbeiter dazu zu zwingen, die Früchte ihrer Arbeit als Mehrwert abzutreten. Wer kein Eigentum an Produktionsmitteln hält, dem bleibt zur Existenzsicherung einzig die Möglichkeit, einen Lebensunterhalt durch den Verkauf seiner Arbeitskraft zu bestreiten. Arbeit wird gegen Lohn getauscht. Eigentümer üben hier Macht aus, indem sie den Arbeitern die Bedingungen (Gehaltshöhe, Arbeitszeiten, Tätigkeiten etc.) aufzwingen können, unter denen ein Lebensunterhalt erworben werden muss. Wenn an Arbeitskräften zudem ein Überangebot herrscht und eine »industrielle Reservearmee« von Erwerbslosen auf eine Arbeitsgelegenheit wartet, dann können die Eigentümer die Konkurrenz um die wenigen Arbeitsplätze dazu nutzen, diejenigen einzustellen, die sich mit dem geringsten Lohn zufriedengeben (Marx 1969: 661 und passim). Die Differenz zwischen dem durchgesetzten Niedriglohn und dem Beitrag, der durch die Arbeit zur Wertschöpfung tatsächlich geleistet wird, kann somit als Gewinn von den Eigentümern eingestrichen werden.

So betrachtet erscheinen Eigentumsrechte als Herrschaftsinstrumente, deren Zweck die Ausbeutung der Eigentumslosen und die Bevorteilung der Eigentümer ist. Mit ihnen wird der Mechanismus von Ausbeutung und Akkumulation, wie Marx in seiner Rechtskritik immer wieder ausführt, in den Rang von rechtlich garantierten Ansprüchen gehoben, deren Befolgung notfalls erzwungen werden darf (Marx 1973d: 354; Marx 1973c: 296). Wie bürgerliche Rechte überhaupt sind Eigentumsrechte zwangsbewehrte Ansprüche, die zur Absicherung der kapitalistischen Verwertungslogik beitragen, wodurch die Produktivität mithilfe eines Strebens nach Profit gesteigert wird. Jegliche Regulierung des Markts wird daher als ein »Eingriff in die unverletzlichen Eigentumsrechte, Freiheit und sich selbst bestimmende ›Genialität‹ des individuellen Kapitalisten« (Marx 1969: 377) denunziert. Marx eröffnet jedoch eine andere Perspektive: Vom Standpunkt des bürgerlichen Rechts aus betrachtet wurden Eigentumsrechte einst zum Schutz der Freiheit eingeführt; aus Sicht der Marx'schen Kritik aber muss die Freiheit vor dem Eigentum geschützt werden.

Marx' Analyse der Lohnarbeit wurde im Verlauf späterer Kapitalismusanalysen durch weitere Erkenntnisse über Weisen der Effizienzsteigerung ergänzt. Die Effizienz wird im Kapitalismus erstens auch durch Preiserhöhungen gesteigert, die mithilfe von Monopolbildungen und Gatekeeper-Funktionen erzwungen werden (siehe dazu Kapitel 7). Sie wird zweitens durch die Externalisierung von Kosten erreicht, die für den Ausgleich von Schäden der kapitalistischen Produktionsverhältnisse anfallen: Gewinne werden privatisiert, Kosten sozialisiert. Beispielsweise trägt die Gesellschaft die Kosten für die sozial- und finanzpolitischen Maßnahmen, mit denen die Dysfunktionalitäten des Kapitalismus wie Erwerbslosigkeit oder etwa die Bankenkrise von 2008 aufgefangen werden; ebenso zahlt die Gesellschaft für die Maßnahmen zur Bekämpfung der ökologischen Krisen, die von der kapitalistischen Produktionsweise verursacht werden (siehe dazu Kapitel 9). Drittens wird die Effizienz gesteigert durch die private Aneignung dessen, was von der kapitalistischen Produktion nicht selbst oder nur unprofitabel hergestellt werden kann:[83] Naturgüter oder öffentliche Güter wie Bildung, Mobilität oder Wohnraum (siehe zu letzterem Kapitel 8). Auch die unbezahlte Reproduktionsarbeit, zu der neben der Hausarbeit insbesondere die Care-Arbeit (Kindererziehung, die Pflege von Familienangehörigen etc.) zählt, wird zwar in kapitalistischen Produktionsverhältnissen für Gewinnsteigerungen genutzt, aber nicht finanziert. Sie wird zumeist von Frauen verrichtet und ermöglicht überhaupt erst den Einsatz von Arbeitskräften. Es ist kaum übertrieben zu behaupten, »dass sich hinter jeder Fabrik, jeder Schule, jedem Büro und jedem Bergwerk die verbogene Arbeit von Millionen Frauen verbirgt, die ihr Leben und ihre Arbeit zur Verfügung gestellt haben, um die Arbeitskraft zu produzieren, die in diesen Fabriken, Schulen, Büros und Bergwerken zum Einsatz kommt« (Federici 2012: 111). Zusammenfassend gesagt dienen Eigentumsrechte also der effizienzgetriebenen Ausbeutung von Lohnarbeit, Naturgütern, kollektiven Infrastrukturen und gesellschaftlicher Reproduktionsarbeit (vgl. Fraser 2023).

Konkurrenz bei Strafe des Eigentumsverlusts

Effizienz wird durch Konkurrenz optimiert; damit wären wir bei der zweiten Funktionsweise. Gewinne werden unter der Bedingung eines Wettbewerbs um die größtmögliche Effizienz erwirtschaftet. Der Mechanismus von Angebot und Nachfrage erzeugt einen Wettbewerb um niedrige Preise und Kosten sowie um hohe Produkt- und Leistungsqualität. Wer Gewinne erzielen will, muss seine Produkte verkaufen können; und nur die Produkte lassen sich verkaufen, die im Vergleich zu anderen preiswerter und qualitätvoller sind. Wenn also das Angebot von Produkten höher als die Nachfrage ist, dann kann von der Nachfrage nur derjenige profitieren, der die Produkte am effizientesten herstellt. Jeder Konkurrent versucht deshalb, effizienter zu produzieren und dadurch einen Gewinn einzustreichen, der wiederum dazu genutzt werden kann, die Effizienz zu steigern. Somit entsteht ein Wettbewerb um größtmögliche Effizienz.

Der Wettbewerb führt dazu, dass sich das Streben nach Gewinn zu einem Selbstzweck verselbstständigt. Um im Wettbewerb bestehen zu können, muss die Effizienz durch optimierte und innovative Produktionsweisen sowie durch die Expansion der Märkte gesichert und gesteigert werden. Optimierung, Innovationen und Expansion sind jedoch kostenintensiv und bedürfen deshalb hoher Investitionen. Die erforderlichen Investitionen werden durch die reinvestierbaren Gewinne oder durch »Vorschüsse« in Gestalt von verzinsten Krediten, Wertpapieren oder von Aktien finanziert (Marx 1963: passim). Um die erforderlichen Investitionen tätigen zu können, müssen möglichst hohe Gewinne erwirtschaftet werden, die der Reinvestition oder der Tilgung von Krediten samt Zinsen dienen. Gewinne werden also weder konsumiert noch gehortet, sondern fließen über Investitionen in den Prozess der Gewinnerzeugung zurück. Es geht im Kapitalismus entsprechend nicht vorrangig darum, Menschen mit Gütern zu versorgen. Vielmehr besteht das Ziel darin, Gewinne zu erwirtschaften, um mit ihrer Hilfe neue Gewinne zu erzielen, damit das eigene Unternehmen im Wettbewerb bestehen kann.

Eigentumsrechte üben in diesem Wettbewerb zwei Funktionen aus. Erstens werden Eigentümer durch sie zu Handlungen autorisiert, mit denen sie sich im Wettbewerb behaupten können: Als Eigentümer dürfen sie alles tun, was ihnen gegenüber Konkurrenten Vorteile im Wettbewerb verschafft und nicht gegen Gesetze verstößt. Dieser Handlungsspielraum wird ihnen durch die Eigentumsfreiheit verliehen, die eigenen Güter nach Belieben gebrauchen zu dürfen. Wettbewerbsteilnehmer dürfen in der Rolle als Eigentümer Gewinne einstreichen, Arbeitserträge abschöpfen, Vorsprünge ausbauen, Konkurrenten ausschalten und Lasten abwälzen, solange sie dabei geltendes Recht wahren.

Mit Eigentum wird zweitens der Verlust des Hab und Guts verrechtlicht, den die Verlierer des Wettbewerbs erleiden. Wer im Konkurrenzkampf unterliegt, büßt sein Eigentum ein. Durch Eigentumsrechte wird nicht nur das Einstreichen von Gewinnen legalisiert, sondern auch die Eigentumseinbuße. Die drohende Eigentumseinbuße durch Pleite, Überschuldung oder Pfändung verleiht dem Wettbewerb seinen unerbittlichen Zwang. »Die freie Konkurrenz macht die immanenten Gesetze der kapitalistischen Produktion dem einzelnen Kapitalisten gegenüber als äußerliches Zwangsgesetz geltend.« (Marx 1969: 286) Bei Strafe des Eigentumsverlustes müssen Eigentümer alle legalen Maßnahmen zur Effizienzsteigerung ausschöpfen, um im Konkurrenzkampf zu bestehen. Der Konkurrenzkampf übt somit einen Zwang zur Ausbeutung und Akkumulation von Kapital aus, der den moralischen Handlungsspielraum einschränkt. Der Korridor für moralische Rücksichtnahmen gegenüber Arbeiter und Konkurrenten ist sehr schmal, wenn es um das Überleben des eigenen Betriebs und damit der Existenzgrundlage des Eigentümers geht. Moralische Appelle zur Regulierung des Marktes haben deshalb nur einen geringen Einfluss auf Eigentümer, die angesichts des erbarmungslosen Konkurrenzdrucks gezwungen sind, ihre verbürgten Eigentumsrechte voll auszureizen.

Die Wertform und der gesellschaftlich erzeugte Schein

Die Verwertungslogik erzeugt einen Schein, der den Blick für die Wirklichkeit verstellt. Auf diesen gesellschaftlich erzeugten Schein verweist Marx, wenn er davon spricht, dass soziale Praktiken eine bestimmte Erscheinungsform annehmen. Etwas erscheint dann so, wie es in Wirklichkeit nicht ist; Sein und Schein treten auseinander. »Auf dieser Erscheinungsform, die das wirkliche Verhältnis unsichtbar macht und gerade sein Gegenteil zeigt, beruhn alle Rechtsvorstellungen des Arbeiters wie des Kapitalisten, alle Mystifikationen der kapitalistischen Produktionsweise, alle ihre Freiheitsillusionen, alle apologetischen Flausen der Vulgärökonomie.» (Ebd.: 562) Das kapitalistische Gesellschaftsverhältnis besitzt zahlreiche solcher Mystifikationen, Fetische, Charaktermasken, Nebelschleier, Rätsel, Ideologien und Geheimnisse, mit denen eine Wirklichkeit verdeckt, verstellt und verschleiert wird. Dieser gesellschaftliche Schein wird nicht willentlich etwa durch beabsichtigte Desinformationen erzeugt, sondern geht von den Produktionsverhältnissen selbst aus.

Der gesellschaftliche Schein wird durch die Wertform, die dritte Funktionsweise, erzeugt. Wertform nennt Marx die Art und Weise, wie der Wert von Gütern ausgedrückt wird, die als Waren produziert, konsumiert und gehandelt werden. Der Wert wird durch den Tauschwert und den Warencharakter sowie durch Geld und Eigentum erzeugt. Mit ihnen wird auf zwei Weisen von einer gesellschaftlichen Realität abstrahiert und eine verschleiernde Erscheinungsform an ihrer Stelle etabliert.

Die erste Abstraktionsleistung besteht darin, dass sie unterschiedliche Güter vergleichbar macht. Ihre Vergleichbarkeit stellt eine Äquivalenzrelation oder Wertgleichheit her und ist eine Voraussetzung dafür, dass der Wert eines Guts bestimmbar wird. Um den Wert eines Guts festzustellen, bedarf es seiner Vergleichbarkeit mit anderen Gütern. Ein Gut benötigt ein anderes Gut, damit sich sein Wert *ausdrückt*. Durch ihre Vergleichbarkeit wird von den Besonderheiten abstrahiert, durch die sich Güter voneinander unterscheiden. An die Stelle der Vielfalt je besonderer Güter tritt die Einheitlichkeit aller Güter, sodass sie in einer Relation zueinander stehen, die für ihre marktförmige Produktion und Konsumption erforderlich ist. Mithilfe des

Tauschwerts lassen sich verschiedene Güter hinsichtlich ihres Werts miteinander vergleichen. Er wird als die Maßeinheit vorausgesetzt, mit deren Hilfe alle Güter unabhängig von ihren sonstigen Eigenschaften und Bedeutungen in Beziehung – »als das quantitative Verhältnis, die Proportion« (ebd.: 50) – gesetzt werden. Die Warenform klassifiziert alle Güter wiederum hinsichtlich ihrer Verwertbarkeit und ist somit die Voraussetzung dafür, dass auf sie der Tauschwert angewandt wird. Was als Ware gilt, darf als Kapital verwertet werden. Als Ware kann so auch die Arbeitskraft für die Kapitalbildung genutzt und ausgebeutet werden. Die allgemeine Äquivalentform, die alle Güter und ihre Werte vergleichbar macht, wird vom Geld verkörpert, dessen Warenform die nötige »objektive Festigkeit und allgemein gesellschaftliche Gültigkeit« (ebd.: 83) besitzt.

Die zweite und entscheidende Abstraktionsleistung des Tauschwerts, der Ware, des Gelds und des Eigentums betrifft die konkrete Realität der materiellen Reproduktion. Mit ihr wird die Bedeutung ausgeblendet, die Güter für die Befriedigung von Bedürfnissen haben. Indem Güter vergleichbar gemacht werden, verschwindet ihr Charakter als Gebrauchsgut, »das durch seine Eigenschaften menschliche Bedürfnisse irgendeiner Art befriedigt« (ebd.: 49). Sie werden vorrangig als Waren betrachtet, die sich verwerten lassen, und nicht als Güter, die der Bedürfnisbefriedigung dienen. Ihre formale Vergleichbarkeit ermöglicht also nicht nur, dass Güter handelbar und tauschbar werden; das ist kein Alleinstellungsmerkmal des Kapitalismus, sondern betrifft jede Art von Handel. Es ist vielmehr ihr wesentlicher Zweck, dass Güter von ihrer Gebrauchsbedeutung gelöst und sie als Verwertungsmaterial klassifiziert werden. Diese Umwandlung von einem Gebrauchsgut in ein Verwertungsobjekt ist die wesentliche Voraussetzung dafür, dass Güter nicht zum Zweck der Bedürfnisbefriedigung, sondern mit dem Ziel der Profitsteigerung produziert und konsumiert werden. Ihre Erscheinungsform besteht darin, dass sie allein unter dem Gesichtspunkt ihrer Verwertbarkeit erscheinen und ihre Bedeutung für die Bedürfnisbefriedigung unsichtbar wird.

Dieser gesellschaftlich erzeugte Schein wird von Marx zunächst am Tauschwert aufgezeigt. Durch den Tauschwert wird vom Gebrauchswert abstrahiert, den Güter für die Befriedigung von Bedürfnissen haben.[84] Stattdessen erschöpft sich ihre Bedeutung in dem Wert einer Ware, mit der sich Gewinne erzielen lassen. Sie sind von Wert, nicht weil sie gebraucht werden, sondern weil sie sich für die Produktion von weiteren Gütern verwerten lassen, die von Wert sind. Der Wert, so Marx, »hat die okkulte Qualität erhalten, Wert zu setzen, weil er Wert ist« (ebd.: 168 f.).

Der »Fetischcharakter der Warenwelt« wiederum verdeckt den Prozess der kollektiven Wertschöpfung (ebd.: 87). Waren machen die Arbeitsleistungen, soziale Beziehungen und Ressourcen vergessen, aus denen sie im Produktionsprozess hervorgehen. Dieser Fetischcharakter wird von Marx zum einen in Bezug auf die »blendende Geldform« (ebd.: 62) herausgearbeitet. Man sieht es dem Geld nicht an, dass es »ein gesellschaftliches Produktionsverhältnis« darstellt: dass der von ihm verkörperte Wert das Ergebnis von Arbeit ist. Zum anderen wird der Fetischcharakter in Bezug auf die Ware Arbeitskraft beschrieben (ebd.: 62). Wenn Arbeit als Ware klassifiziert wird, deren Wert sich an ihrem Nutzen für die Gewinnsteigerung bemisst, dann geht der soziale Wert verloren, den die Arbeit jedes Einzelnen und die Kooperation aller für die gesellschaftliche Versorgung mit Gütern haben.

Auch Eigentum verleiht den Gütern eine Erscheinungsweise, die ihre gesellschaftliche Bedeutung unsichtbar macht. Als eigentumsförmige Sachen werden alle Güter trotz ihrer Unterschiede aneinander angeglichen und somit von ihrem Nutzen gelöst, den sie auf je besondere Weise für die soziale Reproduktion haben. Mit der Kodierung als Eigentum wird davon abstrahiert, dass bestimmte Güter von besonderem Nutzen für die Existenzsicherung oder den Lebensunterhalt sind. Wird beispielsweise Wohnraum als eigentumsförmige Sache kodiert, so lässt er sich wie jede andere Sache als Vermögensanlage behandeln.[85] Dabei wird ausgeblendet, dass Wohnraum ein besonderes Bedarfsgut ist, das das menschliche Grundbedürfnis nach Obdach befriedigt. Auch Privateigentum an Produktionsmitteln verdeckt, dass diese der Sicherung eines Lebensunterhalts dienen und deshalb nicht in gleicher Weise Sachen wie Schmuck und Bücher sind, über die Privateigentümer frei verfügen.

Wachstum als Eigentumskonzentration

Das verselbstständigte Gewinnstreben zieht unvermeidlich eine weitere Funktionsweise nach sich: die Wachstumsdynamik. Damit der Bestand eines Unternehmens im Verdrängungswettkampf gesichert wird, müssen seine Eigentümer zunehmend den Gewinn steigern, der die hohen Kosten von Optimierung, Innovation und Expansion deckt. Je höher der Gewinn, desto mehr kann in die Effizienzsteigerung investiert werden und umso größer ist damit die Aussicht, im Wettbewerb bestehen zu können. Diese Verwertungslogik kennzeichnet, dass sie nicht durch eine absolute, sondern nur durch eine relative Grenze beschränkt wird. Um im Wettbewerb zu bestehen, muss jeder Eigentümer danach streben, über mehr Kapital als andere zu verfügen. Die Eigentümer versuchen deshalb, ihre jeweiligen Konkurrenten hinsichtlich der eigenen Gewinnsteigerung zu überbieten. Diese Überbietungsdynamik ist nach oben hin unbegrenzt und treibt die Wachstumsspirale in die Höhe. Wer das Wachstum nicht auf Dauer stellen kann, der unterliegt im Konkurrenzkampf und verliert schließlich sein Eigentum. Eigentümer stehen im Konkurrenzkampf unter dem Zwang eines unbegrenzten Wachstums ihres Eigentums. Letztlich ist das Ziel des ökonomischen Wachstums also nicht die Vermehrung des Eigentums, sondern dass im Wettbewerb das Eigentum nicht verloren geht. Das Wachstum wird also nicht von einem positiven Ziel angetrieben, sondern davon, dem drohenden Verlust zu entkommen. Der Eigentumsbestand kann sich somit nur durch sein Wachstum stabilisieren.

Wer über mehr Kapital als andere verfügt, kann ein größeres Vermögen zur Verbesserung der Marktposition aufbringen und dadurch seinen Vorsprung ausbauen. Die Folge davon ist nach Marx eine zunehmende Monopolisierung. Große Unternehmen wachsen, wohingegen kleine Unternehmen verschwinden. Immer mehr Eigentum konzentriert sich in den Händen weniger. Am Ende bleiben wenige oder nur ein Unternehmen übrig, wenn sich diese Monopolbildung nicht durch staatliche Regulierung beispielsweise mithilfe von Anti-Kartell-Gesetzen verhindern lässt. Auch wenn die von Marx prognostizierte Monopolbildung in dem von ihm beschriebenen extremen Maß bislang ausgeblieben ist, besteht doch in der digitalen Ökonomie der Gegenwart eine klare Tendenz zur Eigentumskonzentration. Eigentum und entsprechende Macht konzentrieren sich bei wenigen Tech-Giganten wie Alphabet/Google, Amazon, Meta/Facebook etc., denen kleinere Unternehmen im Konkurrenzkampf unterliegen.

Expansion der Eigentumsverhältnisse

Die Wachstumsdynamik führt zur unbegrenzten Expansion der Märkte oder, wie Marx diese fünfte Funktionsweise beschreibt, zu einer »erweiterte[n] Stufenleiter der Akkumulation«.[86] Bestimmte Absatzmärkte sind ab einem bestimmten Niveau gesättigt. Trotzdem müssen Gewinne als Kapital verwertet werden, um neue Gewinne zu erwirtschaften. Weil Gewinne jedoch in einen gesättigten Markt nicht gewinnsteigernd investiert werden können, müssen neue Beschaffungs- und Absatzmärkte erschlossen werden. Daraus folgt eine Expansion auf verschiedenen Ebenen. Zwar hat Marx diese Ebenen nicht ausdrücklich unterschieden; seine Überlegungen zum Welthandel und zum Technikfortschritt tragen ihnen aber dennoch Rechnung.

Erstens werden für die Produkte neue Absatzmärkte oder für kostengünstigere Produktionsbedingungen neue Beschaffungsmärkte in anderen Regionen erschlossen. Diese räumliche Expansion ist der Hauptgrund für den Kolonialismus und die Globalisierung, mit der sich der Kapitalismus weltweit durchgesetzt hat.[87] In den Kolonien wurden Eigentumsrechte gewaltsam eingeführt, die den Zwang zur Vertreibung legitimieren. Insbesondere wurde das Land der Indigenen angeeignet, um Rohstoffe und Anbauflächen zu gewinnen.[88] Eigentumsrechte ermöglichten es, dass die Interessen von Handelsunternehmen und Siedlern gegen die Ansprüche von Indigenen und konkurrierenden Kolonialmächten durchgesetzt wurden. Wiederum dienen Eigentumsrechte im globalen Markt der Gegenwart dazu, die Interessen von internationalen Konzernen gegenüber den Ansprüchen lokaler Bevölkerungen zu erzwingen.[89]

Zweitens werden neue Produktarten kreiert, die als Kapital verwertet werden können. Die Expansionsdynamik treibt die Erfindungen nicht nur neuer Produkte (von Automobilen über Finanzprodukte bis zu geistigem Eigentum) an, sondern auch innovativer Technologien (effizientere Maschinen, Automatisierung, Digitalisierung etc.), mit denen sie hergestellt oder organisiert werden. Der technologische Fortschritt entwickelt sich demnach nicht um seiner selbst willen oder zum Zweck verbesserter Lebensqualität, sondern aus Verwertungsgründen. Eigentumsrechte an Erfindungen, insbesondere in Gestalt von Patenten, nehmen deshalb an Bedeutung zu. Zudem führt die Expansionsdynamik zur Aneignung von Gütern, die zuvor kein Eigentum waren. Um Wissen, soziale Interaktionen und Gemeingüter zu verwerten, werden diese als eigentumsförmige Objekte kodiert, über die Eigentümer ihre Ansprüche ausüben. Schließlich werden neue Kapitalformen entwickelt, um neue Märkte für Vermögensanlagen zu bilden; damit entstehen neuartige Eigentümerschaften (Aktienbesitz, Immobiliengesellschaften, Dateneigentum).

Drittens werden Bedürfnisse nach neuen Produkten geweckt.[90] Neue Bedürfnisse werden unter anderem mithilfe von Reklame erzeugt, damit für ihre Befriedigung Produkte verbraucht werden, deren Konsum gewinnsteigernd ist. Deshalb ist der Konsum der Herzschrittmacher des Kapitalismus und stoßen moralische Appelle zum Konsumverzicht auf strukturelle Grenzen. Dem Kapitalismus kommt dabei die Fähigkeit zugute, Bedürfnisse zu erzeugen, die er zugleich selbst befriedigen kann. Diese Expansionsdynamik verschiebt die Selbstwahrnehmung von Personen hin zu einem »Besitzindividualismus« (Macpherson 2011). Sie nehmen sich zunehmend in der Rolle von Eigentümern wahr, die über Güter verfügen, welche für die Befriedigung ihrer Bedürfnisse dem Anschein nach benötigt werden. Der Wert des Privateigentums fürs gute Leben nimmt hier zu, weil das Wohlergehen jedes Einzelnen auch von dessen Eigentum an Gütern abhängt, die er zu besitzen begehrt.

(2) Gemeineigentum

Marx entwirft eine Alternative zum Kapitalismus, in der das Gemeineigentum an Produktionsmitteln an die Stelle des Privateigentums tritt. In einer berühmten Passage aus dem ersten Band des *Kapitals* wird dieses Gemeineigentum folgendermaßen beschrieben:

»Stellen wir uns [...] einen Verein freier Menschen vor, die mit gemeinschaftlichen Produktionsmitteln arbeiten und ihre vielen individuellen Arbeitskräfte selbstbewußt als eine gesellschaftliche Arbeitskraft verausgaben. Alle Bestimmungen von Robinsons Arbeit wiederholen sich hier, nur gesellschaftlich statt individuell. Alle Produkte Robinsons waren sein ausschließlich persönliches Produkt und daher unmittelbar Gebrauchsgegenstände für ihn. Das Gesamtprodukt ist ein gesellschaftliches Produkt. Ein Teil dieses Produkts dient wieder als Produktionsmittel. Es bleibt gesellschaftlich. Aber ein anderer Teil wird als Lebensmittel von den Vereinsmitgliedern verzehrt. Er muß daher unter sie verteilt werden. Die Art dieser Verteilung wird wechseln mit der besondren Art des gesellschaftlichen Produktionsorganismus selbst und der entsprechenden geschichtlichen Entwicklungshöhe der Produzenten. Nur zur Parallele mit der Warenproduktion setzen wir voraus, der Anteil jedes Produzenten an den Lebensmitteln sei bestimmt durch seine Arbeitszeit. Die Arbeitszeit würde also eine doppelte Rolle spielen. Ihre gesellschaftlich planmäßige Verteilung regelt die richtige Proportion der verschiedenen Arbeitsfunktionen zu den verschiedenen Bedürfnissen. Andrerseits dient die Arbeitszeit zugleich als Maß des individuellen Anteils des Produzenten an der Gemeinarbeit und daher auch an dem individuell verzehrbaren Teil des Gemeinprodukts. Die gesellschaftlichen Beziehungen der Menschen zu ihren Arbeiten und ihren Arbeitsprodukten bleiben hier durchsichtig einfach in der Produktion sowohl als in der Distribution.« (Marx 1969: 92f.)[91]

Im Verein *freier* Menschen wird mit *gemeinschaftlichen* Produktionsmitteln gearbeitet. Freiheit und Gemeineigentum sind die Kennzeichen einer Gesellschaftsformation, die über den Kapitalismus hinausgeht. Allerdings werden sie nicht als wünschenswerte Handlungsziele von außen gegen den Kapitalismus in Stellung gebracht. Vielmehr werden sie realisiert, indem dem Kapitalismus, wie es am Anfang dieses Kapitels mit Marx hieß, seine eigene Melodie vorgesungen wird. Sie werden im Sinne einer immanenten Kritik aus dem Kapitalismus selbst hergeleitet. »Wir treten dann nicht der Welt doktrinär mit einem neuen

Prinzip entgegen: Hier ist die Wahrheit, hier kniee nieder! Wir entwickeln der Welt aus den Prinzipien der Welt neue Prinzipien.« (Marx 1973a: 345) Aus der Kritik des Privateigentums an Produktionsmitteln werden zwei Prinzipien hergeleitet, die in den folgenden Abschnitten behandelt werden: erstens die Freiheit oder Emanzipation, die vom Eigentum verkörpert wird, und zweitens das Gemeineigentum, in dem sich diese Freiheit auf eine soziale Weise verwirklicht.

Kritik am Privateigentum

Marx' Kritik am Privateigentum zielt auf dessen Selbstwiderspruch. Privateigentum verstrickt sich in den Widerspruch, dass es Freiheit verspricht, aber Herrschaft realisiert. Das Freiheitsversprechen des Eigentums verkehrt sich hier in sein Gegenteil: Es schlägt in die Herrschaft der Verwertungslogik um, der Kapital und Arbeit unterworfen sind. Worin besteht aber das Freiheitsversprechen, also die emanzipatorische Bedeutung des Eigentums?

Die emanzipatorische Bedeutung des Eigentums bildet die normative Grundlage, auf der Marx seine Ausbeutungskritik aufbaut. Etwas als Ausbeutung zu brandmarken kann nur dann gerechtfertigt sein, wenn durch sie ein berechtigter Anspruch verletzt wird. Doch welcher Anspruch wird durch Ausbeutung verletzt? Es wird ein Eigentumsanspruch verletzt. Dieser Eigentumsanspruch lässt sich im Sinne einer Werttheorie verstehen, der zufolge es ein Recht auf das Eigentum an den Erträgen der eigenen Arbeit gibt. Wer einen Beitrag zur Wertschöpfung leistet, der darf auch das anteilige Eigentum an dem entsprechenden Wert beanspruchen. Kurzum: Wer einen Wert erzeugt, dem gehört er auch. Der Mehrwert wird demnach zu Unrecht angeeignet, weil er das Eigentum des Arbeiters ist, der ihn produziert. Die Aneignung eines leistungslosen Gewinns darf also als Ausbeutung kritisiert werden, weil sie das Eigentum an dem Produkt der geleisteten Arbeit verletzt. Ausbeutung kann von Marx als Diebstahl, Raub oder Enteignung nur deshalb bezeichnet werden, weil ein Eigentumsanspruch verletzt wird.[92] Dieser Anspruch auf das Eigentum an den Arbeitserträgen ist nicht als moralisches Gebot misszuverstehen, das in der Naturrechtslehre von John Locke oder in den libertären und meritokratischen Traditionen der Gegenwart vertreten wird. Vielmehr ist er, wie bei Hegel, in den institutionalisierten Eigentumsrechten begründet.

Das Recht auf das Eigentum an den Arbeitserträgen ist die Gemeinsamkeit, die Marx und der Sozialismus teilen. Auch für sozialistische Eigentumsvorstellungen gilt, dass einem die Ergebnisse des eigenen Tuns gehören sollen. Sie alle verbindet die Kritik an der leistungslosen Eigentumsbildung. So etwa bei John Stuart Mill (2016: 243):

> »Eigentum als Rechtsinstitut, auf seine wesentlichen Bestandteile zurückgeführt, besteht in der Anerkennung des Rechtes für jeden, ausschließlich über das, was er oder sie durch eigene Mühe produziert oder entweder durch Schenkung oder durch faire Übereinkunft, ohne Gewalt oder Betrug, von den Produzierenden empfangen hat, zu verfügen. Die Grundlage des Ganzen ist das Recht der Produzenten auf ihr eigenes Produkt.«

Marx' Vorstellung vom Eigentum am Arbeitsertrag kommt ganz ohne eine Theorie des Selbsteigentums aus, wie sie beispielsweise von John Locke vertreten wird (zur Kritik an Locke siehe Kapitel 2). Die Theorie des Selbsteigentums beruht auf dem Gedanken eines *ursprünglichen* Eigentums an der Person: Weil sich der Arbeiter selbst gehört, gehören ihm auch die Erträge seiner Arbeit. Das Eigentum an den Arbeitserträgen wird hier als eine Vermehrung des ursprünglichen Eigentums gedacht, aus dem die Erträge entstehen. Dieses ursprüngliche Selbsteigentum kann sich auf zweierlei beziehen: Die Person kann, so die Vorstellung des Selbsteigentums, Eigentümerin ihrer Arbeitskraft oder ihrer Arbeitszeit sein.

Zum einen wäre denkbar, dass eine Person Eigentum an ihrer Arbeitskraft hat.[93] Weil die Erträge einer Arbeitskraft entstammen, die dem Arbeiter gehören, gehören ihm auch die Erträge. Allerdings, so lässt sich einwenden, ist die Arbeitskraft nicht eigentumsförmig, das heißt: Sie ist nichts, woran Eigentum gehalten werden kann. Entweder kann an der Arbeitskraft kein Eigentum bestehen, sofern unter ihr eine Fähigkeit oder ein Wille verstanden wird. Denn Eigentum ist Freiheit in Bezug auf äußere Güter, wohingegen die Fähigkeit und der Wille, etwas zu tun, keine äußeren Güter, sondern das (innere) Vermögen einer Person sind. Oder aber unter Arbeitskraft wird die Kraft des Körpers verstanden, der zu den äußeren Gütern zählen könnte. Dann aber gibt es keinen Grund, warum aus dem Eigentum an der Kraft ein Eigentum an ihrer Wirkung entsteht und nicht vielmehr folgt, dass ihre Erträge dem Arbeiter verloren gehen. Zwischen der Ausübung einer körperlichen Kraft und deren Wirkung besteht lediglich ein kausales Verhältnis, aber kein Eigentumsverhältnis.

Zum anderen wird, ebenso haltlos, unter Selbsteigentum das Eigentum an der Arbeitszeit verstanden. Weil dem Arbeiter seine Arbeitszeit gehört, die er gegen einen Lohn verkauft, gehören ihm eigentlich auch die Arbeitserträge. Eine solche Vorstellung von Selbsteigentum kann sich nur vermeintlich auf Marx' Arbeitswerttheorie berufen, die vom Maß der Arbeitszeit ausgeht.[94] Die Produktion des Mehrwerts wird von Marx mithilfe einer Theorie des absoluten und des relativen Mehrwerts erklärt. Zum einen wird der Mehrwert gesteigert, so die Theorie des absoluten Mehrwerts, durch die Ausdehnung der individuellen Arbeitszeit, die gegen einen subsistenzsichernden Lohn getauscht wird; je länger für diesen Lohn gearbeitet wird, desto größer der abschöpfbare Mehrwert. Zum anderen wird der Mehrwert, gemäß der Theorie des relativen Mehrwerts, vermehrt durch die Verminderung der gesamten Arbeitszeit, die durch den fortschreitenden Einsatz maschineller oder automatisierter Arbeit möglich wird. Je weniger Lohn für die gleichen Ergebnisse gezahlt wird, desto größer wiederum ist der Mehrwert. Das Eigentum an den Erträgen der Arbeit soll sich demnach aus dem ursprünglichen Eigentum an der Arbeitszeit erklären, die für die Produktion der Erträge erforderlich ist. Gegen diese Vorstellung ist einzuwenden, dass die Zeit etwas Unverfügbares ist und deshalb nicht Gegenstand der eigentumsförmigen Verfügung sein kann. Man kann anderen die eigene Tätigkeit (im Tausch gegen Lohn) für eine bestimmte Dauer zur Verfügung stellen. Dadurch wird jedoch nicht über die Zeit verfügt. Zeit ist vielmehr das für Menschen schlechthin Unverfügbare, da sie sich nicht anhalten, vermehren oder erzeugen lässt. Zudem lässt sich Zeit ebenso wenig wie der Körper oder ein Wille an andere übertragen. Zeit ist demnach nicht eigentumsfähig; es kann deshalb auch kein Eigentum an der Arbeitszeit geben.

Marx' Annahme eines Eigentums an den Arbeitserträgen macht nur Sinn, wenn sie sich ohne die Vorstellung des Selbsteigentums erklären lässt. Es gibt kein ursprüngliches Eigentum an der Arbeitskraft oder Arbeitszeit, das dann um das Eigentum an den Erträgen vermehrt wird. Durch Arbeit wird vielmehr Eigentum überhaupt erst geschaffen. Eigentum entsteht durch Arbeit, indem Erträge erzeugt werden, an denen Eigentum besteht.

Wenn der Grund des Eigentums an den Arbeitserträgen nun nicht in einem vorgängigen Eigentum (an der Arbeitskraft oder Arbeitszeit) liegt, dann muss es einen anderen Grund dafür geben, weshalb jemandem die Erträge des eigenen Tuns gehören.

Dieser Grund ist die Freiheit in Gestalt der materiellen Selbstbestimmung. Unter materieller Selbstbestimmung wird die Fähigkeit verstanden, sich selbst mit den Gütern zu versorgen, die zur Befriedigung der Bedürfnisse erforderlich sind. Marx fasst diese materielle Selbstbestimmung mit dem Satz zusammen: »Jeder nach seinen Fähigkeiten, jedem nach seinen Bedürfnissen.« (Marx 1973b: 21) Jeder soll sich frei von dirigistischen Zuteilungen aus eigener Kraft – durch eigene Fähigkeiten – diejenigen Güter verschaffen können, die für die Befriedigung der jeweiligen Bedürfnisse benötigt werden; das gilt auch für arbeitsteilige Gesellschaften und jenseits der Subsistenzwirtschaft. Kraft ihrer Arbeit sorgen Personen für den Lebensunterhalt frei von einem bevormundenden Versorger, der den Seinen gibt, was sie brauchen. Der materiellen Selbstbestimmung widerspricht laut Marx auch die sozialstaatliche Umverteilung, in der die Schlechtergestellten zu bloßen Empfängern von gesellschaftlich produzierten Gütern gemacht werden. Materielle Selbstbestimmung wird nur durch das Recht auf Eigentum garantiert. Das Eigentumsrecht verbürgt, dass Personen sich unabhängig von sozialer Stellung, Herkunft, Ansehen, Gesinnung und Geschlecht mit Gütern versorgen können. Eigentum emanzipiert somit von feudalen, paternalistischen, sozialstaatlichen und hegemonialen Abhängigkeiten.

Durch Ausbeutung werden also der Anspruch auf materielle Selbstbestimmung und insoweit der Eigentumsanspruch auf die Arbeitserträge verletzt. Materielle Selbstbestimmung und die entsprechenden Eigentumsrechte bilden die normative Grundlage von Marx' Ausbeutungskritik. Durch Ausbeutung werden Arbeiter enteignet, weil ihnen ihr Eigentum an den Früchten der Arbeit geraubt wird. Materielle Selbstbestimmung und entsprechende Eigentumsrechte sind die Prinzipien der bürgerlichen Gesellschaft, in der jede Person aufgrund von Arbeit Privateigentum erwerben kann. Als die alten »Prinzipien der Welt« (siehe oben) werden sie gegen die bürgerliche Gesellschaft selbst in Anschlag gebracht, um diese zu überwinden. Der Kapitalismus wird somit anhand seiner eigenen Prinzipien einer Kritik unterworfen. Aus denselben Prinzipien – der emanzipatorischen Bedeutung des Eigentums, das heißt seinem Freiheitsversprechen auf materielle Selbstbestimmung – entwickelt Marx nun eine Alternative zum Kapitalismus.

Kommunismus

Marx' Gegenentwurf zum Kapitalismus läuft nicht auf eine Alternative zum Eigentum, sondern auf ein alternatives Eigentum hinaus. Nicht Eigentumslosigkeit, sondern das »*wahrhaft menschliche* und *soziale Eigentum*« (Marx 2012: 521) ist seine Lösung.[95] Ausbeutung, die Verwertungslogik und das Elend des Proletariats werden erst in einer Gesellschaftsformation aufgehoben, in der die Produktionsmittel das gemeinschaftliche Eigentum aller sind. Eine solche gemeinschaftliche Eigentumsgesellschaft nennt Marx Kommunismus.

Marx vertritt die Ansicht, dass der Kapitalismus durch seine Eigendynamik über sich selbst hinausgetrieben und in den Kommunismus übergehen werde. Seine Aufhebung wird nicht durch intentionale Handlungen herbeigeführt, sondern erfolgt kraft der eigenen Krisenanfälligkeit: Die unwiderstehliche Verwertungslogik führt dazu, dass »die Bourgeoisie [...] ihre eigenen Totengräber« (Marx/Engels 1959: 474) produziert. Der Kapitalismus geht an dem inneren Widerspruch zugrunde, in den sich seine Eigentumsrechte verstricken.

Kapital kann, so lässt sich der Widerspruch beschreiben, nur unter zwei Bedingungen unbegrenzt akkumuliert werden: Entweder muss die Bevölkerung gleichermaßen unbegrenzt wachsen, damit der Bedarf an Gütern hoch bleibt. Oder die Arbeitsproduktivität muss sich unbegrenzt steigern lassen, damit der Bedarf an Arbeitern bestehen bleibt. Ersteres ist ausgeschlossen, letzteres unwahrscheinlich. Ohne Zunahme der Bevölkerung und der Produktivität führen stets wachsende Kapitalmengen schließlich zum unaufhaltsamen Fall der Profitrate:[96] Marktkonkurrenten müssen sich gegenseitig in der Effizienz überbieten und zu immer geringeren Kosten produzieren. Deshalb wird der Produktionsprozess durch effizientere Maschinen zunehmend automatisiert, um Arbeitslöhne zu reduzieren; in den Worten von Marx: »variables Kapital [wird] in konstantes« (Marx 1969: 668) Kapital verwandelt. Wenn Arbeitskräfte durch Automatisierungen eingespart werden, Arbeit aber die einzige Quelle der Wertschöpfung ist, aus der Mehrwert und Profit gewonnen werden, dann führt die Automatisierung zum Fall der Profitrate. Die Profitrate ist aber der Lebensnerv des Kapitalismus: Es müssen zwangsläufig Gewinne erwirtschaftet werden, die als Kapital für weitere Gewinne verwertet werden. Sinken die Gewinne, können die Funktionsweisen der Effizienz, des Wachstums und der Expansion nicht mehr aufrechterhalten werden und es drohen zwei Szenarien. Entweder werden die Löhne stärker gedrückt; die Folgen stagnierender oder sinkender Löhne sind aber Arbeiteraufstände gegen die wohlhabenden Eigentümer. Oder der Konkurrenzkampf um die geringen Gewinnmöglichkeiten verschärft sich. Und ein Konkurrenzkampf, in dem nur die größten Unternehmen bestehen können, mündet in eine Monopolbildung, an deren Ende nur eine Handvoll oder gar ein einziges Unternehmen übrig bleibt. Beide Szenarien treiben den Kapitalismus seinem Untergang entgegen. Entweder geht er durch den Arbeitskampf oder durch den Konkurrenzkampf zugrunde.

Laut Marx führt der Untergang des Kapitalismus jedoch nicht ins Chaos, zu Krieg und Elend. Mit ihm gehen Produktivität, Wohlstand und zumal Eigentum keineswegs verloren. Vielmehr stabilisiert sich die Gesellschaft ohne Privateigentum, indem sich an dessen Stelle das Gemeineigentum etabliert. Diese Annahme stützt sich auf das, was Marx die Enteignung der Enteigner nennt: »Die Stunde des kapitalistischen Privateigentums schlägt. Die Expropriateurs werden expropriiert.« (Marx 1969: 791) Mit der Enteignung der Kapitalisten nehmen die Arbeiter nur in Besitz, was ohnehin ihr Eigentum ist. Denn indem der Mehrwert, der eigentlich den Arbeitern gehört, als Kapital in ein Unternehmen investiert wurde, ist das Unternehmen bei Lichte betrachtet in das legitime Eigentum der Arbeiter übergegangen. Das Unternehmen ist ihr rechtmäßiges Eigentum, weil es unterhalten und ausgebaut wurde mit den Erträgen ihrer Arbeit, die ihr Eigentum sind. Hinter dem Rücken der Kapitalisten also sind die privaten Produktionsmittel in das kollektive Eigentum der Arbeiter übergegangen, und zwar auf der Grundlage der bürgerlichen Eigentumsvorstellung, dass materielle Selbstbestimmung zum Eigentum an den Früchten der Arbeit berechtige. Weil einer Person die Erträge ihres eigenen Tuns gehören und diese Erträge als reinvestiertes Kapital den Bestand des Unternehmens sichern, gehören die Unternehmen letztlich den Arbeitern. Das bürgerliche Eigentumsrecht zerbricht an seiner eigenen Logik und ebnet selbst den Weg für das gemeinschaftliche Eigentum an den Produktionsmitteln.

Im »Verein freier Menschen«, der von Marx beschrieben wird, gehören die Produktionsmittel allen seiner Mitglieder. »[F]rei vergesellschaftete Menschen« verfügen hier in »bewußter planmäßiger Kontrolle« (ebd.: 94) über die Produktionsmittel. Dieses Gemeineigentum hat bei Marx vor allem eine demokratietheoretische Bedeutung (Demirovic 1997). Der Schlüssel für die Demokratie liegt im gemeinschaftlichen Eigentum: Wenn alle Mitglieder Eigentümer der Produktionsmittel sind und Eigentum ein Entscheidungsrecht ist, dann bestimmen alle über die

Produktionsmittel mit. Das Eigentum an den Arbeitserträgen erschöpft sich nicht im Besitz, das heißt in der Beteiligung am Vermögen. Sofern Eigentum das Recht ist, über Nutzung, Verwertung und Übertragung zu bestimmen, bestimmen vielmehr alle Mitglieder selbst über die Ziele sowie Arbeits- und Zeitbedingungen der Produktion. Diese kollektive Selbstbestimmung über das ökonomische und soziale Fundament einer Gesellschaft garantiert eine demokratische Mitgestaltung, die über ein bloß formales Recht der Demokratie hinausgeht.

Das Gemeineigentum hat nach Marx drei gesellschaftliche Folgen. Erstens ermöglicht es ein herrschafts- und ausbeutungsfreies Arbeitsverhältnis. Zwar bleibt Arbeit eine materielle Notwendigkeit des Lebenserhalts.[97] Unter den Bedingungen gemeinschaftlichen Eigentums findet sie jedoch ohne Ausbeutung statt. Ausbeutung ist strukturell nicht möglich, wenn die Arbeiter zugleich die Eigentümer sind und deshalb kein Widerspruch zwischen Kapital und Arbeit bestehen kann. Niemand kann ausgebeutet werden, da jede Person Eigentümerin der Produktionsmittel ist. Weder gibt es die Klasse der Eigentumslosen, die ihre Arbeit für den Lebensunterhalt verkaufen müssen. Noch gibt es die Eigentümerklasse, die aufgrund eines Machtvorteils über Eigentumslose herrscht. Ohne Ausbeutung kann sich auch die Verwertungslogik nicht entfalten, die der kapitalistischen Gesellschaft ihre Herrschaftsverhältnisse aufdrückt. Wenn nicht die Arbeit von Eigentumslosen ausgebeutet werden kann, dann können auch keine Gewinne mit ihren unbegrenzten Steigungsspiralen und Wachstumszwängen entstehen. Ohne Ausbeutung erfolgt die Produktion nicht zum Zweck der Akkumulation des Kapitals, sondern mit dem Ziel der Bedürfnisbefriedigung.

Gemeinschaftliches Eigentum an den Produktionsmitteln ermöglicht zweitens individuelles Eigentum an den Arbeitserträgen und somit eine materielle Selbstbestimmung. Freiheit verschwindet nicht, sondern wird im Kommunismus erst verwirklicht. »Das Menschenrecht des Privateigentums ist [...] das Recht des Eigennutzes. [... Es] läßt jeden Menschen im anderen Menschen nicht die *Verwirklichung*, sondern vielmehr die *Schranke* seiner Freiheit finden.« (Marx 1973d: 365) Gemeineigentum hingegen ist die Bedingung für diese Verwirklichung von Freiheit: Unter dieser Bedingung wird Freiheit in Gestalt eines individuellen Eigentums realisiert, das vom Privateigentum strikt zu unterscheiden ist. Marx beschreibt diese kontrafaktische Wiederkehr des individuellen Eigentums als Kommunismus: Der Kommunismus »stellt nicht das Privateigentum wieder her, wohl aber das individuelle Eigentum auf Grundlage der Errungenschaft der kapitalistischen Ära: der Kooperation und des Gemeinbesitzes der Erde und der durch Arbeit selbst produzierten Produktionsmittel« (Marx 1969: 791). Individuelles Eigentum bedeutet, dass eine Person von den Erträgen ihrer Arbeit gut leben kann und ihr diese Erträge als die Früchte ihres eigenen Tuns gehören. Die Arbeitszeit dient »als Maß des individuellen Anteils des Produzenten an der Gemeinarbeit und daher auch an dem individuell verzehrbaren Teil des Gemeinprodukts«. Im gesellschaftlichen Arbeitsprozess erhält jede Person das Eigentum an den Erträgen ihres individuellen Arbeitsaufwands, die für die Bedürfnisbefriedigung erforderlich sind. Und diese Erträge sind vollständig ihr Eigentum, da Ausbeutung nicht möglich und ein Mehrwert ihr nicht vorenthalten werden kann. Weil jede Person Miteigentümerin an den Produktionsmitteln ist, können die eigenen Arbeitserträge nicht in fremdes Eigentum beispielsweise einer Person übergehen, der die Produktionsmittel allein gehören. Erst unter der sozialen Bedingung gemeinschaftlichen Eigentums, das Ausbeutung unmöglich macht, ist also das volle Eigentum an den Früchten der Arbeit möglich.

Drittens ist Gemeineigentum ein Steuerungselement der Planwirtschaft. Die »gesellschaftlich planmäßige Verteilung [der Arbeitszeit] regelt die richtige Proportion der verschiedenen Arbeitsfunktionen zu den verschiedenen Bedürfnissen«. Der Umfang der Arbeitszeit wird durch die planmäßige Produktion derjenigen Güter bestimmt, die für die Befriedigung der Bedürfnisse benötigt werden. Dieser planwirtschaftliche Ansatz geht von einer äußerst anspruchsvollen Prämisse aus. Er setzt nämlich ein absolutes Gleichgewicht von Konsumption und Produktion voraus. Es wird produziert, was benötigt wird, und benötigt, was produziert wird. Diese zweite Seite – die Bedürfnisse richten sich nach der Produktion – ist umstritten. Sie beruht auf der Annahme, dass jeder hat, was er braucht, und niemand mehr braucht, als er hat. Die Ausbildung von Bedürfnissen geht hier nicht über das Maß ihrer Befriedigung hinaus, die durch die jeweilige Produktion möglich ist. Marx hat sich bedauerlicherweise nur sehr sparsam darüber geäußert, wie die gesamtgesellschaftliche Organisation der Produktion, Konsumption und Distribution wirtschaftlich und politisch zu gestalten sein solle: ob sie beispielsweise zentral oder dezentral stattfindet. Genossenschaften, denen Marx einen Übergangscharakter zubilligt, gehen zwar teilweise über den Kapitalismus hinaus, reproduzieren aber dessen Widersprüche (Marx 1971: 456). In der Gegenwart werden vielmehr Versuche unternommen, sich die dezentrale Verwaltung so vorzustellen, dass mithilfe digitaler Technologien die individuellen Bedürfnisse ermittelt und dementsprechend die Produktion und Distribution gestaltet werden.[98]

Aber auch im Fall einer Lösung für die wirtschaftliche und politische Organisation stellt sich das Problem einer möglichen Ungleichbehandlung. In arbeitsteiligen Gesellschaften mit knappen Ressourcen kann der Fall eintreten, dass Güter nicht für alle gleichermaßen bereitgestellt werden können. Wenn die bestehenden Ressourcen und Produktivkräfte nicht ausreichen, um jedes Bedürfnis aller Beteiligten zu befriedigen, dann stellt sich die Frage, wer darüber entscheidet, wessen Bedürfnisse befriedigt und wessen Bedürfnisse nicht befriedigt werden. Letztere Gruppe könnte sich in ihrem Recht auf materielle Selbstbestimmung verletzt sehen; was gleichbedeutend mit Ausbeutung ist: Hier geht die Ausbeutung von der Gesellschaft aus. Wie kann Marx dieser Ungleichheits- und Ausbeutungsfalle entkommen?

Drei Wege stehen hier offen. Einen Ausweg soll für Marx erstens der Gedanke der Gattung bieten. Arbeiter verhalten sich demnach zu ihrer Klasse wie Exemplare zu einer Gattung. Die Rechte vieler auf die Früchte ihrer Arbeit verschmelzen so betrachtet zum Recht eines einheitlichen Gattungssubjekts: zum Recht auf Eigentum, das einer Gemeinschaft oder der Klasse gehört. Es wird deshalb kein Recht verletzt, wenn die Bedürfnisse einzelner Mitglieder ungedeckt bleiben. Denn es zählen nicht die Rechte je einzelner Mitglieder, sondern das Recht, das die Gemeinschaft oder Klasse hat, deren Mitglieder sie sind. Diese Verschmelzung zu einem Gattungswesen geschieht laut Marx in der Kooperation. »Im planmäßigen Zusammenwirken mit andern streift der Arbeiter seine individuellen Schranken ab und entwickelt sein Gattungsvermögen.« (Marx 1969: 349) In der Kooperation verschmelzen Arbeiter zu einem Gattungssubjekt, das mehr ist als die Gesamtheit einzelner Arbeiter. In ihr fügen sich die Bedürfnisse, Interessen und Ansprüche der Vielen zum homogenen Bewusstsein einer Klasse zusammen.

Marx' Gedanke der Gattung hält jedoch einer Prüfung nicht stand. Für die Kooperation trifft zwar zu, dass Arbeiter in Abhängigkeit voneinander stehen, Perspektiven wechselseitig übernehmen und Kompetenzen (wie Empathie, Kommunikation, Vertrauen, Urteilsvermögen etc.) miteinander erwerben. Daraus ergibt sich jedoch nicht mehr, als dass allen die gleichen Ansprüche zustehen. Jeder Einzelne verdient die Anerkennung seines Beitrags zur Kooperation und eine gerechte Teilhabe an den Entscheidungen. Die Kooperation ist jedoch kein hinreichender Grund dafür, dass die Ansprüche Einzelner an die Gemeinschaft übergehen und diese nun über Einzelne entscheidet.

Ein zweiter Lösungsansatz beruft sich auf Marx' sogenanntes »Maschinenfragment«, in dem die technikgetriebene Automatisierung der Produktionsprozesse vorausgesagt wird, die eine Welt ohne Knappheiten und Mängel möglich machen werde (Marx 1983b). Knappheiten und Mängel ließen sich durch innovative Technologien überwinden, die die Grenzkosten in der (Re-)Produktion gegen null tendieren lassen.[99] Wenn Güter sich unbegrenzt ohne Kosten produzieren und vervielfältigen lassen, dann entstehen auch keine Knappheiten oder Mängel, die zu einer ungleichen Verteilung führen. Die Planwirtschaft baut hier auf einem Technikfortschritt auf, der die Überwindung von Knappheiten und Mangel möglich macht. Es gibt jedoch berechtigte Zweifel daran, dass sich diese technologische Utopie in naher Zukunft erfüllt.

Realistischer ist ein dritter Lösungsvorschlag, der sich abzeichnet, wenn man Marx gegen den Strich bürstet und seinen Demokratieansatz fortsetzt. Sofern Eigentum ein Entscheidungsrecht ist, wird, wie wir gesehen haben, Gemeineigentum als ein demokratisches Entscheidungsrecht ausgeübt, das jedem Einzelnen die gleiche Mitsprache über die Produktionsmittel verleiht. Diese kollektive Mitbestimmung wird demokratisch organisiert, beispielsweise durch Mehrheitsentscheidungen. Es zeichnet sie dabei aus, dass sich die Einzelnen am Gemeinwohl orientieren; und zwar aus zwei Gründen. Zum einen verbinden sich Einzelne durch ihre gemeinsame Eigentümerschaft zu einer Interessengemeinschaft, in der vereint nach Lösungen gesucht wird. Denn als Miteigentümer begegnen sie sich im Prozess der Meinungs- und Willensbildung nicht als Konkurrenten, sondern als Mitglieder, die gemeinsam Verantwortung für die Problembearbeitung tragen und deshalb Interesse an einem solidarischen Einverständnis haben. Zum anderen trägt die Kooperation dazu bei, dass Einzelne sich am Gemeinwohl orientieren. Niemand erbringt Leistungen allein; alle sind in der Arbeit miteinander verflochten: Die Kooperation besteht, wie bereits gesagt, in interaktiven Abhängigkeitsverhältnissen, Perspektivübernahmen und Kompetenzerwerb. In diesen können Einzelne lernen, die Bedürfnisse und Fähigkeiten ihrer Kooperationspartner anzuerkennen. Aus dem Miteinander entsteht so ein Füreinander, in dem die Bedürfnisse und Fähigkeiten der anderen solidarisch berücksichtigt werden. Das Gemeinwohl wird also nicht als das Interesse eines Gattungswesens festgelegt, sondern als das Ergebnis einer kollektiven Willensbildung prozedural gewonnen. Auf diese Weise werden individuelle Rechte gewahrt und zugleich ein Gemeinwohl geschützt, das die Eigenvorteile und Selbstinteressen bloß Einzelner übersteigt.

6. Demokratisierung des Eigentums: Hobbes, Kant und Rawls

»Ich gestehe, daß ich mich in den Ausdruck [...] nicht wohl finden kann: Ein gewisses Volk [...] ist zur Freiheit nicht reif; die Leibeigenen eines Gutseigentümers sind zur Freiheit noch nicht reif; [...] Nach einer solchen Voraussetzung aber wird die Freiheit nie eintreten; denn man kann zu dieser nicht r e i f e n, wenn man nicht zuvor in Freiheit gesetzt worden ist.«

Immanuel Kant

Thomas Hobbes (1588–1679), Immanuel Kant (1724–1804) und John Rawls (1921–2002) wirkten in Epochen, die politisch wenig miteinander verbindet. Zwischen dem Anhänger der absolutistischen Monarchie, dem Befürworter des Republikanismus und dem Verteidiger des politischen Liberalismus liegen Welten. Trotz dieser Unterschiede teilen sie in Bezug aufs Eigentum eine Gemeinsamkeit. Sie bilden Stationen auf demselben Weg, den der demokratische Strukturwandel des Eigentums historisch betrachtet nimmt. Eigentum wurde im Verlauf seiner Geschichte zunehmend demokratisiert. Hobbes, Kant und Rawls tragen auf je ihre Weise zur Demokratisierung des Eigentums bei.

Den verschiedenen Spielarten demokratisierten Eigentums liegt jeweils eine besondere Konstellation zugrunde, in der Eigentum und Souveränität stehen. Je nach Konstellation bildet sich eine andere Gestalt demokratischen Eigentums aus. Eigentum und Souveränität entstammen demselben Begriff ›dominium‹ (Herrschaft) und haben sich historisch zu eigenständigen

Entscheidungsrechten in unterschiedlichen Sphären entwickelt. Eigentumsrechte befugen Bürger dazu, über private Güter je selbst zu entscheiden. Der Souverän wiederum bestimmt über die Gesetze einer Rechtsgemeinschaft und nimmt die politische Rolle eines Gesetzgebers ein. Eigentum gehört in die Sphäre des Privaten und Souveränität in die Sphäre des Politischen. Und doch sind beide miteinander verschlungen. Eigentum und Souveränität sind Geschwister: selbstständig und doch verwandt. Sie unterscheiden sich, lassen sich aber nicht trennen. Über diese Verschlingung von Eigentum und Souveränität sind sich Hobbes, Kant und Rawls einig, auch wenn sie unterschiedlicher Ansicht über das Wie sind.[100]

Drei Konstellationen zwischen Eigentum und Souveränität bilden sich im Prozess der zunehmenden Demokratisierung von Eigentum heraus. Thomas Hobbes demokratisiert Eigentum zu einem allgemeinen Recht aller (1). Eigentum ist demnach kein Privileg mehr von Adel, Klerus und Patriziern, sondern ein allgemeines Recht, das alle Bürger zu materiell unabhängigen Personen, zu Herren ihrer selbst emanzipiert. Diese Eigentümerdemokratie hat einen hohen Preis: Sie benötigt einen Obrigkeitsstaat, den Hobbes in den grellen Farben absolutistischer Herrschaft ausmalt. Eigentümerdemokratie und Obrigkeitsstaat sind miteinander verwoben. Mit dem allgemeinen Recht auf Eigentum hat Hobbes zwar eine wichtige Voraussetzung für die Demokratie geschaffen. Damit wurde jedoch bloß die Vorstufe einer Demokratie eingeleitet, die bei Hobbes selbst in weite Ferne rückt.

Der Demokratie wird erst in Kants Republikanismus ein Durchbruch verschafft. Eigentumsrechte werden von Kant demokratisiert, indem er sie an eine demokratische Legitimation bindet (2). Erst der politische Prozess einer demokratischen Gesetzgebung, an der alle beteiligt sind, verleiht Eigentumsrechten ihre Berechtigung. Eigentümer und Souverän stehen sich nicht mehr gegenüber, sondern vereinigen sich in Gestalt des Republikanismus.

Rawls treibt diese Demokratisierung einen weiteren Schritt voran, indem die Eigentümerschaft nun auf der ökonomischen Ebene demokratisiert wird (3). Erst die breite Teilhabe aller am Eigentum der Produktionsmittel ermöglicht es, dass Politik ihrem demokratischen Selbstverständnis gerecht wird. In Rawls' Theorie der Demokratie mit Eigentumsbesitz (Property-Owning Democracy) drückt sich die Einsicht aus, dass Demokratie in der Politik nicht ohne eine Demokratisierung der Wirtschaft gelingen kann.

Aber auch bei Rawls bleibt die Demokratisierung des Eigentums unvollendet. Sie gelangt erst mit dem demokratischen Sozialismus an ihr Ziel, in dem das Wirtschaftseigentum vergesellschaftet ist. Der demokratische Sozialismus steht jedoch nicht auf dem Boden einer Vertragstheorie des Eigentums, der Rawls ebenso wie Hobbes und Kant anhängt; auch sie bildet eine Gemeinsamkeit. Der Prozess einer Demokratisierung des Eigentums lässt sich also nur fortsetzen, wenn er über ihre gemeinsame Tradition der Vertragstheorie hinausgeht.

(1) Souveränität und Eigentum bei Thomas Hobbes

Mit seinem Hauptwerk *Leviathan* von 1651 hat Thomas Hobbes den Grundstein für die moderne Staatstheorie gelegt. Zu diesen Ehren ist Hobbes eher unfreiwillig gekommen. Vor dem Hintergrund des englischen Bürgerkriegs (1642–1649) wollte er den Kriegsparteien die Vorteile vor Augen führen, die eine Monarchie für alle Bürger hat.[101] Die Monarchie bildet die höchste Form weltlicher Souveränität und verkörpert geradezu den starken Staat. Dies bringt Hobbes mit dem furchteinflößenden Bild des Leviathans zum Ausdruck. Das berühmte Frontispiz des Buchs zeigt ihn als eine riesenhafte Gestalt mit Machtsymbolen und Schwert. Nur der starke Staat schafft Sicherheit, aus der wiederum Frieden und Wohlstand erwachsen. Er kommt deshalb allen zugute.

Hobbes hat damit unabsichtlich der Vorstellung moderner Staatlichkeit den Weg geebnet. Sie tritt durch die Hintertür seiner Verteidigung der Monarchie ein: Der Staat muss sich gegenüber seinen Bürgern legitimieren können. Wenn es von Vorteil für die Bürger ist, sich einem Staat zu unterwerfen, dann steht der Staat fortan auf dem Prüfstand, diesen Vorteil zu erbringen. Bürger willigen aus einem rationalen Eigeninteresse – aus sogenannten prudenziellen Gründen eines Vorteils – in gesellschaftliche Regeln und in eine staatliche Autorität ein, die über die Einhaltung dieser Regeln wacht. Die Einwilligung nimmt die Gestalt eines Gesellschaftsvertrags an, weshalb diese Art und Weise staatlicher Legitimation auch Vertragstheorie oder Kontraktualismus genannt wird. Der Staat ist laut Hobbes für alle von Vorteil, weil er »die Sicherheit der Person hinsichtlich ihres Lebens und der Mittel, das Leben [...] erhalten zu können« (Hobbes 2011: 129)[102] garantiert. Um sich eine Legitimation zu verschaffen, muss der Staat also unter Beweis stellen, dass er für Sicherheit sorgt. Kann er keine Sicherheit gewährleisten, verliert er seine Legitimation.

Nun besteht die wichtigste Maßnahme, um Sicherheit zu schaffen, für Hobbes in der Einführung von Eigentumsrechten. Eigentum ist der Schlüssel für die Sicherheit innerhalb einer Gesellschaft und damit für Frieden und Wohlstand.

»Mit der Souveränität ist die gesamte Zuständigkeit zum Erlaß der Regeln verbunden, aus denen jeder entnehmen kann, welche Güter er genießen und welche Handlungen er vornehmen darf, ohne von einem seiner Mit-Untertanen belästigt zu werden. Und dies ist es, was man *Eigentum* nennt. Denn vor der Einsetzung der souveränen Gewalt besaßen [...] alle Menschen ein Recht auf alles, was notwendigerweise Krieg verursacht. Und deshalb stellt dieses Eigentum, da es für den Frieden notwendig und von der souveränen Gewalt abhängig ist, eine Maßnahme dieser Gewalt zur Herstellung des öffentlichen Friedens dar. Diese Regeln des Eigentums oder des *meum* und *tuum* sowie dessen, was in den Handlungen des Untertanen *gut*, *böse*, *gesetzlich* und *ungesetzlich* ist, sind die bürgerlichen Gesetze, das heißt die besonderen Gesetze eines jeden Staates.« (174)

Der Staat verdankt seine Legitimation demnach seiner Rolle als Eigentumsgarant, der über die Einhaltung der Eigentumsrechte wacht.

Um den Vorteil vor Augen zu führen, den der Staat als Eigentumsgarant für alle hat, beginnt Hobbes seine Eigentumstheorie mit einem Gedankenexperiment. Man stelle sich eine Gesellschaft ohne Gesetze vor. Dieses anarchische Leben in Gesetzlosigkeit wird von Hobbes Naturzustand genannt. Ohne Gesetze gibt es keine verbindlichen Regeln, deren Einhaltung die Bürger voneinander erwarten können. Weder kann jemand zur Einhaltung von Regeln gezwungen werden; noch sind verlässliche Erwartungen möglich, wie sich jemand verhalten wird. Im Naturzustand fehlt es, kurzum, an der geregelten Ordnung einer Gesellschaft, deren Mitglieder Handlungserwartungen aneinander richten können. Ein solcher Naturzustand mündet laut Hobbes zwangsläufig in den »Krieg eines jeden gegen jeden« (122), der für alle zum Nachteil wäre. Ohne eine gesetzlich geregelte Gesellschaftsordnung kann weder die Wirtschaft gedeihen noch Wohlstand wachsen noch die Lebensqualität steigen noch die Zufriedenheit zunehmen. Der Schlüssel für eine florierende Gesellschaft ist das Eigentum, weil es die nötige Sicherheit schafft.

Damit schließt sich der Kreis zwischen Souveränität und Eigentum. Für Bürger ist es von Vorteil, sich von einem starken Souverän regieren zu lassen. Denn er garantiert ihnen das Eigentum, das Sicherheit und Wohlstand verspricht. Eigentum hängt somit von der politischen Souveränität eines starken Staats ab. Doch entgegen Hobbes' Absicht bleibt der Souverän mit den Eigentümern verschlungen. Denn der Souverän gerät in Abhängigkeit von den Eigentümern, die von ihm zu Recht erwarten dürfen, dass er seiner Aufgabe der Eigentumsgarantie gerecht wird. Obwohl souverän, bleibt er daran gebunden, die Erwartungen der Eigentümer zu erfüllen. Souveränität und Eigentum sind deshalb wechselseitig miteinander verknüpft.

Das Private und das Politische des Eigentums

Hobbes leitet seine Eigentumstheorie aus sieben Annahmen her, die argumentativ aufeinander aufbauen. Er geht erstens von der anthropologischen Annahme aus, dass jeder Mensch nach *Selbsterhaltung* strebt. Menschen sorgen sich um den Erhalt ihres Lebens. Ihnen geht es von Natur aus um ihre Gesundheit, ihr Wohlergehen und darum, Bedürfnisse zu befriedigen. Aus dieser Annahme über eine Natur des Menschen leitet Hobbes, allerdings ohne Gründe dafür zu nennen, ab, dass jeder Mensch das *Recht* auf seine Selbsterhaltung, ein Recht auf Leben hat. Hobbes beginnt mit der Selbsterhaltung, weil damit die Schwelle der Zustimmung zu allen weiteren Annahmen, die aus ihr folgen, möglichst niedrig gehalten wird. Denn dass Menschen sich selbst erhalten dürfen, leuchtet intuitiv ein und erlaubt insoweit eine denkbar große Zustimmung.

Zweitens folgert Hobbes daraus das Recht auf *Besitz*. Menschen haben je ein Recht auf Selbsterhaltung und dürfen deshalb die dafür nötigen Güter gebrauchen. Um sich zu erhalten, bedarf jeder Mensch lebensnotwendiger Güter wie Nahrung, Obdach, Kleidung und Land. Solche Güter zeichnen sich zum einen durch einen dringenden Bedarf aus; sie sind unersetzbar, weshalb sich nicht einfach auf sie verzichten lässt. Zum anderen handelt es sich um knappe Güter. Die nötigen Güter müssen zumeist mühsam beschafft werden und gehen erst als »Früchte« (123) aus aufwendiger Arbeit hervor. Hobbes' Paradebeispiel für knappe Güter ist Land, das nur begrenzt vorhanden ist. Grund und Boden lassen sich weder vermehren noch unbegrenzt fruchtbar machen. Um Land wird nicht nur als Existenzgrundlage, sondern auch als ein knappes Gut gestritten, das nicht alle gleichermaßen besitzen können. In Landkonflikten drückt sich deshalb exemplarisch die Konkurrenz um lebensnotwendige und knappe Güter aus.

Hobbes geht drittens von einem unbeschränkten Recht der *Besitzergreifung* aus, das als »das Recht auf alles« (140) bezeichnet wird. Es befugt dazu, Güter in Besitz zu nehmen, auch wenn andere sie bereits besitzen. Da jeder Mensch sein Leben erhalten darf, hat er ein Recht darauf, sich mit den nötigen Gütern zu versorgen. Angesichts der Knappheit von Gütern besteht deshalb das Recht, sich auch solcher Güter von anderen Personen zu bemächtigen. Nicht nur darf sich jede Person deshalb vor der Entwendung eigener Güter mit Gewalt verteidigen. Die Sorge um sich selbst befugt auch dazu, anderen Personen ihre Güter mit Gewalt zu entreißen. Das Recht auf Leben wird also als ein Recht auf die notfalls gewaltsame Inbesitznahme knapper Güter ausgeübt, die anderen vorenthalten und entwendet werden dürfen.

Das Recht der Besitzergreifung führt viertens zur Eskalation *gesellschaftlicher Konflikte*. Es schraubt Besitzkonflikte immer weiter in die Höhe und ist deshalb die Mutter aller Konflikte. Jeder lebt in ständiger Angst, beraubt zu werden und die Lebensgrundlage zu verlieren. Dabei muss es zur Gewalthandlung tatsächlich gar nicht kommen. Ihre Androhung allein reicht aus, um in Angst um die eigene Existenz zu leben. Diese Angst treibt im Naturzustand zu einer paradoxen Reaktion: Der Versuch, Angst zu bändigen, steigert hier die Angst. Jeder Mensch sorgt sich um seinen Erhalt und darf deshalb Mittel ergreifen, die dem Selbsterhalt dienen. Um sich vor dem Verlust eigener Güter zu schützen, liegt es deshalb nahe, möglichst viel Macht zu gewinnen, um andere abzuschrecken. Denn je größer die Macht, desto stärker die Abschreckung und (zunächst) sicherer ist die Existenz. Es ist deshalb klug, Besitz anzuhäufen, sich mit Mächtigen zu verbünden, andere einzuschüchtern und Stärke zu demonstrieren. Diese Klugheitsregeln gelten jedoch nicht nur für einen selbst, sondern ebenso für alle anderen. Auch andere verhalten sich rational, wenn sie zur Abschreckung nach möglichst viel Besitz und Macht streben. Somit dreht sich die Spirale größtmöglicher Abschreckung nach oben. Mit der wechselseitigen Abschreckung wächst auch allseitig die Angst. Um möglichst angstfrei zu leben, wird also Macht zur Abschreckung angehäuft, die Angst bereitet. Angst gebiert mehr Angst.

Irrtümlich wird Hobbes ein pessimistisches Bild vom Menschen als habgieriges, rücksichtsloses und selbstbezogenes Wesen unterstellt. Das Gewaltszenario der Abschreckung gehe, so der Einwand, auf seine Annahme von der bösen Natur des Menschen zurück und ließe sich vermeiden, wenn an ihre Stelle ein optimistischeres Menschbild trete. Dieser Einwand geht an Hobbes' Einsicht in die Logik der Machtdynamik vorbei. Hobbes geht durchaus von der Vorstellung kooperationsfreudiger, tugendhafter und disziplinierter Menschen aus, die »an sich gerne innerhalb bescheidener Grenzen ein behagliches Leben führen würden« (121). In einer solchen Gesellschaft muss jedoch nur ein »einzelne[r]« oder »einige« (121) nach fremden Gütern trachten, damit sich alle vor ihm schützen und die Drohkulisse

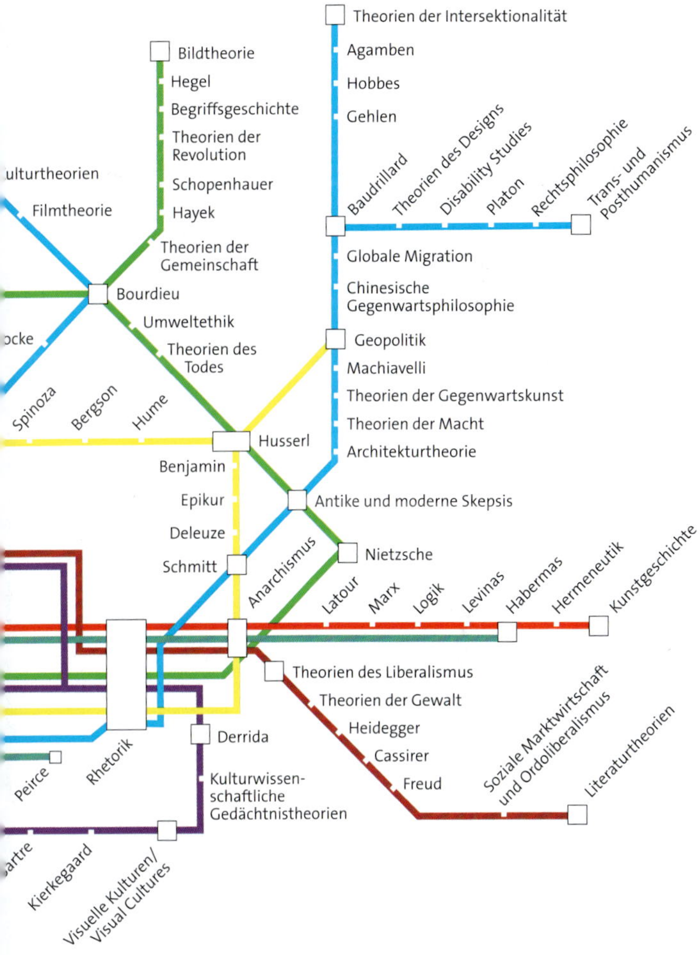

Reihe »Zur Einführung«

A

Theodor W. Adorno
von Gerhard Schweppenhäuser
8. Aufl., 15,90 Euro [D]
ISBN 978-3-88506-671-2

Giorgio Agamben
von Eva Geulen
3. Aufl., 13,90 Euro [D]
ISBN 978-3-88506-670-5

Hans Albert
von Eric Hilgendorf
13,50 Euro [D]
ISBN 978-3-88506-943-0

Analytische Philosophie
von Albert Newen
3. Aufl., 15,90 Euro [D]
ISBN 978-3-88506-611-8

Anarchismus
von Daniel Loick
4. Aufl., 16,90 Euro [D]
ISBN 978-3-88506-768-9

Angewandte Ethik
von Urs Thurnherr
2. Aufl., 15,90 Euro [D]
ISBN 978-3-88506-322-3

Anthropozän
von Eva Horn und Hannes Bergthaller
3. Aufl., 16,90 Euro [D]
ISBN 978-3-96060-311-5

Antike und moderne Skepsis
von Markus Gabriel
3. Aufl., 14,90 Euro [D]
ISBN 978-3-88506-649-1

Antike politische Philosophie
von Walter Reese-Schäfer
3. Aufl., 16,90 Euro [D]
ISBN 978-3-88506-971-3

Theorien der Arbeit
von Alexandra Manske und Wolfgang Menz
17,90 Euro (D)
ISBN 978-3-96060-330-6

Architekturtheorie
von Jörg H. Gleiter
17,90 Euro [D]
ISBN 978-3-96060-324-5

Hannah Arendt
von Grit Straßenberger
4. Aufl., 15,90 Euro [D]
ISBN 978-3-88506-089-5

Argumentationstheorie
von Josef Kopperschmidt
3. Aufl., 13,90 Euro [D]
ISBN 978-3-88506-320-9

Aristoteles
von Christof Rapp
6. Aufl., 16,90 Euro [D]
ISBN 978-3-88506-690-3

Ästhetik
von Stefan Majetschak
5. Aufl., 14,90 Euro [D]
ISBN 978-3-88506-634-7

Ästhetische Bildung
von Iris Laner
2. Aufl., 16,90 Euro [D]
ISBN 978-3-96060-300-9

Augustinus
von Johann Kreuzer
2. Aufl., 13,90 Euro [D]
ISBN 978-3-88506-609-5

B

Michail Bachtin
von Sylvia Sasse
2. Aufl., 14,90 Euro [D]
ISBN 978-3-88506-659-0

Roland Barthes
von Ottmar Ette
2. Aufl., 13,90 Euro [D]
ISBN 978-3-88506-694-1

Georges Bataille
von Peter Wiechens
2. Aufl., 15,90 Euro (D)
ISBN 978-3-88506-907-2

Jean Baudrillard
von Falko Blask
4. Aufl., 13,90 Euro [D]
ISBN 978-3-88506-067-3

Begriffsgeschichte
von Ernst Müller und Falko Schmieder
15,90 Euro [D]
ISBN 978-3-96060-317-7

Walter Benjamin
von Sven Kramer
5. Aufl., 13,90 Euro [D]
ISBN 978-3-88506-683-5

Henri Bergson
von Gilles Deleuze
5. Aufl., 14,90 Euro [D]
ISBN 978-3-88506-336-0

Bildtheorie
von Wolfram Pichler und Ralph Ubl
4. Aufl., 16,90 Euro [D]
ISBN 978-3-88506-074-1

Bildungstheorien
von Markus Rieger-Ladich
2. Aufl., 14,90 Euro [D]
ISBN 978-3-96060-304-7

Biophilosophie
von Kristian Köchy
14,90 Euro [D]
ISBN 978-3-88506-650-7

Biopolitik
von Thomas Lemke
2. Aufl., 13,90 Euro [D]
ISBN 978-3-88506-635-4

hochfährt. Eine einzige Ausnahme des Mehrwollens reicht aus, damit sich die Allgemeinheit bedroht fühlt und die Abschreckungsspirale ausgelöst wird.

Einen Ausweg aus der Konfliktspirale bietet fünftens allein die *Versicherheitlichung.* Wenn nichts vor Übergriffen sicher ist, dann stellt sich unvermeidlich ein tiefes Gefühl der Unsicherheit ein. Das Einzige, womit ständig gerechnet werden muss, ist der Verlust des eigenen Hab und Guts und damit der Existenzgrundlage. Deshalb »kann niemand sicher sein, solange dieses Recht eines jeden auf alles besteht, die Zeit über zu leben, die die Natur dem Menschen gewöhnlich einräumt« (126). Die eigene Lebensgrundlage ist gefährdet, wechselseitig wird Gewalt und Angst geschürt, soziale Beziehungen sind von Misstrauen gekennzeichnet und das Verhalten anderer ist unberechenbar. Unter Bedingungen dieser sozialen Unsicherheit kann die Wirtschaft nicht gedeihen, kein Wohlstand entstehen, keine Lebensqualität sich herausbilden, soziale Beziehungen sich nicht festigen, Wissenschaft nicht fortschreiten, Kultur nicht erblühen und keine Zufriedenheit sich einstellen (vgl. 123). In einer Gesellschaft ohne Sicherheit besteht »beständige Furcht und Gefahr eines gewaltsamen Todes – das Leben ist einsam, armselig, ekelhaft, tierisch und kurz« (123). Das Streben nach Selbsterhaltung schlägt also im Naturzustand in ihr Gegenteil, in die Bedrohung des Lebens um. Aus Gründen der Selbsterhaltung ist es deshalb rational, den Naturzustand zu verlassen und einen Gesellschaftsvertrag mit anderen einzugehen, der die nötige Sicherheit schafft.

Hobbes nimmt sechstens an, dass die nötige Sicherheit durch die Einführung von *Eigentumsrechten* geschaffen wird. Damit Sicherheit einkehrt, muss zunächst die Quelle der Unsicherheit trockengelegt werden: Das Recht auf alles muss aufgegeben werden. Die Unsicherheit schwindet erst dann, wenn auf die unbeschränkte Besitzergreifung verzichtet wird und als Gegenleistung Eigentumsrechte eingeführt werden. Eigentum wird »durch gegenseitigen Vertrag als Entschädigung für das aufgegebene Recht [auf alles]« (139 f.) erworben.[103] Hobbes formuliert damit den Grundgedanken der Vertragstheorie des Eigentums, d.h. der kontraktualistischen Eigentumstheorie: Eigentum wird durch Verträge geschaffen. Eigentum ist kein vorvertraglicher Anspruch im Naturzustand, sondern entsteht erst durch vertragliche Vereinbarung. Bürger erhalten Eigentum durch einen Gesellschaftsvertrag, den sie miteinander schließen. Die Bereitschaft jeder Person zu einer solchen Vereinbarung kann aus guten Gründen unterstellt werden. Denn es liegt in ihrem rationalen Selbstinteresse, dass Eigentum eingeführt wird, um letztlich die Selbsterhaltung abzusichern. Eigentum wird in Hobbes' Vertragstheorie also instrumentell begründet. Eigentum rechtfertigt sich als Mittel, das Sicherheit schafft.

Hobbes entwirft Eigentum als ein begrenztes Okkupationsrecht. Durch den Gesellschaftsvertrag verpflichten sich die Bürger, auf ihr unbeschränktes Recht der Besitzergreifung zu verzichten. Als Entschädigung für diesen Verzicht erhalten Bürger Eigentumsrechte. Hobbes hebt damit nicht das Recht der Besitzergreifung als solches auf, sondern nur seine *unbeschränkte* Reichweite – das Recht auf *alles*. Eigentum wird als das *begrenzte* Okkupationsrecht eingeführt, nur solche Güter in Besitz zu nehmen, die niemandes Eigentum sind. Die Inbesitznahme von Gütern, die bereits jemandes Eigentum sind, ist nun untersagt. Aber in Bezug auf alle anderen Güter ist sie erlaubt; nach dem Rechtsprinzip, was nicht verboten ist, ist erlaubt (vgl. Hobbes 2017: 207 f. [XIII/15]). In Bezug auf diese *res nullius*, das heißt herrenlose Güter, die niemandem gehören, gilt das Prinzip der »*ersten Besitznahme*« (151). Die Besitzergreifung wird zur eigentumsförmigen Okkupation. Eigentum entsteht somit durch die vertraglich abgesicherte Inbesitznahme.

Eigentum wird insoweit durch das Prinzip der gleichen Freiheit begrenzt: Zwar verbietet das Eigentumsrecht mir, den Besitz anderer gewaltsam einzuverleiben; zugleich schützt es mich selbst davor, dass andere meine Güter an sich reißen. Dieses Prinzip der gleichen Freiheit oder Reziprozität beschreibt Hobbes als das zweite Gesetz des Rechtsverzichts: »*Jedermann soll freiwillig, wenn andere ebenfalls dazu bereit sind, auf sein Recht auf alles verzichten, soweit er dies um des Friedens willen für notwendig hält, und er soll sich mit so viel Freiheit gegenüber anderen zufriedengeben, wie er anderen gegen sich selbst einräumen würde.*« (127) Jedem Eigentümer wird gleichermaßen eingeräumt, frei von Zwang und von Gewalt über seine Güter zu verfügen. Eigentum schützt somit vor fremden Eingriffen in den eigenen Besitz. Dieser Eigentumsschutz sorgt für die ersehnte Sicherheit.

Das Eigentumsrecht wird somit zur wichtigsten Maßnahme, um Sicherheit herzustellen und Gesellschaften zu stabilisieren. Sie stabilisieren sich über die Kooperation ihrer Mitglieder bei der Arbeit, im Handel, in der Wissenschaft und Kultur, bei der gemeinsamen Nutzung von Infrastrukturen und im sozialen Miteinander. Für die Bereitschaft zu solchen Kooperationen bedarf es der sozialen Sicherheit; und diese Sicherheit wird durch Eigentumsrechte gestiftet. Eigentumsrechte verleihen einer Gesellschaft also insgesamt eine Stabilität.

Eigentumsrechte machen siebtens einen *Staat* erforderlich, das heißt eine politische Macht oder einen Souverän, der über die Einhaltung der Eigentumsrechte wacht. Sie entfalten erst dann eine bindende Kraft, wenn sie von einer staatlichen Autorität durchgesetzt werden können. »[W]o es keinen Staat gibt, gibt es kein Eigentum. [...] die Gültigkeit von Verträgen beginnt erst mit der Errichtung einer bürgerlichen Gewalt, die dazu ausreicht, die Menschen zu ihrer Einhaltung zu zwingen, und mit diesem Zeitpunkt beginnt auch das Eigentum.« (140) Oder wie es Hobbes schon 1642 in *De Cive/Vom Bürger* ausdrückt: »Eigentum [hat] erst mit den Staaten seinen Anfang genommen.« (Hobbes 2017: 114)[104] Staatlichkeit ist bei Hobbes insoweit kein Selbstzweck, sondern ein Instrument zur Eigentumssicherung. Der Staat verkörpert die

> »sichtbare Gewalt [...], die sie [sc. die Menschen] im Zaume zu halten und durch die Furcht vor Strafe an die Erfüllung ihrer Verträge und an die Beachtung der natürlichen Gesetze zu binden vermag. [...] Verträge ohne das Schwert sind bloße Worte und besitzen nicht die Kraft, einem Menschen auch nur die geringste Sicherheit zu geben.« (162)

Der Staat bestimmt über Gestalt, Umfang, Grenzen und Schranken der Eigentumsrechte und muss ihren Schutz garantieren. Notfalls muss er diesen Eigentumsschutz erzwingen können. Ein Nebeneffekt davon ist, dass der Souverän kein Privateigentum haben kann. Wenn Eigentum durch Verträge entsteht, der Souverän aber kein Vertragspartner ist, dann kann er auch kein Eigentümer sein; jedenfalls kein Privateigentümer. Der Souverän kann zwar seinen Bürgern Eigentumstitel entziehen, sich deren Eigentum aber nicht einverleiben; die Bürger genießen somit einen gewissen Schutz vor despotischem Diebstahl.[105]

Damit hat Hobbes das Politische des Eigentums entdeckt. Zwar wird Eigentum von ihm als etwas zutiefst Privates entworfen. Als Schutz vor den Eingriffen ins persönliche Hab und Gut nimmt es die Gestalt von Privateigentum an. Privateigentümer schulden sich wechselseitig keine Rechenschaft über den Gebrauch ihrer Güter, über die sie nach Belieben selbst bestimmen. Dabei dient Eigentum den privaten Zielen, zu Wohlstand zu gelangen, das Leben zu planen und die eigene Situation zu verbessern. Vor allem entwirft Hobbes das vertragstheoretische Bild einer Privatrechtsgesellschaft, in der die Eigentumsverhältnisse durch Verträge zwischen Privatpersonen organisiert werden. Trotzdem bleibt Eigentum bei Hobbes politisch. Denn Eigentumsrechte werden von einem politischen Souverän als positive Rechte beschlossen. Für Sicherheit, Wohlstand und Frieden wird ein handlungsfähiger Staat benötigt, der die Eigentumsrechte seiner Bürger gestaltet, schützt, überwacht und durchsetzt. Im Unterschied zu John Locke und dem Libertarismus (siehe Kapitel 2) ist Eigentum bei Hobbes kein moralisches Recht, das bereits im Naturzustand gilt; es gibt bei ihm deshalb auch kein Selbsteigentum (vgl. Olsthoorn 2015: 471–498). Das Politische des Eigentums besteht vielmehr darin, dass Eigentum als berechtigter Anspruch erst kraft eines politischen Gesetzgebers gilt. Eigentumsrechte setzen also die Verfahren, Institutionen und Befugnisse einer politischen Macht voraus. Auch Privateigentum wird das Politische des Eigentums nicht los.

Die Privatrechtsgesellschaft als Eigentümerdemokratie

Mit der Verschlungenheit von Souveränität und Eigentum hat Hobbes eine Herausforderung benannt, vor der auch heutige Gesellschafts- und Staatstheorien stehen. Welcher politischen Gestaltungsmacht bedarf es, um Eigentumsrechte zu setzen und durchzusetzen? Hobbes antwortet hierauf mit der absolutistischen Vorstellung vom Obrigkeitsstaat. Dagegen wurde zu Recht eine vielstimmige Kritik laut. Kritik richtet sich etwa gegen seinen methodischen Individualismus, Entscheidungen allein mit individuellen Eigenvorteilen zu begründen; dies entwirft das einseitige Menschenbild vom *homo oeconomicus*, der sein Selbstinteresse stets über das Gemeinwohl stellt.[106] Schließlich scheitert Hobbes am sogenannten Gefangenendilemma: Durch den Verzicht auf das uneingeschränkte Okkupationsrecht soll einerseits Vertrauen erst geschaffen werden; andererseits wird dabei das Vertrauen, dass alle sich an diesen Verzicht halten, schon vorausgesetzt.[107]

Im Folgenden sollen drei weitere Einwände vertieft werden, die Hobbes Eigentumstheorie betreffen. Der erste richtet sich gegen seine Vorstellung einer Eigentümerdemokratie ohne politische Rechte. Diese Kritik leugnet nicht das historische Verdienst von Hobbes: Er hat das Eigentum zu einem allgemeinen Recht demokratisiert, das allen Bürgern einen Gestaltungsspielraum ihrer Freiheiten erlaubt. Das allgemeine Recht auf Eigentum erlaubt es jeder Person, sich aus materiellen Abhängigkeitsverhältnissen zu befreien und ein selbstbestimmtes Privatleben zu führen. Dass diese Emanzipation jeder Person erlaubt ist, gilt als eine historische Errungenschaft auf dem Weg zur Demokratie. Diese Lesart beschönigt nichts. Weder wird sein Rettungsversuch der absolutistischen Monarchie kleingeredet, noch wird Hobbes rückwirkend als Vordenker des Liberalismus eingemeindet. Rückblickend lässt sich Hobbes aber als ein Wegbereiter der Demokratie wider Willen verstehen.

Unter dem Strich betrachtet fällt Hobbes weit hinter das Versprechen von Demokratie zurück. Ein Grund liegt darin, dass sie sich in Marktfreiheiten erschöpft. Die Freiheiten in der Eigentümerdemokratie sind rein privater Natur und beschränken sich auf den Bereich der Privatwirtschaft. Sie sind kennzeichnend für die Privatrechtsgesellschaft insgesamt. Privateigentümer treffen hier individuelle Entscheidungen über den Konsum, Erwerb und Handel von Gütern. In der Eigentümerdemokratie üben Bürger ihre Freiheit ausschließlich in der Rolle von Konsumenten, Unternehmern und Marktteilnehmern aus, die Lebenspläne verfolgen und nach Wohlstand und Aufstieg streben.

Bürgern wird dabei die politische Freiheit vorenthalten, über Gesetze mitzubestimmen. Die politische Souveränität verbleibt in Händen des Staats. Eigentum und Souveränität werden wie in einem Kuhhandel aufgeteilt. Bürger bekommen Eigentumsrechte und der Staat die Souveränität, die es ihm erlaubt, unantastbar über die Gesetze zu bestimmen. Eigentumsgarantien werden gegen Gehorsamkeit getauscht. Mit dieser Eigentümerdemokratie hat Hobbes die Blaupause für zahlreiche Autokratien unserer Gegenwart geschaffen wie beispielsweise China, die Vereinigten Arabischen Emirate, Singapur oder Ruanda. Der Staat garantiert den Bürgern Eigentumsrechte, die ihnen Sicherheit, Wohlstand und Stabilität versprechen. Als Gegenleistung wird erwartet, dass sie auf politische Mitbestimmung verzichten und die Souveränität dem Staat übertragen. Hobbes verknüpft die Privatrechtsgesellschaft mit Autokratie und entwirft damit den Prototyp des »Kapitalismus ohne Demokratie« (Slobodian 2023).

Hobbes' Eigentumstheorie nimmt das Paradox vorweg, das jede Privatrechtsgesellschaft kennzeichnet. Einerseits erweckt die Privatrechtsgesellschaft den Eindruck einer gefestigten Eigentümerdemokratie. In der Rolle von Eigentümern regeln Bürger ihre Beziehungen durch vertragliche Übereinkunft selbst. Deshalb könnte man glauben, dass sich der Staat auf die minimalistische Rolle eines Nachtwächters zurückzieht, der über die Einhaltung der Verträge wacht. Andererseits verknüpft Hobbes – im Gegenteil – die Privatrechtsgesellschaft mit der absolutistische Herrschaftsidee eines starken Staates. Eigentümer sind hier unpolitische Untertanen, die zu blindem Gehorsam gegenüber dem Obrigkeitsstaat verpflichtet sind. Im Besitzbürgertum ist jeder Herr seiner selbst und zugleich Untertan eines allmächtigen Herrschers.

Dieses Paradox erklärt sich aus der wachsenden Eigentümermacht, die sich historisch im aufsteigenden Bürgertum ausdrückt und in Konkurrenz zum politischen Souverän tritt. In der Privatrechtsgesellschaft kann sich die ökonomische Macht in den Händen weniger Eigentümer konzentrieren. Diese Machtkonzentration kann dazu genutzt werden, Druck auf den politischen Souverän auszuüben und ihn zu bestimmten Zugeständnissen zu drängen. Zudem kann sie zu Dysfunktionalitäten des Marktes (Monopolbildung, Klassenkonflikte, Überproduktion, Unterversorgung, Ressourcenknappheit) führen, die sich nur durch staatliche Eingriffe korrigieren lassen. Der Staat muss sich dann gegen die ökonomische Macht von Eigentümern erwehren und in den Markt regulierend eingreifen können. Dafür bedarf es eines starken Staats, der die Eigentümer auf Distanz hält. In der Logik der Privatrechtsgesellschaft selbst also liegt der autokratische Staat, dessen Souveränität unantastbar ist. Die Übertragung der bürgerlichen Mitbestimmung an den absolutistischen Staat ist bei Hobbes demnach kein vermeidbarer Unfall, sondern eine logische Konsequenz. Privatrechtsgesellschaften lassen sich ohne autokratische Herrschaft nicht stabilisieren.

Der zweite Einwand richtet sich gegen Hobbes' Okkupationstheorie. Diese baut auf dem vertragstheoretischen Gedanken auf, dass Eigentum erst durch Verträge entsteht. Zunächst ließe sich aus Sicht etwa der Naturrechtslehre von John Locke (siehe Kapitel 2) oder der Vernunftrechtstheorie von Hegel (Kapitel 4) durchaus bestreiten, dass es keine vorvertraglichen Eigentumsansprüche gibt. Problematisch ist die Vertragstheorie jedoch vor allem, weil sie bestimmte Güter als herrenlose Sachen (*res nullius*) kodiert, die recht betrachtet bereits Eigentum von Personen oder Gruppen sind. Die Vertragstheorie des Eigentums ermöglicht zweierlei: Zum einen erlaubt sie die Okkupation von herrenlosen Sachen, die durch Verträge in Eigentum überführt werden. Zum anderen schafft sie überhaupt die Voraussetzung für die Okkupation, indem sie Güter als herrenlose Sachen kodiert: Wenn Eigentum durch Verträge entsteht, dann sind Güter, über die es keine vertraglichen Vereinbarungen gibt, zwangsläufig herrenlos und damit für ihre privatrechtliche Aneignung freigegeben. Was vertraglich nicht als Eigentum gesichert ist, so lautet das kontraktualistische Credo, darf in Besitz genommen werden. Hobbes hat damit den Grundstein für die privatrechtliche Aneignung einer Reihe von Gütern gelegt.[108]

Hobbes' Okkupationstheorie dient zunächst als Rechtsgrundlage für den Siedlerkolonialismus. Die »wilden Völker« Nordamerikas und ihre »tierische« (124) Lebensweise werden mit dem Naturzustand gleichgesetzt, in dem es keine Eigentumsrechte gibt und der durch die Einführung englischer Eigentumsrechte überwunden werden soll.[109] Eigentum ist eine Zuschreibung von Zivilität und wird den Kolonisierten abgesprochen. Hobbes' Argument lautet: Indigene können keine Verträge haben, weil sie keine Staatlichkeit kennen, die zur Überwachung der Verträge erforderlich wäre. Ohne vertragliche Vereinbarungen über ihren Besitz kann ihr Land auch nicht als Eigentum gelten. Das Land der Indigenen ist also ein herrenloses Gut, das niemandem gehört, und darf deshalb von Siedlern und Kolonisten durch Verträge in Besitz genommen werden.

Seine Okkupationstheorie macht Hobbes außerdem zum Kronzeugen der sogenannten ›enclosure movement‹, die damals in England im vollen Gange war und später von Karl Marx als ursprüngliche Akkumulation beschrieben wurde. Die Landbevölkerung wurde gewaltsam ihres gemeinsamen Grundbesitzes enteignet, indem die Commons – oder: die Allmende – von Großgrundbesitzern durch Zäune, Wälle und Hecken eingefriedet und zu deren Privateigentum erklärt wurden (vgl. Blomley 2007). Es ist kein Zufall, dass Gesetze von Hobbes als »Hecken« (328) bezeichnet werden, die Freiheiten nicht beschränken, sondern eröffnen. Denn seine Okkupationstheorie schafft die Rechtsgrundlage, auf der die Umwandlung von Gemeinbesitz in Privateigentum legalisiert wird. Weil die Commons nicht vertraglich als Eigentum gesichert waren, konnten sie in Berufung aufs kontraktualistische Eigentumsrecht in Privatbesitz überführt und die Landbevölkerung vertrieben werden. Ohne Lebensgrundlage war sie fortan gezwungen, in den Fabriken gegen Lohn zu arbeiten, um einen Lebensunterhalt zu bestreiten: Mit Hobbes' Okkupationstheorie schlägt die Geburtsstunde des Kapitalismus.[110]

Auch Naturgüter werden von Hobbes kontraktualistisch als herrenlose Sachen kodiert, die der privaten Aneignung offenstehen. Solange es keine vertraglichen Vereinbarungen über den Besitz bestimmter Naturgüter gibt – und zumal die Natur nicht als Vertragspartnerin auftritt –, gehören sie niemandem und dürfen in Besitz genommen werden. Fortan dürfen ihre Eigentümer sie nach Belieben ge- und verbrauchen. Die Naturausbeutung ist also durch die Vertragstheorie des Eigentums während der frühen Industrialisierung legalisiert worden (siehe Kapitel 9). Auch Wissen (naturwissenschaftliche Erkenntnis, Erfahrungswissen, kulturelles Wissen etc.) erscheint aus kontraktualistischer Sicht als eigentumsloses Gut, das durch Verträge in Privateigentum überführt werden darf – anstatt Wissen als Gemeingut zu begreifen, das allen gehört. Schließlich scheinen die Arbeitserträge dem Arbeitgeber zu gehören, wenn er sie sich zuvor vertraglich als Eigentum gesichert hat. Im Grunde hat Hobbes auch den Weg für das Dateneigentum geebnet (siehe Kapitel 7), denn Eigentum an Daten entsteht heute dadurch, dass Nutzerinnen das Recht an ihren Daten als Gegenleistung für die Nutzung von Technologien durch vertragliche Einwilligung (Cookies, AGB etc.) den Unternehmen übertragen. Die Inhalte der Daten wie Standorte, Stimmen, Witze etc. waren zuvor nicht eigentumsförmig und werden durch ihre vertraglich vereinbarte Datafizierung überhaupt erst in Eigentum überführt, und zwar in das der privaten Tech-Unternehmen.

Der dritte Einwand nimmt Hobbes' Engführung von Sicherheit mit Privateigentum ins Visier. Hobbes stellt durchaus zu Recht einen Zusammenhang zwischen Eigentum und Sicherheit her. Durch Eigentumsrechte wird Besitz vor fremden Übergriffen geschützt. Damit wird der eigenen Lebensgrundlage und dem gesellschaftlichen Wohlstand eine gewisse Sicherheit verliehen. Allerdings geht Hobbes fehl, wenn er eine solche Versicherheitlichung allein dem Privateigentum zutraut. Denn er anerkennt lediglich das Privateigentum als eine Einrichtung, die vor drohendem Besitzverlust schützt. Hobbes bereitet somit dem Siegeszug des Privateigentums schon früh den Boden. Für ihn geben dabei aber weniger Gründe der Effizienz (siehe Kapitel 3) oder des Selbsteigentums (Kapitel 2) als vielmehr Gründe der Sicherheit den Ausschlag für die Vorherrschaft des Privateigentums. Privateigentum wird häufig mehr wertgeschätzt als gemeinschaftliches oder öffentliches Eigentum, weil allein das Privateigentum Sicherheit zu versprechen scheint.

Mit der Vorstellung von Versicherheitlichung durch Privateigentum hat Hobbes die Weichen für einen »Besitzindividualismus« (Macpherson 2011) gestellt, der den heutigen Kapitalismus prägt: Der unsicheren Situation auf dem Wohnungsmarkt scheint man allein durch den Erwerb einer eigenen Immobilie zu entkommen; Altersarmut scheint wiederum nur durch private Vorsorge oder Vermögensanlagen vermeidbar; Sicherheit für Mobilität scheint nur die Privatsphäre des eigenen Autos zu geben; aus prekären Arbeitsverhältnissen scheint man sich nur als selbstständiger Unternehmer befreien zu können. Es gibt jedoch keinen Grund, weshalb in diesen Fällen nicht auch gemeinschaftliches oder öffentliches Eigentum Abhilfe leisten und die nötige Sicherheit schaffen könnte. Auch genossenschaftlicher und kommunaler Wohnraum schützt Bewohnerinnen vor dem Verlust ihrer Bleibe. Auch in Bezug auf Altersvorsorge, Mobilität und Erwerbseinkommen können Formen des gemeinschaftlichen und öffentlichen Eigentums an Vermögen, Infrastrukturen und Unternehmen mindestens die gleiche Sicherheit der eigenen Lebensgrundlage und des gesellschaftlichen Wohlstands bieten wie das Privateigentum.

(2) Die demokratische Legitimation des Eigentums bei Kant

Kant vertritt einen Republikanismus, dem zufolge die gesetzgebende Macht von den Bürgern ausgeht. Eine andere Bezeichnung dafür ist Demokratie.[111] Adressaten und Autoren der Gesetze sind hier dieselben. Der politische Souverän ist demnach die Bürgerschaft, die sich ihre Gesetze – einschließlich ihrer Eigentumsrechte – selbst gibt. Eigentumsrechte sind bei Kant also politisch, weil sie von einem demokratischen Souverän beschlossen werden. Sie bedürfen der politischen Legitimation durch eine demokratische Gesetzgebung, an der alle Bürger beteiligt sind.

Die Kluft zwischen Hobbes und Kant könnte kaum größer sein: Während der Monarchist den absolutistischen Obrigkeitsstaat rechtfertigt, verteidigt der Republikaner die Demokratie. Ein weiterer Unterschied besteht in der Begründung des Eigentums, deren Quelle bei Kant das Vernunftrecht der Freiheit ist.[112] Eigentum und Staat rechtfertigen sich nicht, wie bei Hobbes, aus prudenziellen Gründen, sondern aus Vernunftgründen. Ganz unabhängig von einem Nutzen oder Vorteil, wie etwa Sicherheit, verdienen sie Anerkennung. Das Vernunftrecht jeder Person auf Freiheit rechtfertigt sowohl ihr Recht auf Eigentum als auch ihr Recht auf Demokratie.

Kants Eigentumstheorie setzt sich aus dem Privaten und dem Politischen zusammen: aus dem Naturrecht individueller Freiheit und dem Politischen kollektiver Gesetzgebung. Einerseits rechtfertigen sich Eigentumsrechte im Rückgriff auf das Naturrecht der Freiheit, das jede Person individuell besitzt. Andererseits bedürfen sie zusätzlich der politischen Legitimation durch ein demokratisches Verfahren, an dem alle gleichermaßen beteiligt sind. Mit dieser Klammer wird Kant dem Grundrechtscharakter des Eigentums gerecht, das als individuelles Abwehrrecht gegen den Staat in Anschlag gebracht werden darf. Zugleich trägt er der politischen Grundlegung des Eigentums Rechnung, dessen Ausgestaltung dem demokratischen Gesetzgeber obliegt. Das Private und das Politische des Eigentums sollen durch seine demokratische Legitimation versöhnt werden. Mit diesem Schritt hat Kant Eigentum fortschreitend demokratisiert: Eigentum ist nicht nur, wie bei Hobbes, ein allgemeines Recht, das jeder Bürger hat; es hat auch jeder Bürger die gleichen Einwirkungsmöglichkeiten auf die Gesetzgebung, in der die Eigentumsrechte kollektiv beschlossen werden. Eigentumsrechte gelten verbindlich nur unter der Bedingung ihrer demokratischen Ausgestaltung.

Kants Naturrecht auf Eigentum

Das Eigentumsrecht wird von Kant in der *Metaphysik der Sitten. Erster Teil. Metaphysische Anfangsgründe der Rechtslehre* – im Folgenden kurz: *Rechtslehre* – von 1797 behandelt. Den Begriff des Eigentums verwendet er selten und spricht eher vom Sachenrecht oder vom äußeren Mein und Dein, das vom inneren Mein und Dein, den sonstigen Freiheiten wie der Meinungsfreiheit unterschieden wird. Eigentum ist die Ausübung von Freiheit in Bezug auf äußere Güter wie Äpfel (Kants Beispiel zu Beginn) oder Land bzw. Boden (Kants wichtigstes Beispiel). Freiheit ist für Kant das einzige angeborene und grundlegende Recht. »Freiheit [...], sofern sie mit jedes Anderen Freiheit nach einem allgemeinen Gesetz zusammen bestehen kann, ist dieses einzige, ursprüngliche, jedem Menschen, kraft seiner Menschheit, zustehende Recht.« (237/47)[113] Wird diese Freiheit in Bezug auf äußere Dinge, das heißt Sachen, ausgeübt, heißt sie Eigentum. »Der äußere Gegenstand, welcher der Substanz nach das Seine von jemandem ist, ist dessen Eigentum *(dominium)*, welchem alle Rechte in dieser Sache (wie Accidenzen der Substanz) inhärieren, über welche also der Eigentümer *(dominus)* nach Belieben verfügen kann *(ius disponendi de re sua)*.«[114] (270/70) Eigentümer schulden anderen keine Rechenschaft über den Gebrauch ihrer Güter, weil sie sie nach Belieben gebrauchen dürfen. Der Eigentümer entscheidet also selbst über den Gebrauch. In diesem Entscheidungsrecht liegt die Freiheit des Eigentums.

Eigentum wird von Kant als Naturrecht und als positives Recht behandelt; auf letzteres wird später eingegangen. Das Naturrecht können wir uns als einen Anspruch in einem fiktiven Naturzustand vorstellen, der logisch betrachtet vor einem Gesellschaftszustand mit einem Gesetzgeber liegt, der positiv-bindendes Recht beschließt. Im Naturzustand kommt Eigentum als ein Recht *auf* Eigentum zur Geltung. Kant differenziert das Naturrecht auf Eigentum zu vier Ansprüchen aus: zum Recht auf Rechtsverhältnisse, zum Recht auf Sachherrschaft, zum Recht auf Exklusion und zum Recht auf Okkupation. Die ersten drei werden im ersten Hauptstück »Von der Art etwas Äußeres als das Seine zu haben« erläutert, wohingegen die Okkupation im zweiten Hauptstück »Von der Art etwas Äußeres zu erwerben« dargestellt wird.

Eigentum wird von Kant erstens als ein *Rechtsverhältnis* zwischen Personen in Bezug auf äußere Güter beschrieben und »intelligibeler«, »bloß-rechtlicher Besitz« (245/53) oder »ein reine[r] Vernunftbesitz ohne Inhabung« (254/62) genannt. Ich muss einen Apfel nicht im physischen Besitz haben – ihn in meiner Hand halten –, um ihn vor Übergriffen durch andere geschützt zu wissen. Als Eigentümer habe ich ihn »in meiner Gewalt [...], ohne im Besitz desselben zu sein« (252/59). Während mir körperliche Gewalt angetan wird, indem er meiner Hand entrissen wird, wird mit dem Eigentumsverstoß mein Recht verletzt und somit die Person »lädiert« (245/53; 261/69). Durch das Recht übe ich meine Freiheit unabhängig von der räumlichen Anwesenheit aus. Das Recht auf Eigentum kommt also als das Recht auf solche Rechtsverhältnisse zur Geltung, in denen Eigentümer rechtlichen Schutz genießen.

Zweitens wird Eigentum als das Recht auf *Sachherrschaft* ausgeübt. Sachherrschaft bedeutet, dass über äußere Güter als eigentumsförmige Sachen bestimmt werden darf. Eigentum ist Freiheit in Bezug auf äußere Güter und befugt deshalb zur Herrschaft über alles, was selbst nicht frei ist. »Sache ist ein Ding, was keiner Zurechnung fähig ist. Ein jedes Objekt der freien Willkür, welches selbst der Freiheit ermangelt, heißt daher Sache *(res corporalis)*.« (223/26) Eine Sache ist die Rechtskonstruktion für ein Objekt, über das Eigentümer ihre Freiheitsansprüche ausüben. Aus Gründen der Freiheit dürfen demnach alle äußeren Güter in eigentumsförmige Sachen verwandelt werden.[115] Wären äußere Güter hingegen dem Eigentum entzogen, würde die angeborene Freiheit des Menschen verletzt werden.

»Da nun die reine praktische Vernunft keine anderen als formale Gesetze des Gebrauchs der Willkür zum Grunde legt, und also von der Materie der Willkür, d.i. der übrigen Beschaffenheit des Objekts, wenn es nur ein Gegenstand der Willkür ist, abstrahiert, so kann sie in Ansehung eines solchen Gegenstandes kein absolutes Verbot seines Gebrauchs enthalten, weil dieses ein Widerspruch der äußeren Freiheit mit sich selbst sein würde.« (246/58)

Wären bestimmte Güter vom Eigentum ausgenommen, müssten diese Ausnahmen durch eine Norm begründet werden, die mehr zählt als das grundlegende Freiheitsrecht; das ist jedoch laut Kant aus Vernunftgründen undenkbar.

Eigentum ist drittens ein *Exklusionsrecht*, das Eigentümer zum Ausschluss anderer von der Entscheidung über ihre Güter befugt. Eigentum ist »ein Erlaubnisgesetz *(lex permissiva)* der praktischen Vernunft [...], allen anderen eine Verbindlichkeit aufzuerlegen, die sie sonst nicht hätten, sich des Gebrauchs gewisser Gegenstände unserer Willkür zu enthalten« (247/58). Dieses Recht auf Exklusion ist (zunächst) vom Freiheitsrecht gedeckt. Wenn Eigentümer über ihre Güter selbst bestimmen dürfen, dann werden andere von der Bestimmung über diese Güter klarerweise ausgeschlossen. Anderen wird vom Eigentumsrecht demnach eine Pflicht auferlegt, ihren Ausschluss von meinem Eigentum zu respektieren.[116] Freiheit in Bezug auf äußere Güter – in Gestalt von Eigentum – berechtigt also zur Exklusion.

Eigentum ist viertens ein *Okkupationsrecht.* Das Recht auf Eigentum befugt dazu, Güter, die niemandem gehören, in Besitz zu nehmen. Diese Inbesitznahme erfolgt einseitig, das heißt ohne die ausdrückliche Zustimmung anderer. »Die Erwerbung eines äußeren Gegenstands der Willkür durch einseitigen Willen ist die Bemächtigung [...] *(occupatio)*.« (263/72) Wenn es Menschen grundsätzlich zusteht, sich äußere Güter als eigentumsförmige Sachen anzueignen, dann sind sie zur Okkupation derjenigen Güter befugt, die nicht schon jemandes Eigentum sind. Das Okkupationsrecht darf unter der Bedingung der ersten Besitznahme ausgeübt werden. Jeder darf etwas bis zu dem Zeitpunkt in Besitz nehmen, wie es nicht von anderen in Besitz genommen wurde. Erst einmal in Besitz genommen, wird dieser Besitz vertraglich abgesichert und zu geschütztem Eigentum gemacht (dazu gleich mehr). Okkupation vollzieht demnach die kontraktualistische Grundoperation, Eigentum durch Verträge überhaupt erst zu schaffen. Kant betont ausdrücklich, dass der Kolonialismus weder durch das Eigentumsrecht im Allgemeinen noch durch das Okkupationsrecht im Besonderen gedeckt ist.[117] Das Land der Indigenen ist bereits in deren Besitz und entzieht sich deshalb einer Okkupation durch die Kolonialmächte und Siedler.

Demokratische Legitimation des Eigentums

Die naturrechtliche Begründung des Eigentums reicht jedoch nicht aus. Eigentum lässt sich im Rückgriff auf die Freiheit als ein Naturrecht herleiten, das heißt als ein nicht-bindender Anspruch, dessen Anerkennung zwar erwartet, aber nicht durch Gewalt erzwungen werden darf. Für seine gesellschaftliche Gültigkeit als bindendes Recht bedarf es außerdem einer Legitimation, die ihm vom politischen Souverän – und das heißt bei Kant: vom demokratischen Souverän – verliehen wird. Das Eigentumsrecht hängt also von der demokratischen Gesetzgebung ab, die ihm seine Legitimation verschafft. Es sind demnach zwei Fragen zu klären. Warum bedarf Eigentum zusätzlich zur naturrechtlichen Begründung überhaupt noch der Legitimation? Und warum ist die Demokratie in der Lage, dem Eigentum die nötige Legitimation zu verschaffen?

Was die erste Frage betrifft, ist sich Kant des großen Legitimationsdrucks, der auf dem Eigentum lastet, durchaus bewusst. Denn dass der Ausschluss anderer vom Gebrauch eine »Anmaßung« (255/63) ist, liegt auf der Hand: Das Eigentum der einen schränkt nicht nur die Freiheit der anderen ein, sondern legt diesen anderen auch noch die Pflicht auf, die Beschränkung zu respektieren. Insbesondere Exklusion und Okkupation scheinen deshalb dem angeborenen Freiheitsrecht zu widersprechen, das für alle gleich gilt. Eigentum scheint einen Widerspruch zwischen der Freiheit einiger und der Unfreiheit anderer zu erzeugen. Kants Anliegen ist es, diesen Schein aufzulösen und zu zeigen, dass ein solches Eigentum durchaus mit der Freiheit aller vereinbar ist.

Der Legitimationsbedarf entsteht also durch den scheinbaren Widerspruch zwischen der Freiheit von Eigentümern und der gleichen Freiheit aller anderen. Er wird von Kant anschaulich anhand des Eigentums an Boden erläutert. Der Besitz an Boden ist ursprünglich – das heißt im fiktiven Naturzustand – »ein gemeinsamer Besitz, wegen der Einheit aller Plätze auf der Erdfläche, als Kugelfläche; weil, wenn sie eine unendliche Ebene wäre, die Menschen sich darauf so zerstreuen könnten, daß sie in gar keine Gemeinschaft miteinander kämen, diese also nicht eine notwendige Folge von ihrem Dasein auf Erden wäre.« (262/71 f.) Alle Menschen leben auf dem Boden derselben Erde. Weil sie einander auf dieser begrenzten Fläche nicht ausweichen können, wird anderen der Zugang zu einem Teil der gemeinsamen Welt versperrt, sobald dieser Teil in das Eigentum einer Person übergeht. Anderen wird durch mein Eigentum an Boden ein Teil auch ihrer Welt entzogen, die wir miteinander teilen. Dabei wird ihnen nicht nur der Zugang zu Gütern, sondern auch die Möglichkeit genommen, ihre eigene Freiheit auszuüben. Als Eigentümer übe ich meine Freiheit in Bezug auf begrenzte Güter einer äußeren Welt aus, auf die sich die gleiche Freiheit anderer bezieht. Denn wenn Freiheit über begrenzt vorhandene Güter – wie Boden – ausgeübt wird, dann ist es eben nicht möglich, dass alle gleichermaßen ihre Freiheit in Bezug auf dieselben Güter ausüben. Die Ausübung der Freiheit ist damit ungleich verteilt.[118]

Anderen wird also nicht ihr Recht auf Eigentum, sondern dessen Ausübung vorenthalten. Alle besitzen zwar das gleiche Recht auf Eigentum. Einige aber können ihr Recht auf Eigentum wahrnehmen, andere hingegen nicht. Kants Beschreibung der begrenzten Erdfläche als Kugelgestalt dient dazu, die Unvermeidbarkeit dieser ungleichen Verteilung zu erklären. Sie ließe sich nur um den Preis der Abschaffung von Eigentum umgehen.

Das würde aber der angeborenen Freiheit erst recht widersprechen, die notwendigerweise auch in Bezug auf äußere Güter gilt. Der Legitimationsdruck, unter den das Eigentumsrecht gerät, wird also durch seine ungleiche Ausübung erzeugt. Über seine naturrechtliche Begründung hinaus bedarf das Eigentum einer Legitimation, weil seine Ausübung in der Praxis – in einer Gesellschaft mit begrenzt vorhandenen Gütern – ungleich verteilt ist. Kant muss deshalb zeigen, weshalb Eigentumsrechte trotz ihrer ungleichen Ausübung berechtigt sind.

Damit kommen wir zur zweiten Frage, warum die Demokratie in der Lage ist, den Eigentumsrechten eine solche Legitimation zu verschaffen. Es bedarf einer demokratischen Gesetzgebung, damit das Eigentum der einen keine Freiheitsberaubung der anderen ist. Kants Argument baut auf zwei Annahmen auf. Zum einen hängt die Berechtigung des Eigentums von dem Prinzip der gleichen Freiheit ab, dem zufolge meine Freiheit »mit jedes Anderen Freiheit nach einem allgemeinen Gesetz zusammen bestehen« (237/47) können muss. Zum anderen wird diese gleiche Freiheit durch die demokratische Beteiligung aller an der Gesetzgebung realisiert. Diese demokratische Beteiligung nennt Kant einen allseitigen, vereinigten »gesetzgebende[n] Wille[n]« (267/73), die »Vereinigung der Willkür Aller« (263/72) oder den »vereinigten Willen des Volkes« (313/130). Um beispielsweise der (einseitigen) Okkupation eine Berechtigung zu verleihen, »wird ein allseitiger, nicht zufällig, sondern *a priori*, mithin notwendig vereinigter und darum allein gesetzgebender Wille erfordert; denn nur nach dieses seinem Prinzip ist Übereinstimmung der freien Willkür eines jeden mit der Freiheit von jedermann, mithin ein Recht überhaupt, und also auch ein äußeres Mein und Dein möglich.« (263/73, vgl. 263/72f.)

Kants schillernder Begriff des ursprünglichen Gemein- oder Gesamtbesitzes macht diesen Gedanken verständlicher.[119] Recht besehen hat er eine demokratietheoretische Bedeutung. Zunächst ist der Gemeinbesitz, wie schon erwähnt, eine Gedankenfigur für den Naturzustand. »Der Besitz aller Menschen auf Erden, der vor allem rechtlichen Akt derselben vorhergeht (von der Natur selbst konstituiert ist), ist ein ursprünglicher Gesamtbesitz *(communio possessionis originaria)*, dessen Begriff nicht empirisch und von Zeitbedingungen abhängig ist [...], sondern ein praktischer Vernunftbegriff, der *a priori* das Prinzip enthält, nach welchem allein die Menschen den Platz auf Erden nach Rechtsgesetzen gebrauchen können.« (262/71 f.) Bevor Bürger bindende Eigentumsrechte ausüben, hat (im Naturzustand) jede Person ein Recht auf Eigentum. Das, woran alle ein solches Eigentumsrecht haben, nennt Kant »Gesamtbesitz«, »Gemeinbesitz« oder »gemeinsamen Besitz«. Der Gesamtbesitz umfasst somit alle Güter, die der Möglichkeit nach von Bürgern (im Gesellschaftszustand) als Sachen angeeignet werden können. Bevor Güter zu Sachen werden, die je bestimmten Bürgern gehören, sind sie Gemeinbesitz, an dem alle ein Recht auf Eigentum haben. So muss etwa der gesamte Boden, an dem (im Gesellschaftszustand) bestimmte Bürger jeweils Privateigentum halten können, zuvor (im Naturzustand) als Gesamtbesitz gedacht werden.[120]

Entscheidend ist, dass Kant von Gesamtbesitz nicht nur in Bezug auf den Naturzustand, sondern auch mit Blick auf den Gesellschaftszustand spricht. Eine Person darf von meinem Eigentum nur ausgeschlossen werden, wenn sie »mit allen Anderen (im bürgerlichen Zustande) im gemeinsamen Besitz ist« (261/70). Das allgemeine Recht gleicher Freiheit nimmt im Naturzustand die Gestalt des ursprünglichen Gemeinbesitzes an und ist die Bedingung, die auch von den Eigentumsrechten im Gesellschaftszustand erfüllt sein muss. Diesen Sachverhalt kann man, wie Kant es tut, auch so ausdrücken, dass die Eigentumsrechte im Gesellschaftszustand mit dem Gemeinbesitz vereinbar sein müssen.

»Das Recht in einer Sache ist das Recht des Privatgebrauchs einer Sache, in deren (ursprünglichen, oder gestifteten) Gesamtbesitze ich mit allen anderen bin. Denn das letztere ist die einzige Bedingung, unter der es allen möglich ist, daß ich jeden anderen Besitzer vom Privatgebrauch der Sache ausschließe *(ius contra quemlibet huius rei possessorem)*, weil, ohne einen solchen Gesamtbesitz vorauszusetzen, sich gar nicht denken lässt, wie ich« (260f./69; Unterstr. d. Autoren) andere von meinem Eigentum ausschließen darf. Der Gesamtbesitz ist die Voraussetzung, ohne die sich das Exklusionsrecht der Eigentümer nicht denken lässt. Ein Eigentümer darf andere nur unter der Bedingung einer »vereinigte[n] Willkür Aller in einem Gesamtbesitz« (261/69) ausschließen. Der Gemeinbesitz muss also erhalten bleiben, auch wenn die Ausübung der Eigentumsrechte ungleich verteilt ist.

Mit der Redeweise »vereinigte Willkür Aller in einem Gemeinbesitz« drückt Kant aus, dass alle ihren jeweiligen Willen in der Gesetzgebung zur Geltung bringen können müssen. Sie ist in der *Rechtslehre* Kants Bezeichnung für die demokratische Gesetzgebung, an der alle beteiligt sind. Der Gesamtbesitz aller konkretisiert sich im Gesellschaftszustand als die Beteiligung aller an der Gesetzgebung, mit der bindende Eigentumsrechte beschlossen werden. Der Gemeinbesitz, der im Naturzustand bloß vorgestellt ist, wird durch die Einführung einer demokratischen Gesetzgebung im Gesellschaftszustand realisiert. Gesamtbesitz und Demokratie werden von Kant also begrifflich miteinander verbunden. Die Vermutung liegt nahe, dass er damit das enge Band zwischen Eigentum und Demokratie unterstreicht; so nennt er den demokratischen Souverän auch »Obereigentümer (*dominus territorii*)« (323/146): Demokratie hat unter anderem die Aufgabe, Eigentumsordnungen eine Legitimation zu verschaffen.

Die ungleich verteilte Ausübung von Eigentumsrechten (an begrenzt vorhandenem Boden beispielsweise) ist demnach berechtigt, wenn diese Eigentumsrechte demokratisch beschlossen worden sind. Nur unter der Voraussetzung demokratischer Beteiligung darf deshalb von jemandem erwartet werden, dass er diese Ungleichheit anerkennt. Wenn alle an der Gesetzgebung beteiligt sind, dann darf ihm zugemutet werden, dass er ein Eigentumsrecht nicht ausübt, obzwar er es besitzt. Diese berechtigte Erwartung beruht auf dem Grund, dass seine angeborene Freiheit in der Demokratie erhalten bleibt. Weil in der Demokratie die gleiche Freiheit aller garantiert ist, geht seine Freiheit auch dann nicht verloren, wenn er seine Freiheit als Eigentümer nicht ausüben kann.

Kants Ausführungen dieses Gedankens bleiben in der *Rechtslehre* vage. Jedenfalls scheint er zu meinen, dass die demokratische Beteiligung eine hinreichende Bedingung für die gleiche Freiheit aller ist, weshalb es einer gleichen Ausübung von Eigentumsrechten nicht bedarf, um diese Freiheit zu erhalten. Wer kein Eigentum hat, aber an der Gesetzgebung beteiligt ist, bleibt genauso frei wie ein Eigentümer.[121] Die ungleiche Freiheit in Bezug auf Eigentum – einige üben ihr Recht auf Eigentum aus, andere nicht – ist mit der gleichen Freiheit aller vereinbar, weil alle die gleichen Einwirkungsmöglichkeiten auf den Prozess der Gesetzgebung haben, in dem die Eigentumsrechte bestimmt werden. Den Eigentumsverhältnissen wird somit durch Demokratie eine Legitimation verschafft.

Eigentumskonzentration und Naturherrschaft

Mit seiner Theorie der demokratischen Legitimation des Eigentums hat Kant einen entscheidenden Schritt getan, um Eigentumsverhältnisse zu demokratisieren: Das Naturrecht auf Eigentum kann zu positiv-bindenden Rechten konkretisiert werden nur unter der demokratischen Bedingung, dass alle am Prozess dieser Gesetzgebung gleichermaßen beteiligt sind. Für die Legitimation des Eigentums reicht es nicht aus, es zu einem individuellen Recht aller zu erklären. Zwar nimmt Freiheit (auch) die individuelle Gestalt von Privateigentum an. Privateigentum bleibt aber politisch, weil seine konkrete Ausgestaltung einem demokratischen Prozess der Gesetzgebung obliegt, an dem alle Bürger beteiligt sind. Nur in Demokratien verdienen Eigentumsrechte deshalb Anerkennung.

Doch es bleiben Schwierigkeiten. Die erste betrifft den Eindruck, dass Demokratie bei Kant zu einer Legitimationsbeschafferin für soziale Ungleichheit zu werden droht. Zwar stellt Kant hellsichtig fest, dass Freiheit durch ungleiche Eigentumsverteilungen untergraben wird; deshalb benötigen sie eine demokratische Legitimation. Hingegen übersieht er, dass Eigentumskonzentrationen damit demokratisch abgesegnet werden können. Die ungleich verteilte Ausübung von Eigentumsrechten kann zur Eigentumskonzentration führen, womit in einer Gesellschaft der Großteil des Eigentums in den Händen weniger liegt. Wenn nun Eigentumsrechte von einem demokratischen Gesetzgeber beschlossen sind, aber nur von einer Minderheit der Bürger tatsächlich ausgeübt werden können, erscheint diese Eigentumskonzentration als legitim. Eigentumsverhältnisse, die demokratisch legitimiert sind, bedürfen scheinbar keiner Veränderung und Kritik, auch wenn sich das Eigentum in den Händen weniger konzentriert. Damit drohen Eigentumskonzentrationen zementiert zu werden. Aufgrund ihrer demokratischen Legitimation darf die Anerkennung solcher Eigentumskonzentrationen vermeintlich erwartet werden. Soziale Ungleichheit scheint zumutbar zu sein, wenn sie in einer Demokratie besteht. Demokratie dient so Eigentümern als Steigbügelhalterin, um ihre Privilegien zu schützen.

Kant muss zugutegehalten werden, dass, auch wenn er es nicht deutlich ausspricht, eine demokratietheoretische Kritik an sozialer Ungleichheit ganz und gar auf der Linie seiner Eigentumstheorie liegt. Eigentumsverhältnisse geraten nämlich trotz ihrer demokratischen Legitimation ins Fadenkreuz der Kritik, wenn sie die Demokratie bedrohen. Schaden wird der Demokratie etwa dann zugefügt, wenn Eigentümer aufgrund ihrer ökonomischen Macht informell den Prozess der Gesetzgebung stärker beeinflussen als Bürger, denen nur ihre politischen Rechte als Einwirkungsmöglichkeiten bleiben. Dagegen bietet Kants Eigentumstheorie eine Handhabe. Die Bedingung, dass alle an der Gesetzgebung gleichermaßen teilhaben können müssen, darf nicht durch Eigentumsverhältnisse aufgeweicht werden, selbst wenn sie aus dieser demokratischen Gesetzgebung hervorgegangen sind.

Die zweite Schwierigkeit bereitet Kants Vorstellung von Sachherrschaft, die demokratisch legitimiert wird. Menschen dürfen über alle äußeren Güter als eigentumsförmige Sachen herrschen. Zwei Hinsichten sind hier bedeutsam. Zum einen gehen Güter darin auf, Objekte von Ansprüchen zu sein. Sie erscheinen nur als Sachen, über die Eigentümer ihre Ansprüche ausüben. Verkannt wird dabei, dass ihre Besonderheiten unterschiedliche Anforderungen daran stellen, wie sich die Geltung solcher Ansprüche erfüllen lässt: Eigentum muss in Bezug auf unterschiedliche Güter je andersartig ausgestaltet werden, um Geltung zu erlangen (vgl. Wesche 2023: 134). Zum anderen werden unterschiedliche Güter durch ihre eigentumsrechtliche Kodierung in dieselbe Sache verwandelt und so miteinander gleichgesetzt. Als eigentumsförmige Sache lassen sich z.B. Naturgüter (Böden, Wasser, Wälder etc.), Produktivgüter (Unternehmen, Fabriken, Banken etc.) und Gebrauchsgüter (Bekleidung, Möbel, Bücher etc.) unterschiedslos als dieselbe Sache behandeln: so eben auch, um Kants Beispiel zu nehmen, Äpfel und Boden, obwohl dieser nicht vermehrbar ist, wohingegen jene nachwachsen.

Beide Hinsichten zusammen ergeben eine gefährliche Mischung. Folglich nämlich dürfen alle Güter trotz ihrer Unterschiede gleich nach Belieben gebraucht und verbraucht werden. Sachenrechtlich betrachtet scheint das Privateigentum an Unternehmen das Gleiche zu bedeuten wie das Privateigentum an meiner Bekleidung, über die ich allein bestimme. Ansprüche von Privateigentümern wiegen hier gleich schwer unabhängig davon, ob sie sich auf Unternehmen oder Hosen beziehen. Sachherrschaft rechtfertigt stets einen logischen Vorrang der Eigentümeransprüche, ganz gleich, um welche Güter es sich handelt.[122] Erst zählen die Eigentümeransprüche und nachgeordnet ihre Einschränkungen durch die Ansprüche anderer. Zwar können sie durch andere Gesetze eingedämmt werden, aber stets nur nachträglich und graduell. Eigentümeransprüche gelten somit als stärkere Rechte im Vergleich zu Schutzrechten, die etwa die Interessen von Arbeitern berücksichtigen.

Vor die dritte Schwierigkeit stellt uns das Okkupationsrecht. Das Okkupationsrecht erweckt den Eindruck, als würden die Früchte der Arbeit und die Natur niemandem gehören, bevor sich jemand vertraglich die Rechte an ihnen gesichert hat. Vor ihrer Aneignung erscheinen sie als herrenlose Sachen, die als leistungslose Gewinne und kostenlose Naturschätze in Besitz genommen werden dürfen. Das Okkupationsrecht befugt damit nicht nur zur Ausbeutung von Arbeit – weshalb es Marx ein Dorn im Auge war. Es berechtigt auch zum Raubbau an der Natur. Das Okkupationsrecht dient als Rechtsgrundlage dafür, über die Natur als eine Sache zu herrschen, die nach Belieben gebraucht und verbraucht werden darf. Die Folgen davon sind ökologische Krisen, von deren Ausmaß Kant sicherlich keine Vorstellung hatte.

Für seine kontraktualistische Art, Eigentum und Demokratie zu vereinen, zahlt Kant somit einen hohen Preis. Zwar hat er mit der Kritik am vorvertraglichen Eigentumsrecht eine demokratische Voraussetzung geschaffen: Eigentum verdankt seine Legitimation nicht den individuellen Ansprüchen, die Personen von Natur aus mitbringen, sondern dem politischen Prozess einer *kollektiven* Gesetzgebung, die unter Gleichheitsbedingungen stattfindet. Allerdings wird Eigentum von Kant auf Kosten der Natur und der Arbeiterklasse demokratisiert. Kants Philosophie des Eigentums erscheint wie eine theoretische Grundlegung für Naturherrschaft und Ausbeutung von Arbeit. Selbst wenn Eigentumsrechte zu Ungleichheit führen – so büßen einige aufgrund von Naturzerstörung mehr Freiheiten ein als andere –, lässt sich diese Ungleichheit mit dem Hinweis verteidigen, dass sie aus einem demokratischen Verfahren hervorgegangen sind. Auch hier kann Demokratie als Legitimationsbeschafferin missbraucht werden, um bestehende Eigentumsverhältnisse nicht verändern zu müssen.

(3) Demokratie mit Eigentumsbesitz bei John Rawls

Die Demokratisierung des Eigentums wird im politischen Liberalismus von John Rawls fortgesetzt. Seine Theorie der Demokratie mit Eigentumsbesitz – Property-Owning Democracy – trägt dem Umstand Rechnung, dass Demokratie bestimmte Eigentumsverhältnisse voraussetzt. Nur wenn die Eigentumsverhältnisse selbst – auf eine erklärungsbedürftige Weise – demokratisiert sind, kann Politik ihrem demokratischen Selbstverständnis gerecht werden. Demokratie kommt demnach in ihr Ziel, wenn sie auch in den Eigentumsverhältnissen Einzug hält. Das ist die Einsicht des späten Rawls in *Gerechtigkeit als Fairneß.*

Ein Neuentwurf: Keine politische Demokratie ohne Demokratisierung des Eigentums.

Der politische Liberalismus steht für eine Gesellschaftsformation, in der Freiheit und Gerechtigkeit miteinander zum Ausgleich kommen. Eine liberale Gesellschaft von Freien und Gleichen zeichnet sich durch gerechte Institutionen aus. Gerechtigkeit wird demnach nicht als der Inhalt moralischer Handlungen Einzelner betrachtet, sondern als der Inhalt der institutionellen Grundstrukturen einer Gesellschaft. Zu diesen gerechten Institutionen zählt auch das Eigentum.

Rawls' Vertragstheorie der Gerechtigkeit beginnt mit dem Gedankenexperiment eines Schleiers des Nichtwissens im Urzustand. In dieser hypothetischen Ausgangssituation kenne ich meine soziale Herkunft, ökonomische Stellung und natürlichen Talente nicht und müsste überlegen, in welcher Gesellschaft ich vor diesem Hintergrund leben wollte. In dem Fall wäre es für mich vorteilhaft, wenn die Gesellschaft zwei Grundsätze der Gerechtigkeit erfüllte.

> »a) Jede Person hat den gleichen unabdingbaren Anspruch auf ein völlig adäquates System gleicher Grundfreiheiten, das mit demselben System von Freiheiten für alle vereinbar ist. b) Soziale und ökonomische Ungleichheiten müssen zwei Bedingungen erfüllen: erstens müssen sie mit Ämtern und Positionen verbunden sein, die unter Bedingungen fairer Chancengleichheit allen offenstehen; und zweitens müssen sie den am wenigsten begünstigten Angehörigen der Gesellschaft den größten Vorteil bringen (Differenzprinzip).« (Rawls 2006: 78)[123]

Jede beliebige Person hat, so Rawls' Gedankenexperiment, ein eigenes Interesse daran, dass diese Gerechtigkeitsgrundsätze verwirklicht werden. Die Zustimmung zu den Gerechtigkeitsgrundsätzen erfolgt also aus einem Eigenvorteil. Dass gerechte Institutionen im Selbstinteresse der Bürger liegen, verleiht der liberalen Gerechtigkeitstheorie einen vertragstheoretischen Zuschnitt.

Auf diesem vertragstheoretischen Fundament baut Rawls' liberale Eigentumstheorie auf: Liberales Eigentum erfüllt beide Grundsätze der Gerechtigkeit und ist somit von Vorteil für jede Person. Jede gesellschaftliche Praxis, einschließlich des Eigentums, muss laut Rawls die Gerechtigkeitsgrundsätze erfüllen. Eigentum ist aus liberaler Sicht deshalb mehr als bloß Freiheit. Denn es muss auch den zweiten Gerechtigkeitsgrundsatz, also Chancengleichheit und das Differenzprinzip erfüllen. Gerechtigkeit ist demnach eine inhärente Norm, die dem Eigentum bereits im Kern innewohnt. Sie nimmt in Bezug auf Eigentum zwei Gestalten der Verteilungsgerechtigkeit an: die steuerfinanzierte Umverteilung und die Demokratie mit Eigentumsbesitz. Umverteilung und Demokratie mit Eigentumsbesitz sind also zwei Eigentumsarrangements, zu denen die Gerechtigkeitsgrundsätze ausgestaltet werden. Liberales Eigentum schließt erstens eine gerechte Umverteilung ein. Eigentum darf demnach zum Zweck der Umverteilung besteuert werden. Transferzahlungen zugunsten derer, die ihren Lebensunterhalt nicht durch eigene Arbeit bestreiten können, werden zu Recht durch die Besteuerung von Eigentum finanziert. Zweitens schließt liberales Eigentum die möglichst breite Streuung von Eigentum an Produktionsmitteln (engl. ›assets‹) ein. Ein solches Wirtschaftseigentum sollte sich nicht in den Händen weniger konzentrieren, sondern in den Händen möglichst vieler Bürger liegen. Die entsprechende Eigentumsordnung nennt Rawls Demokratie mit Eigentumsbesitz. Im Folgenden werden beide Eigentumsgestalten näher erläutert.

Rawls unterscheidet zwei Arten von Eigentumsrechten: das Grundrecht auf persönliches Privateigentum einerseits und das Eigentumsrecht an Produktionsmitteln und natürlichen Ressourcen andererseits, das kein Grundrecht ist und politisch unterschiedlich ausgestaltet werden kann. Beginnen wir mit dem persönlichen Privateigentum.

»Zu den Grundrechten gehört das Recht auf Besitz und ausschließlichen Gebrauch persönlichen Eigentums. Ein Grund für dieses Recht ist die Gewährleistung einer ausreichenden materiellen Basis für persönliche Unabhängigkeit und das Gefühl der Selbstachtung, die beide unerlässlich sind für die adäquate Entfaltung und Ausübung der moralischen Vermögen.« (180; vgl. Rawls 1979: 82; Rawls 2003: 414)

Persönliches Privateigentum zeichnet sich durch drei Merkmale aus. Es stellt erstens ein Grundrecht auf Freiheit dar. Persönliches Privateigentum ermöglicht es Personen, ihre beiden moralischen Vermögen auszubilden: Es ist eine Voraussetzung sowohl für die Fähigkeit zur sozialen Kooperation als auch für die Fähigkeit, eine Vorstellung vom guten Leben zu verwirklichen. Persönliches Eigentum ermöglicht es Personen, sich als Freie unter Gleichen wahrzunehmen und zu entwickeln. Deshalb gehört es zu den sozialen Grundlagen der Selbstachtung und besitzt insoweit den Status eines Grundrechts. Indem Rawls Selbstachtung unter anderem auf persönliches Eigentum zurückführt, greift er die bürgerliche Eigentumsvorstellung von Hegel auf, wonach Eigentum zur Bildung eines sozial vermittelten Selbstwertgefühls beiträgt (siehe oben 4.3).

Persönliches Privateigentum wird zweitens instrumentell begründet. Mit der instrumentellen Eigentumsbegründung grenzt sich Rawls von den Naturrechtslehren des Eigentums und insbesondere vom libertären Eigentumsverständnis ab (vgl. Freeman 2007: 49 f.); Eigentum erfüllt dort den Selbstzweck der Freiheit. Zwar ist persönliches Privateigentum für Rawls ein Grundrecht; es ist trotzdem kein Selbstzweck. Persönliches Privateigentum ist nicht um seiner selbst willen erstrebens- und schützenswert. Vielmehr rechtfertigt sich persönliches Eigentum als ein Mittel, das zur Verwirklichung der beiden moralischen Vermögen dient. Der Schutz und die Vermehrung von Eigentum sind demnach nicht an sich wertvoll.

Die instrumentelle Eigentumsbegründung schafft drittens die Voraussetzung dafür, dass Eigentumsrechte durch gemeinnützige Besteuerung nicht verletzt werden. Das Differenzprinzip berechtigt zur steuerfinanzierten Umverteilung zugunsten derjenigen, die am schlechtesten gestellt sind. Diese steuerfinanzierte Umverteilung ist mit einem Schutz persönlichen Privateigentums vereinbar. Denn dieses ist nicht an sich, sondern aufgrund seiner Unentbehrlichkeit für die Selbstachtung schützenswert. Erst wenn eine Besteuerung die Grundlage der Selbstachtung untergräbt, verletzt sie den Gerechtigkeitsgrundsatz der Freiheit. Solange aber persönliches Privateigentum Selbstachtung ermöglicht, kann es zum Zweck der Gerechtigkeit besteuert werden (vgl. van Parijs 2003: 223).

Die gerechte Verteilung von Eigentum an Produktionsmitteln

Das Grundrecht auf Eigentum beschränkt sich auf persönliches Eigentum an Gebrauchsgütern und schließt wirtschaftliches Eigentum an Produktionsmitteln und natürlichen Ressourcen nicht mit ein (vgl. 180; Rawls 1979: 83). Denn dieses Wirtschaftseigentum ist keine Voraussetzung für die Entfaltung der moralischen Vermögen und für Selbstachtung. Gleichwohl gelten die Gerechtigkeitsgrundsätze auch für das Wirtschaftseigentum. Dieses besitzt deshalb zwei Merkmale. Zum einen ist das Wirtschaftseigentum ein Freiheitsrecht und verdient deshalb den Schutz eines Eigentums, über das sein Eigentümer selbst bestimmt. Zum anderen schließt das Wirtschaftseigentum Verteilungsgerechtigkeit mit ein. Eine gerechte Verteilung von Wirtschaftseigentum wird laut Rawls durch seine möglichst breite Streuung erreicht: Möglichst viele Bürger sollten private Eigentümer von Kapital sein.[124] Diese liberale Gesellschaftsformation nennt er Demokratie mit Eigentumsbesitz und bildet eine »Alternative zum Kapitalismus« (211; vgl. Rawls 1979: 308).[125] Die Demokratie mit Eigentumsbesitz stellt eine eigenständige Gesellschaftsformation gegenüber dem Laissez-faire-Kapitalismus (Neoliberalismus), dem Wohlfahrtsstaat, dem Staatskapitalismus und – zu ihm gleich mehr – dem demokratischen Sozialismus dar (vgl. 212–215).

In der Demokratie mit Eigentumsbesitz werden Güter nicht durch Umverteilung, sondern auf eine direktere und teilhabebezogene Weise verteilt. Die frühe Verteilung bereits der Eigentumsteilhabe steht im Kontrast zur späten Umverteilung schon erzeugter Werte.

»Die Demokratie mit Eigentumsbesitz vermeidet das [scil. Eigentumskonzentrationen], und zwar nicht durch Umverteilung des Einkommens an diejenigen, sie sozusagen *am Ende* jeder Phase weniger besitzen, sondern durch Gewährleistung weitverbreiteten Besitzes von Produktivkräften und Humankapital (d.h. Bildung und geschulten Fertigkeiten) *am Beginn* jeder Phase.« (116f.; Hervorhebung hinzugefügt)

Eine steuerfinanzierte Umverteilung der Ergebnisse (›redistribution‹) erfolgt *ex post*, indem diese *um*verteilt werden, nachdem sie erzeugt worden sind. Im Unterschied dazu wird das Wirtschaftseigentum schon innerhalb des Wertschöpfungsprozesses verteilt. Das Eigentum an Kapital wird also *ex ante* gestreut (›predistribution‹), bevor es von den Eigentümern dazu genutzt wird, Reichtum zu erzeugen (vgl. O'Neill 2012; Thomas 2017).

Diese Eigentumsteilhabe wird von Rawls im Rückgriff auf den fairen Wert der politischen Freiheiten begründet. Ihr fairer Wert bedeutet, dass Bürger nicht ›nur formal‹ die gleichen politischen Rechte besitzen, sondern sie müssen gleichermaßen diese Rechte tatsächlich ausüben können. Die Demokratie mit Eigentumsbesitz sorgt dafür, »daß genügend Produktionsmittel nicht nur in die Hände weniger, sondern von Anfang an in die Hände aller Bürger gelegt werden, so daß sie *als Gleiche* voll kooperierende Angehörige der Gesellschaft sein können« (218; Hervorhebung hinzugefügt). Den Mitgliedern einer Gesellschaft mit einem privat organisierten Markt wird durch ihre Teilhabe am Wirtschaftseigentum ermöglicht, wirksam die *gleichen* politischen Freiheiten ausüben zu können. Die Demokratie mit Eigentumsbesitz erschöpft sich deshalb nicht in dem Ziel der Wohlstandsverteilung, sondern soll zum Gelingen demokratischer Politik beitragen. Der faire Wert der politischen Freiheiten wird in zwei Hinsichten gewährt.

Erstens wird der informellen Einflussnahme mittels ökonomischer Macht vorgebeugt. Die Demokratie mit Eigentumsbesitz wirkt hier als ein Korrektiv gegen die Konzentration von Eigentum in den Händen weniger und die informelle Einflussnahme, die diesen wenigen dadurch möglich wird (vgl. 216, 230; vgl. Kerr 2017; Lister 2017). Durch die vorbeugende Teilhabe am Wirtschaftseigentum wird die starke Konzentration von Reichtum bereits im vorgelagerten Prozess der Produktion verhindert. So müssen die unheilvollen Folgen hochkonzentrierten Wirtschaftseigentums nicht durch Schadensbegrenzungen nachkorrigiert werden, die zumeist zu spät kommen.

Zweitens wird in der Demokratie mit Eigentumsbesitz die politische Deliberation befördert (vgl. Chambers 2012). Durch die breite Streuung von Wirtschaftseigentum »sollen die Verhältnisse der beratschlagenden Demokratie verbessert und Vorbereitungen für den öffentlichen Vernunftgebrauch getroffen werden« (232). Die breite Teilhabe am Wirtschaftseigentum erzielt drei rationalisierende Effekte für den politischen Prozess. Zunächst mobilisiert Eigentümerschaft die Bereitschaft zur selbstverantwortlichen Urteilsbildung. Wenn jemand als Eigentümer die Gestaltungsmacht in den eigenen Händen hält, dann bildet sich ein stärkeres Interesse an Informiertheit, Perspektivübernahme und überprüfbaren Gründen aus. Zudem erhöht Eigentümerschaft die demokratische Erfahrung der Selbstwirksamkeit und damit die Bereitschaft zur politischen Partizipation. Die Bereitschaft zur gemeinsamen Verständigung steigt, wenn das Konzert öffentlicher Meinungen nicht von den Stimmen weniger Großeigentümer beherrscht wird, sondern die eigene Stimme gehört wird und das eigene Urteil zählt. Durch Eigentümerschaft wird schließlich die Deliberation als ein Prozess der sozialen Kooperation befördert. Gleichgestellte Bürger beteiligen sich im demokratischen Prozess der Meinungs- und Willensbildung eher als Mitspieler denn als Gegenspieler.

Die liberalen Grundsätze werden laut Rawls nicht nur von der Demokratie mit Eigentumsbesitz erfüllt. Auch der »liberale (demokratische) Sozialismus« (212) wird ihnen gerecht (vgl. 215 f.). Es überrascht, dass die Galionsfigur des politischen Liberalismus nicht nur für eine starke Regulierung von Eigentum und Wirtschaft eintritt, sondern auch in Berufung auf liberale Grundsätze den Sozialismus verteidigt. Demokratie mit Eigentumsbesitz und demokratischer Sozialismus teilen sich die gleichen liberalen Grundsätze. Beide stellen jedoch unterschiedliche Eigentumsordnungen dar, zu denen sich die liberalen Grundsätze ausgestalten lassen. Während in der Demokratie mit Eigentumsbesitz an den Produktionsmitteln alle durch ihr jeweiliges

Privateigentum teilhaben, wird die ökonomische Teilhabe im demokratischen Sozialismus durch Gemeineigentum sichergestellt. Bürger entscheiden demokratisch über ihr gemeinschaftliches Eigentum. Als Miteigentümer üben sie – darin liegt der Unterschied zum Staatssozialismus (vgl. 232) – ihre Freiheit in Bezug auf Produktionsmittel aus, indem sie gemeinschaftlich an den Entscheidungen partizipieren. Über Ziele, Weisen und Planung der Produktion wird hier unter den demokratischen Bedingungen der Mehrheitsentscheidung, der gemeinsamen Deliberation und der Gemeinwohlorientierung entschieden.

Demokratie mit Eigentumsbesitz und demokratischer Sozialismus sind gleichberechtigte Gestalten des politischen Liberalismus. Ihre Wirklichkeit scheint nur von unterschiedlichen Kontexten abzuhängen. Je nach historischer, sozialer und kultureller Pfadabhängigkeit bildet sich, so Rawls, entweder die eine oder die andere Gestalt aus (vgl. 180, 216). Die Demokratie mit Eigentumsbesitz passt aufgrund der Privatrechtstradition eher zum US-amerikanischen Kontext. Hingegen kommt für den demokratischen Sozialismus z. B. die Arbeiterselbstverwaltung in Jugoslawien infrage, wo die Leitung eines Unternehmens von dessen Beschäftigten gewählt wurde und die Beschäftigten über Produktionsziele und Löhne mitentschieden (vgl. 215).[126]

Ein Einwand trifft Rawls hier mit voller Wucht. Seine Darstellung des demokratischen Sozialismus verfehlt dessen Eigentumsverständnis. Zwar kann der demokratische Sozialismus durchaus als Versuch beschrieben werden, Freiheit und Gerechtigkeit zu vereinen. Ihm wird jedoch von Rawls fälschlicherweise eine Vertragstheorie unterstellt, die unvereinbar mit der sozialistischen Werttheorie des Eigentums ist. Ihr zufolge ist das Recht auf das Eigentum an den Arbeitserträgen ein vorvertraglicher Anspruch (siehe Kapitel 5). Gerecht ist, könnte man sagen, wenn Arbeiter Eigentümer der Erträge sind, die ihnen aufgrund nicht eines Vertrags, sondern ihrer Arbeit zustehen.

Rawls' vertragstheoretischer Ansatz stößt damit an eine Grenze. Rawls erweckt den Eindruck, als seien Privateigentum und Gemeineigentum an Produktionsmitteln gleichwertig; keines von beiden verdiene einen Vorzug. Aus Sicht der Werttheorie des Eigentums ergibt sich ein anderes Bild. Zunächst gibt es einige Übereinstimmungen zwischen Rawls und dem Sozialismus: Gemeineigentum an den Produktionsmitteln schließt, klarerweise, die Konzentration von Eigentum in den Händen weniger aus und verhindert somit informelle Einflussnahmen dieser wenigen; und sofern die eben beschriebenen rationalisierenden Effekte auch vom Gemeineigentum erzielt werden, befördert dieses gleichfalls die demokratische Deliberation. Gegen Rawls ist aber einzuwenden, dass Gemeineigentum nicht durch diese beiden Eigenschaften, die er als den fairen Wert der politischen Freiheiten beschreibt, *begründet* wird. Begründet wird es vielmehr im Rückgriff auf die Werttheorie des Eigentums: Gemeineigentum rechtfertigt sich als das Recht auf die Ergebnisse des eigenen Tuns; dieses Recht wird in kollektiven Prozessen der Wertschöpfung demokratisch organisiert, weshalb es die Gestalt von Gemeineigentum annimmt. Gemeineigentum an Produktionsmitteln hätte so betrachtet den gleichen Rang eines Grundrechts wie das von Rawls beschriebene persönliche Eigentum. Der demokratische Sozialismus ist deshalb weder gleichwertig mit dem politischen Liberalismus noch das kontingente Ergebnis historisch-kultureller Kontexte. In Bezug auf Produktionsmittel gebührt dem Gemeineigentum ein Vorrang vor dem Privateigentum, auch wenn dieses möglichst breit verteilt ist.

Die Demokratisierung des Eigentums kommt mit Rawls' politischem Liberalismus demnach nicht an ein Ende. Zwar setzt der demokratische Prozess der Willens- und Meinungsbildung, so die Einsicht des späten Rawls, eine Demokratisierung der Wirtschaft voraus. Eine solche Wirtschaftsdemokratie wird jedoch nicht auf der Grundlage privaten Wirtschaftseigentums erreicht; auch nicht durch die Demokratisierung des Arbeitsplatzes, in der den Arbeitnehmern zwar ein gewisses Mitbestimmungsrecht eingeräumt wird, den privaten Eigentümern aber die eigentumsgebundene Entscheidungsmacht vorbehalten bleibt (vgl. 273). Vielmehr muss der Schritt folgen, dass auch über Wirtschaftseigentum demokratisch entschieden wird. Entscheidungen über Ziele, Weisen und Planungen der Produktion sind erst dann demokratisiert, wenn sie von Miteigentümern getroffen werden, denen die Produktionsmittel gemeinschaftlich gehören. Auf dem Weg hin zur Demokratisierung des Eigentums markiert Rawls' Einsicht, dass es keine politische Demokratie ohne Demokratisierung der Wirtschaft gibt, eine wichtige Etappe. Diese Einsicht treibt jedoch den politischen Liberalismus über sich selbst hinaus. Die Demokratisierung des Eigentums findet ihre Fortsetzung im demokratischen Sozialismus, in dem das Wirtschaftseigentum in Gestalt von Gemeineigentum demokratisiert wird.

AUSBLICK

Wem gehört was und warum?

»Der erste, der ein Stück Land eingezäunt hatte und es sich einfallen ließ zu sagen: dies ist mein und der Leute fand, die einfältig genug waren, ihm zu glauben, war der wahre Gründer der bürgerlichen Gesellschaft. Wie viele Verbrechen, Kriege, Morde, wie viel Not und Elend und wie viele Schrecken hätte derjenige dem Menschengeschlecht erspart, der die Pfähle herausgerissen oder den Graben zugeschüttet und seinen Mitmenschen zugerufen hätte: ›Hütet euch, auf diesen Betrüger zu hören; ihr seid verloren, wenn ihr vergeßt, daß die Früchte allen gehören und die Erde niemandem.«

Jean-Jacques Rousseau

Eigentum ist, so eine bewährte Vorstellung, ein Rechtsverhältnis zwischen Personen in Bezug auf äußere Güter. Es besteht demnach aus einem Subjekt und einem Objekt: den Eigentümern, die Ansprüche ausüben, und ihren Gütern, über die Ansprüche ausgeübt werden. Dabei kommen unterschiedliche Eigentümer infrage. Eigentümer kann eine Einzelperson, eine Gemeinschaft oder eine Gesellschaft sein; dementsprechend wird zwischen Privateigentum, Gemeineigentum und öffentlichem Eigentum unterschieden. Vorstellbar ist sogar, dass Tiere oder überhaupt die Natur Eigentümer sein können.

Auch die Güter, also das Bezugsobjekt des Eigentums, sind verschiedenartig. Einige Güter unterscheiden sich ganz grundsätzlich voneinander: Gebrauchsgüter wie Bekleidung, Möbel und Bücher; oder Bedarfsgüter, das heißt Infrastrukturen wie Kliniken, Wohnraum und Universitäten; oder Produktivgüter wie Unternehmen, Aktien und Kredite; oder Naturgüter wie Wälder, Böden und Meere. Diese Vielzahl möglicher Eigentümer und Güter eröffnet nun einen Spielraum, wie beide sich einander zuordnen lassen. Die vorgestellten Theorien des Eigentums teilen die Überzeugung, dass normative Gründe erklären, weshalb bestimmte Zuordnungen erwartet werden dürfen. Wem gehört was – und warum? Es gibt jeweils Gründe für eine bestimmte Zuordnung oder Passung von Eigentümern und ihren Gütern. Wir möchten die Eigentumsfrage »Wem gehört ...« schlaglichtartig in Bezug auf drei Fälle behandeln, die in unserer Gegenwart von gesellschaftspolitischer Bedeutung sind: Wem gehören die Daten, die Stadt und die Natur?

7. Wem gehören die Daten?

Mit der Digitalisierung vollzieht sich ein gesellschaftlicher Wandel, der nahezu alle Lebensbereiche erfasst. Durch Technikentwicklungen zwar ermöglicht, bleibt er jedoch auf technische Veränderungen nicht beschränkt: Die politische Öffentlichkeit, Meinungsbildung und Debattenkultur unterliegen aufgrund ihrer Organisation über Plattformen einem »neuen Strukturwandel« (Jürgen Habermas); Produktionsweisen werden zunehmend durch Algorithmen gesteuert und Arbeitsverhältnisse durch den Einsatz von Künstlicher Intelligenz (KI) neu gestaltet; soziale Beziehungen und biografische Selbstdeutungen verändern sich grundlegend durch Social Media und Chatbots; Empfehlungssysteme nehmen Nutzern Entscheidungen ab; und kulturelle Kompetenzen wie Bildung, Fremdsprachenkenntnisse, Lese- und Schreibfähigkeiten werden an digitalen Fertigkeiten (z.B. von Digital Natives) und digitalen Ressourcen (Übersetzungsprogramme, ChatGPT) ausgerichtet.

Eigentumstheorien werden von dieser umfassenden Digitalisierung vor neue Herausforderungen gestellt. Auch digitale Produktionswege, Konsumweisen und Öffentlichkeiten werden mithilfe von Eigentumsrechten organisiert. Dabei entsteht eine neuartige Eigentumskonstellation, die man als digitales Eigentum bezeichnen kann. Es ist jedoch klärungsbedürftig, was genau unter digitalem Eigentum verstanden werden kann. Was überhaupt ist digitales Eigentum und in welche Hand gehört es?

(1) Digitale Infrastrukturen

Für ein besseres Verständnis darüber, was digitales Eigentum bedeutet, ist zunächst sein Objekt zu klären: das, woran Eigentum besteht. Der Gegenstand digitalen Eigentums ist von vielschichtiger Gestalt und lässt sich am besten auf den Begriff digitaler Infrastrukturen bringen. Digitale Infrastrukturen besitzen fünf Eigenschaften: Struktur, Immaterialität, Unteilbarkeit, Grundversorgung und Datafizierung.

Digitale Infrastrukturen besitzen, klarerweise, eine *Struktur*. Unter Struktur wird das Verhältnis von Teil und Ganzem verstanden. Digitale Infrastrukturen setzen sich aus einer Vielzahl von Dingen und Leistungen zusammen, die wiederum Bestandteile eines Ganzen, einer Versorgungseinrichtung sind. Die Struktur, die beides – Teil und Ganzes – nun zusammenhält, wird von der Trias Form, Materie und Inhalt gebildet. Die technische *Form* der Digitalität umfasst die Software wie Programme, Algorithmen und das Design einer Plattform, eines Metaverse oder einer KI etc. Diese setzen eine *materielle* Grundlage voraus, das heißt die Hardware wie Server, Mikrochips, Kabel, Datencenter, Endgeräte, aber auch Sendeanlagen, Internetzugänge und den Grund und Boden für die Kabelnetze, die Datenzentren etc.[127] Informationen machen den *Inhalt* von digitalen Infrastrukturen aus. Diese dienen der Produktion, Speicherung, Anwendung und Verbreitung von Informationen, die unterschiedlicher Art sein können: personenbezogene Daten, technische Steuerungsdaten, Forschungsdaten, Kommunikationsdaten etc. Informationen nehmen hier die Gestalt von Daten an, das heißt von maschinenlesbaren Zeichen. Sie werden somit als digitale, maschinenlesbare Informationen genutzt.

In digitalen Infrastrukturen sind die einzelnen Bestandteile untrennbar miteinander verknüpft: Sie stehen in einem strukturellen Zusammenhang. So können ohne die materiellen Grundlagen wie Speicherkapazitäten, Rechenleistungen und Bildschirme weder Algorithmen (Form) angewandt noch Informationen (Inhalte) genutzt werden. Wiederum sind Software, Algorithmen etc. auf Inhalte angewiesen, deren Verarbeitung sie dienen; ohne Daten sind Algorithmen wie Windmühlen ohne Wind. Schließlich hängen die Inhalte von den Algorithmen ab: Welche Informationen berücksichtigt, gesammelt, gespeichert, entziffert, ausgewertet, verknüpft, sortiert, produziert und sichtbar werden, ist durch die Algorithmen festgelegt. Daten werden durch die Algorithmen überhaupt erst konstituiert.

Dieser Strukturzusammenhang verleiht dem digitalen Eigentum den Charakter einer Eigentumskette. Zwar verfügen Eigentümer je über etwas Bestimmtes; über einen Server, über einen Algorithmus und über bestimmte Informationen. Das jeweilige Eigentum ist aber notwendig mit anderem Eigentum verknüpft, da sich digitale Formen, Inhalte und ihre materialen Grundlagen nur im Zusammenspiel gebrauchen lassen. Ein Eigentümer verfügt hier nur in einem beschränkten Sinn über einen Bestandteil, weil dessen Funktionsweise von anderen Teilen abhängt, über die wiederum andere Eigentümer verfügen. Digitales Eigentum setzt sich somit aus Eigentumsketten zusammen.

Zweitens zeichnen sich digitale Formen und Inhalte durch eine *Immaterialität* aus. Diese ermöglicht es, dass digitale Informationen leicht verbreitet, reproduziert, kopiert und bereitgestellt werden können. So bedürfen Computerprogramme, Datensätze etc. zwar zunächst eines hohen Aufwands für ihre Herstellung. Im Unterschied dazu sind die Kosten für ihre Reproduktion wiederum gering. Die sogenannten Grenzkosten, die für eine Mehrfachnutzung anfallen, laufen gegen null. Zudem lassen sich digitale Daten ohne Qualitätsverlust beliebig vervielfältigen (kopieren). Auch sind digitale Daten nicht-rivale Güter. So kann die Printversion eines Buchs gleichzeitig nur von einer Person gelesen werden, während es als digitale Datei oder E-Book vielen gleichzeitig zugänglich ist. Außerdem können Daten zentral und überall bereitgestellt werden; von einem Server aus lassen sich Inhalte an jedem Ort der vernetzten Welt sichtbar machen. Geringe Reproduktions- und Vertriebskosten, die Kopierbarkeit ohne Qualitätsverlust, die Nichtrivalität und die zentrale Bereitstellung führen schließlich dazu, dass sich digitale Daten leicht verbreiten lassen und einen hohen Sichtbarkeitsgrad haben.

Digitale Infrastrukturen besitzen drittens eine *Unteilbarkeit.* Diese ist ein allgemeines Merkmal jeder Infrastruktur und führt zu deren kollektiven Nutzung. In dieser Hinsicht sind Infrastrukturen mit einem Hauseingang vergleichbar. Da es nicht für jeden, der ein Haus betritt, einen eigenen Eingang gibt, muss der einzige Eingang gemeinsam genutzt werden: Der Zutritt lässt sich nicht durch viele Eingänge aufteilen. Und weil man nur durch den ganzen Umfang eines Eingangs und nicht nur durch dessen Teile ins Haus gelangt, muss der ganze Eingang von allen genutzt werden: Der Eingang lässt sich nicht in seine Teile aufteilen. Genauso müssen alle für die Nutzung von Daten auf dieselbe digitale Infrastruktur zurückgreifen. Digitale Infrastrukturen werden kollektiv genutzt, weil sie unteilbar sind. Die Unteilbarkeit trifft nicht nur auf die materiellen Grundlagen wie Kabelnetze und Server zu. Auch die digitalen Formen sind unteilbar: Die Datenströme der einen Nutzerin werden von demselben Algorithmus sortiert wie die einer anderen; beide nutzen denselben Algorithmus. Ebenso kann ein Programm, das in einem Endgerät installiert ist, das gleiche Programm sein, das von anderen Nutzerinnen verwendet wird. Und Plattformen zeichnen sich ohnehin, wie der Hauseingang, dadurch aus, dass sie von allen für einen Zugang etwa zu einem je eigenen Markt genutzt werden müssen.

In einem bestimmten Sinn sind auch digitale Inhalte unteilbar. Zwar lassen sich Daten aufgrund ihrer Immaterialität, wie beim E-Book, vervielfachen und individuell nutzen; sie können auch, wie im Fall der Nutzerprofile, personalisiert bearbeitet werden. Aufgrund ihrer Relationalität aber sind sie zugleich unteilbar (Viljoen 2021): Einzelne Daten werden zu nutzbaren Informationen überhaupt erst dadurch, dass sie mit anderen Daten verknüpft werden. Die Daten vieler Nutzerinnen verbinden sich zu unteilbaren Datenströme, die, wie ein Hauseingang, kollektiv genutzt werden. Diese Unteilbarkeit aufgrund von Relationalität drückt sich etwa in den sogenannten Netzwerkeffekten aus: Je mehr Daten miteinander verbunden werden, desto präziser sind die gewünschten Ergebnisse. Auch die Künstliche Intelligenz generiert Daten aus den kollektiven Datenbeständen des Internets. Niemand verwendet also nur ›seine‹ Daten; vielmehr wird ein unteilbarer Pool von Daten kollektiv genutzt.

Digitale Infrastrukturen dienen viertens einer *Grundversorgung*. Jede Infrastruktur macht einer Bevölkerung bestimmte Ressourcen zugänglich, die benötigt werden, um einen Grundbedarf an Lebensqualität, Sicherheit und Persönlichkeitsentfaltung zu decken; Infrastrukturen können deshalb auch Bedarfsgüter genannt werden. Benötigte Ressourcen werden durch großflächige Infrastrukturen bereitgestellt: Kraftwerke versorgen die Bevölkerung mit Elektrizität; Schulen und Hochschulen schaffen die Voraussetzung für Bildung; Verkehrswege ermöglichen Mobilität; Kliniken, medizinisches Personal und Pflegekräfte machen Gesundheitsleistungen zugänglich. Digitale Infrastrukturen wiederum stellen Wissenszugänge, Bildungsmöglichkeiten, Informationsflüsse, Kommunikationswege und Öffentlichkeitsforen bereit, die für die gesellschaftliche Teilhabe notwendig sind. Nicht alle Inhalte, etwa Katzenvideos, Internet-Memes und Computerspiele, zählen als Ressource. Vorwiegend werden durch digitale Infrastrukturen jedoch Ressourcen wie Social Media bereitgestellt, die erforderlich sind, um am sozialen Leben teilzuhaben. Für diese Bedarfsdeckung lassen sich digitale Infrastrukturen heutzutage nicht ersetzen; es steht einem nicht frei, auf sie zu verzichten. Digitales Eigentum bezieht sich also nicht auf die Ressourcen, die den Endnutzern durch Infrastrukturen verschafft werden, sondern auf diese Infrastrukturen selbst.

Digitale Infrastrukturen zeichnen sich fünftens durch eine *Datafizierung* aus, mit deren Hilfe Inhalte (Informationen) in die Form digitaler Daten überführt werden (Couldry/Mejias 2019). Inhalte werden zunächst digital kodiert und somit in maschinenlesbare Zeichen, das heißt in eine Datenform übersetzt. In ihrer Datenform sind Inhalte zwangsläufig technisch verfügbar: Sie sind bearbeitbar, speicherbar, übertragbar und verbreitbar. Ihre technische Verfügbarkeit macht unvermeidlich Entscheidungen über das Wie ihrer Verfügung erforderlich. Es muss – ganz gleich ob individuell oder kollektiv – entschieden werden, wie sie bearbeitet, gespeichert, übertragen und verbreitet werden. Mit der technischen Kodierung werden Daten also zugleich normativ kodiert, weil sich die Frage stellt, wer über sie entscheiden sollte. Solche Entscheidungsrechte über äußere Güter nehmen die Gestalt von Eigentumsrechten an. Eigentumsrechte sind Entscheidungsrechte über den Gebrauch äußerer Güter. Indem also Inhalte zu Informationen datafiziert werden, nimmt jemand die Rolle eines (individuellen oder kollektiven) Eigentümers an, der über ihren Gebrauch entscheidet. Mit ihrer technischen Überführung in digitale Daten werden Inhalte also zugleich zu Eigentum kodiert.

Durch Datafizierung entsteht somit Dateneigentum; wobei unter diesem, wie bei jedem Eigentum, ein Entscheidungsrecht zu verstehen ist. Dateneigentum ist das Recht, individuell oder kollektiv über die Nutzung, Verwertung und Übertragung von Daten zu bestimmen.[128] Privates Dateneigentum befugt demnach Tech-Unternehmen dazu, allein darüber zu entscheiden. Kollektives Dateneigentum erlaubt hingegen eine gesellschaftliche Teilhabe an den Entscheidungen darüber, wie digitale Infrastrukturen zu gestalten sind. Es nimmt die Gestalt gemeinschaftlichen oder öffentlichen Eigentums an und wird als demokratische Mitbestimmung über die digitalen Infrastrukturen ausgeübt. Wir werden auf die Gründe zurückkommen, die für ein solches kollektives Dateneigentum sprechen.

Dateneigentum überhaupt entsteht erst durch Datafizierung. Datafizierung beschreibt einen Prozess der Aneignung von Inhalten, die sich zuvor dem Eigentum entzogen und nun Eigentum sind; wobei dieses Eigentum bislang nicht den Nutzerinnen, sondern den Tech-Unternehmen gehört. Durch ihre Datafizierung erhalten solche Inhalte erst den Status von Eigentum. Inhalte wie soziale Kontakte, Standortwechsel, Gefühle, Stimmen, Witze etc. sind in der realen Welt kein Eigentum und werden erst durch ihre Datafizierung zu eigentumsförmigen Informationen gemacht. Eigentum an Informationen, die zuvor kein Eigentum waren, kommt hier erst in die Welt. Datafizierung beschreibt deshalb einen Prozess der Eigentumsschöpfung.

Die Datafizierung ist ein unvermeidbares Erfordernis für jede Digitalisierung, ganz unabhängig von der jeweiligen Gesellschafts- und Wirtschaftsform. Ohne sie gibt es keine digitalen Infrastrukturen. Denn wenn Inhalte nicht in die Form digitaler Daten überführt werden, lassen sie sich digital auch nicht nutzen. Die Frage ist deshalb nicht, wie sich die Datafizierung überwinden lässt, sondern vielmehr, welche Form von Eigentum aus ihr folgt. Es stellen sich somit Fragen nach ihrer eigentumstheoretischen Ausgestaltung. Wie entsteht im digitalen Kapitalismus Privateigentum an digitalen Infrastrukturen? Und ist eine alternative Gestalt von Datafizierung denkbar, die nicht auf Privateigentum hinausläuft?

(2) Digitaler Kapitalismus

Die Datafizierung ist kein Spezifikum des digitalen Kapitalismus. Weder das technikbasierte Sammeln von Inhalten (Extraktion) noch deren eigentumsrechtliche Kodierung (Propriation), sondern ihre Kodierung als Privateigentum (der Tech-Unternehmen) ist kennzeichnend für den digitalen Kapitalismus. Inhalte werden in drei Schritten in Privateigentum überführt.

Die Datafizierung beginnt erstens mit der *Produktion* von Inhalten. Der Prozess der Produktion verläuft in unterschiedlichen Bahnen. Zum einen werden die unzähligen Inhalte, die ins digitale Netz eingespeist werden, mithilfe von Technologien und Algorithmen gesammelt, zusammengeführt, geordnet und sortiert. Zum anderen werden diese Daten durch das Verhalten von Nutzerinnen erzeugt. Zwischen beiden Produktionsprozessen besteht ein grundsätzlicher Unterschied. Die Technologien und Algorithmen sind nur die Mittel zur Produktion; sie dienen lediglich als Instrumente, Inhalte zu datafizieren. Die eigentliche Produktion – die Erzeugung der Daten – wird hingegen von den Nutzerinnen geleistet. In der Regel werden nutzergenerierte Inhalte datafiziert: Inhalte werden von Nutzerinnen in die digitale Welt eingespeist, indem sie Entscheidungen treffen, Urteile bilden, Standorte wechseln, Aufmerksamkeit aufwenden, Kenntnisse erwerben, Bedeutung verstehen, Wissen mitteilen, Gefühle ausdrücken, Körperfunktionen messen, Erlebnisse preisgeben, Beziehungen pflegen, Kontakte knüpfen, Nachrichten schreiben etc. Durch diese Tätigkeiten werden Informationen nicht nur eingegeben, sondern auch miteinander verknüpft (bspw. durch den Browserverlauf). Inhalte werden oftmals erst durch ihre Verknüpfung oder ihr hohes Aufkommen zu aussagekräftigen Daten. Verwertbare Informationen werden also von den Nutzerinnen mithergestellt. Produktion und Nutzung fallen hier in Gestalt der sogenannten ›Prosumption‹ zusammen (vgl. Sevignani 2019).[129] Prosumer speisen durch ihre Nutzung Inhalte ein, die zu Informationen datafiziert werden. Dies gilt auch für die Künstliche Intelligenz: Sie generiert ihre Ergebnisse aus den Datenmengen, die von Nutzerinnen und Autorinnen erzeugt werden.

Die Datafizierung erfolgt im digitalen Kapitalismus in Gestalt der *Okkupation*. Diese private Inbesitznahme der Daten wird auch häufig »Capture« genannt und stützt sich auf die Vertragstheorie des Eigentums (siehe Abschnitt 6.1) (Agre 2002). Daten gehen hier kraft eines Vertrags in privates Eigentum über. Vertraglich wird zwischen Nutzern und Tech-Unternehmen ein Tausch vereinbart. Tech-Unternehmen erlauben die Nutzung ihrer Technologien und stellen sicher, dass die dabei anfallenden Daten in ihr Eigentum übergehen. Durch diese vertragliche Übertragung entsteht überhaupt erst Eigentum an Daten. Die Tech-Unternehmen bestimmen dabei über die Bedingungen, unter denen ihre Technologien von anderen genutzt werden dürfen. Um an der digitalen Welt teilzuhaben, müssen Nutzerinnen diesen Bedingungen zustimmen, indem sie Cookies annehmen oder in die Geschäftsbedingungen einwilligen. Als Gegenleistung für die Nutzung räumen sie den Unternehmen das Recht an den Daten ein. Zwar sind personenbezogene Daten durch Persönlichkeitsrechte und Datenschutzrechte geschützt. Verfahren der Anonymisierung und Überwachung machen es aber möglich, dass ein Großteil aller Daten als eigentumsförmige Informationen in Besitz genommen wird. Digitale Informationen werden zwar von Nutzerinnen erzeugt, aber von Tech-Unternehmen abgeschöpft und in deren Eigentum überführt. Sie werden somit als Privateigentum eines Unternehmens gesichert, dem sie fortan gehören.

Der dritte Schritt der Datafizierung besteht in der *Kommodifizierung*, das heißt in der Gestaltung von Daten als handelbare Waren. So werden Informationen über das Verhalten einer Person beispielsweise zu einem Nutzerprofil datafiziert, das sich verkaufen, verwerten oder anders marktförmig einsetzen lässt. Dieses Produkt beinhaltet vielfältige Informationen über Verhaltensmuster: über die Präferenzen, Gewohnheiten und Überzeugungen einer Person (Profiling); über Bewertungen von Dingen, Ereignissen und Personen (Taxierung); über die Adressierbarkeit einer Person (Targeting), um sie gezielt mit individualisierter Werbung und politischen Botschaften anzusprechen. Mit der Datafizierung werden neuartige Produkte eingeführt, neue Absatzmärkte erschlossen und somit eine weitere Möglichkeit geschaffen, um Gewinne zu erwirtschaften. Die Varianten des Kapitalismus werden um den digitalen oder Informationskapitalismus ergänzt.[130]

Mit der dreistufigen Datafizierung entsteht demnach ein digitaler Markt, der durch Privateigentum organisiert wird. Auf dem privaten Datenmarkt konzentriert sich digitales Eigentum zunehmend in den Händen weniger Tech-Giganten. IT-Unternehmen wie Alibaba, Alphabet, Amazon, Apple, Baidu, Meta, Microsoft und Tencent kontrollieren nahezu den gesamten Weltmarkt. Zu dieser Eigentumskonzentration tragen drei Faktoren bei. Zunächst müssen digitale Infrastrukturen wie ein Nadelöhr oder Flaschenhals passiert werden, um Zugang zu Daten zu bekommen. Diese Gatekeeper-Funktion besitzen unvermeidlich alle Infrastrukturen. Im digitalen Kapitalismus wird sie aber von Privateigentümern auf der Grundlage von Verwertungsinteressen ausgeübt. Privateigentümer entscheiden hier darüber, wer sich in der digitalen Welt aufhalten darf und welche Regeln gelten. Wer etwa Zugang zu einem Markt haben will, ist zur Nutzung einer Plattform wie Amazon gezwungen, die den Zugang gegen einen wirtschaftlichen Vorteil gewährt. In der Plattform-Ökonomie nutzen Privateigentümer ihre Stellung als Gatekeeper, um möglichst hohe Einnahmen zu generieren.

Zudem tragen sogenannte Skalierungseffekte oder Netzwerkeffekte zur Eigentumskonzentration bei. Darunter wird verstanden, dass die Qualitäts-, Preis- oder Verbreitungsvorteile mit der Größe des Marktanteils wachsen. Je häufiger eine Plattform genutzt wird, desto attraktiver ist sie für Nutzerinnen; und um so häufiger wiederum wird sie genutzt.

Schließlich wird die Eigentumskonzentration durch die Immaterialität der Daten befeuert. Diese führt dazu, dass digitales Eigentum aufseiten der Anbieter zunimmt, während es aufseiten der Nutzerinnen durch Nutzungerechte ersetzt wird. Nutzerinnen erwerben gegen Bezahlung oder gegen Tausch ihrer Daten Nutzungsrechte von Infrastrukturen. Diese Nutzungsrechte verschaffen ihnen einen – oftmals nur temporären – Zugang zu den Produkten von Tech-Unternehmen: den Zugang zu einer Datei, zu einem Streamingdienst, zu einer Plattform etc. Sie erwerben das Recht, eine Datei herunterzuladen oder Video- und Audiodaten abzurufen, um z.B. Inhalte wie Filme, Musik und Texte zu konsumieren. Diese Daten lassen sich aufgrund von Übertragungssperren nicht weitergeben, verleihen, verschenken etc. Ihre Übertragung wäre zugleich ihre Reproduktion. Mit dem Kauf wird nur der Zugang zu ihrer Nutzung erworben, nicht aber das Recht auf ihre Übertragung oder Verwertung. Nutzerinnen haben hier kein Eigentum an Daten, für deren Nutzung sie zahlen. Rechte auf Datennutzung ohne Übertragungs- und Verwertungsrechte sind Nutzungsrechte, aber keine Eigentumsrechte. Während analoge Medien wie Musikträger (CD, Alben etc.) von Verbrauchern als Eigentum erworben werden, stehen ihnen die gleichen Inhalte in digitaler Gestalt nur im Rahmen von Nutzungsrechten zur Verfügung.

Die Vorstellung einer digitalen Dienstleistungsgesellschaft, in der das Eigentum überwunden wird, trifft deshalb nicht zu (vgl. Rifkin 2016). Im Gegenteil verschärft sich die Eigentumskonzentration. Das Eigentum verbleibt in den Händen weniger Rechteinhaber, die Einnahmen gewinnen, ohne Eigentum abzutreten. Obwohl Nutzerinnen zahlen und Anbieter verdienen, findet kein Eigentumstransfer statt. Dies macht das Geschäftsmodell digitalen Privateigentums besonders ertragreich: Einerseits lassen sich digitale Nutzungsrechte ohne neue Kosten endlos wiederverkaufen. Andererseits behalten die Eigentümer das Monopol auf sie. Damit konzentriert sich digitales Eigentum in den Händen privater Anbieter.

(3) Gemeinschaftliches und öffentliches Digitaleigentum

Zu den gesellschaftlichen Folgen des digitalen Kapitalismus gehört, dass die politische Öffentlichkeit ihre Funktion eines Scharniers zwischen Politik und Zivilgesellschaft ungenügend erfüllt.[131] Der inklusive und deliberative Charakter der politischen Öffentlichkeit wird durch die Kommerzialisierung einer digitalen Netzkommunikation ausgehöhlt, die ersatzlos an die Stelle klassischer Medien tritt. Die geringen Kosten für die Produktion und Verbreitung digitaler Inhalte ermöglichen es den Tech-Unternehmen, diese Inhalte den Nutzern kostenfrei – in Gegenleistung für das übertragene Recht an ihren Daten – zur Verfügung zu stellen. Diese Kommerzialisierung verschafft den Tech-Unternehmen einen Marktvorteil gegenüber den klassischen Medien (insbesondere Tageszeitungen), die unter wirtschaftlichen Druck geraten (vgl. Habermas 2022: 54 f.). Zugleich werden die (kostenintensiven) Aufgaben der Qualitätssicherung, die von klassischer Redaktionsarbeit geleistet wird, nicht übernommen. Stattdessen wird eine algorithmengesteuerte Adressierung und Selektion von Inhalten ausgebaut, die bestimmte Marktvorteile verspricht. Die Inhalte werden etwa der Nachfrage nach identitätswahrender Selbstbestätigung (Echokammern) angepasst, wodurch Informiertheit, Perspektivübernahme und Selbstreflexion abnehmen. Zudem werden die Konsumentenzahlen (Clickbaiting) durch Angebote gesteigert, die eine polarisierende Ressentimentbildung anheizen (vgl. Vogl 2021). Der digitale Kapitalismus trägt so zur Verbreitung und Akzeptanz von Desinformationen bei, die die politische Öffentlichkeit untergraben und Demokratien insgesamt destabilisieren. Private Eigentümer treffen hier unternehmerische Entscheidungen über die Gestaltung digitaler Infrastrukturen, die für die politische Öffentlichkeit und Demokratie überlebenswichtig sind.

Zwar gibt es erste Ansätze einer Regulierung der digitalen Infrastrukturen. Der *Digital Service Act* (DSA) und der *Digital Market Act* (DMA) gelten als eine Art Internet-Grundgesetz und verpflichten Online-Plattformen auf europäischer Ebene zur Moderation problematischer Inhalte und dazu, gegen Desinformation vorzugehen. Ihre Wirksamkeit ist angesichts von zwei Herausforderungen jedoch einigermaßen gering. Die erste besteht in der informellen Einflussnahme mithilfe einer ökonomischen Macht, die durch die hohe Eigentumskonzentration privater Tech-Unternehmen entsteht. Mit Investitionsversprechen und Drohungen des Kapitalabzugs werden Gesetzgeber und Regierungen von Big Data unter Druck gesetzt. Zudem wird geltendes Recht (Datenschutz, Urheberrechte) durchlöchert, ohne ernsthafte Sanktionen befürchten zu müssen. Die zweite Herausforderung betrifft die Abhängigkeit der Politik von den privaten Tech-Unternehmen. Politische Akteure haben selbst ein Interesse an den Dienstleistungen der IT-Unternehmen. So sind sie durchaus dankbare Abnehmer von Nutzerprofilen, um ihren Wahlkampf möglichst zielsicher adressieren zu können. Sodann besteht aus Gründen der Sicherheit – ob berechtigt oder nicht – ein Interesse am Zugriff auf die Datenbestände, die von den Tech-Unternehmen angelegt werden. Für Nationalregierungen ist zudem die globale Marktmacht ›ihrer‹ Technologieindustrien von Nutzen, um geostrategische Interessen durchzusetzen (vgl. Sulyman 2024: 182–186). Zwischen politischer Macht und privaten Tech-Firmen besteht also eine uneingestandene Komplizenschaft. Aufgrund ihrer Interessenskonvergenz besitzen Parlamente und Regierungen eine geringe Bereitschaft, gegen die Unternehmen vorzugehen.

Der privaten Eigentümermacht von Big Data ist allein durch gesetzliche Regulierungen nicht beizukommen. Eine Alternative wäre, dass an ihre Stelle *öffentliches Eigentum* tritt. Öffentliche Eigentümerschaft an digitalen Infrastrukturen muss nicht zwangsläufig auf planwirtschaftliche, technokratische oder dirigistische Regulierungsfantasien hinauslaufen. Unter ihr ist vielmehr eine Mischform von öffentlicher Eigentümerschaft und privater Wirtschaftsweise zu verstehen. Die digitalen Infrastrukturen sind öffentliches Eigentum und verbleiben somit in Reichweite politischer Gestaltungsmacht. Der öffentliche Eigentümer kann sie jedoch an Unternehmen verpachten. Beide schließen einen Pachtvertrag, der eine bindende Geschäftsordnung einschließt. Die Geschäftsordnung räumt dem Unternehmen das Eigentum an privatwirtschaftlichen Gewinnen ein. Damit werden für Unternehmen Anreize gesetzt, neue Technologien zu erforschen, zu entwickeln und anzuwenden. Beispielsweise können den Nutzern soziale Medien angeboten werden, die weiterhin »ungeregelte Kommunikationsflüsse« (Habermas 2022: 41) ermöglichen. Zugleich behält der öffentliche Eigentümer die Entscheidungsmacht über die Rahmenbedingungen, unter denen soziale Medien bereitgestellt werden. Die Geschäftsordnung kann das Unternehmen etwa an publizistische Sorgfaltspflichten binden. Sie verpflichtet das Unternehmen, Falschmeldungen zu korrigieren, Fakten zu überprüfen und die Beiträge der Nutzer notfalls zu kommentieren. Zudem legen die Geschäftsbedingungen fest, dass die Algorithmen offenzulegen sind, nach denen Inhalte adressiert und selektiert werden; wobei die Inhalte mithilfe von Verschlüsselungstechnologien trotz der Transparenz der Algorithmen geheim gehalten werden können, um den Datenschutz zu wahren.

Dieses öffentliche Digitaleigentum lässt sich im Rückgriff auf ein eigentumstheoretisches Argument begründen. Eigentumsrechte können als der Anspruch auf die Erträge des eigenen Tuns begründet werden: Wer einen Wert erzeugt, dem gehört er auch (siehe oben S. 113, 154–159). Digitale Infrastrukturen zeichnen sich nun durch die Prosumption aus, die eben beschrieben wurde: Aussagekräftige Daten werden durch ihre Nutzung erzeugt. Die Wertschöpfung im Datenverkehr speist sich demnach aus zwei Quellen: aus den Technologien (Algorithmen, Server etc.) und deren Nutzung. Wenn also dem, der einen Wert erzeugt, dieser Wert auch gehört, und wenn die *Nutzung* digitaler Infrastrukturen zur Wertschöpfung beiträgt, dann haben Nutzer auch ein Recht auf das anteilige Eigentum an den digitalen Infrastrukturen. Die Nutzer digitaler Infrastrukturen sind demnach auch ihre (Mit-)Eigentümer. Bekanntermaßen wurde die emanzipatorische Kraft digitaler Medien von Jürgen Habermas darin gesehen, dass sie »alle potentiellen Nutzer prinzipiell zu selbstständigen und gleichberechtigten Autoren« (ebd.: 44) ermächtigen. Zu ergänzen wäre, dass sie als Autoren auch Eigentümer sind, wenn auch nicht in einem urheberrechtlichen Sinn.

Die Nutzer digitaler Infrastrukturen sind Autoren und deshalb auch ihre Miteigentümer.

Dieses eigentumstheoretische Argument wurde von Vertretern des Libertarismus (siehe Kapitel 2) aufgriffen, um – fälschlicherweise – Privateigentum zu begründen. So wurde etwa von Jaron Lanier ein Bezahlmodell vorgeschlagen (vgl. Lanier 2018).[132] Es besagt, dass Nutzer für ihre Tätigkeiten zu bezahlen sind; sie sollen also ihre Daten zu Geld machen können. Genauso wie Erwerbstätige für ihre Arbeit ein Gehalt verdienen, steht auch Nutzerinnen eine Gegenleistung zu. Diese Gegenleistung kann in Gestalt von Gebühren, Rabatten, Gutscheinen, Einnahmen oder eines bedingungslosen Grundeinkommens ausgezahlt werden. Nutzerinnen sollen auf diese Weise Geld verdienen können, indem sie ihren Browser-Verlauf, ihre Kontaktlisten, ihre Standorte oder die Inhalte ihrer Textnachrichten verkaufen.

Nicht nur, dass die Anhänger des Bezahlmodells die Kommodifizierung lebensweltlicher Zusammenhänge auf die Spitze treiben. Sie verkennen vor allem die Bedeutung des Eigentums. Eigentumsrechte sind immer Entscheidungsrechte und bedeuten, dass Eigentümer über die Nutzung, Verwertung und Übertragung von Daten *bestimmen.* Im Bezahlmodell werden die Nutzer mit Kompensationszahlungen zufriedengestellt, während es vielmehr darum geht, über die digitalen Infrastrukturen mitzuentscheiden. Aufgrund ihrer digitalen Wertschöpfung steht den Nutzern ein Eigentumsrecht zu, das die Entscheidungshoheit über die Infrastrukturen miteinschließt. Als Eigentümer entscheiden sie über die Gestaltung der digitalen Infrastrukturen mit.

Diese kollektive Entscheidungsmacht wird demokratisch organisiert, so wie jeder Prozess der Willensbildung von Gleichen demokratisch geregelt wird. Als Miteigentümer hat jeder Nutzer digitaler Infrastrukturen das gleiche Recht, über deren Gestaltung mitzubestimmen. Digitale Infrastrukturen sollten deshalb unter demokratischer Kontrolle stehen. Wenn erstens Nutzer Miteigentümer sind und zweitens Eigentum ein Entscheidungsrecht ist und drittens gleiche Entscheidungsrechte aller demokratisch organisiert werden, dann sollte über digitale Infrastrukturen demokratisch entschieden werden.

Diese demokratische Gestaltungsmacht wird in Form öffentlichen Eigentums ausgeübt.[133] Die eigentumsgebundenen Entscheidungsrechte werden kollektiv durch zwei demokratische Verfahren institutionalisiert. Zum einen müssen die politischen Entscheidungsträger, die öffentliches Eigentum verwalten und gestalten, von den Bürgerinnen gewählt werden. Die politischen Repräsentanten nehmen dabei die Rolle von Treuhändern eines öffentlichen Eigentums ein, das der Allgemeinheit gehört, die sie vertreten. Dem öffentlichen Eigentum einer Regierung und ihrer Organe wird eine solche Legitimation durch Wahlen und Rechtsstaatlichkeit verschafft. Dabei wird dem Missbrauch staatlicher Überwachung durch starke Durchgriffs- und Transparenzrechte des Parlaments sowie durch eine wirksame Gewaltenteilung vorgebeugt. Zum anderen wird durch Maßnahmen der direkten Partizipation dem Umstand Rechnung getragen, dass die Nutzer aufgrund ihrer Prosumption die rechtmäßigen Eigentümer sind und deshalb ein unmittelbares Mitspracherecht haben. Nutzer müssen deshalb in den Leitungsgremien vertreten sein und gestalterischen Einfluss auf die digitalen Infrastrukturen ausüben können. Öffentliches Eigentum und die einhergehende demokratische Kontrolle über digitale Infrastrukturen wären so ein wirksamer Hebel, um digitale Märkte zu regulieren.

Nicht nur öffentliches Eigentum, sondern auch Gemeineigentum an digitalen Infrastrukturen lässt sich eigentumstheoretisch begründen. Während öffentliches Eigentum allen Bürgern einer Gesellschaft oder ihren Vertretern gehört, beschränkt sich Gemeineigentum auf die Mitglieder einer Gemeinschaft. Digitales

Gemeineigentum nimmt entweder die Gestalt des Plattform-Kooperativismus (Genossenschaften) oder der Open-Access-Plattformen an. In Plattform-Genossenschaften wie dem Online-Marktplatz Fairmondo oder der Foto- und Video-Plattform Stocksy beschränkt sich die Miteigentümerschaft auf die Arbeiterinnen, die sie gründen, verwalten oder pflegen und die mit dieser Arbeit ihren Lebensunterhalt verdienen (vgl. International Cooperative Alliance). Die Miteigentümer gestalten hier gemeinschaftlich die digitalen Technologien, bestimmen selbst über ihre Arbeitsbedingungen (Gehalt, Zeiten, Tätigkeiten etc.) und können gemeinwirtschaftliche Ziele verfolgen (vgl. Sandoval 2020). In Open-Access-Netzwerken hingegen wird die Miteigentümerschaft auf alle Nutzerinnen erweitert. Ein soziales Netzwerk beispielsweise wird hier von allen, die es nutzen, auch verwaltet, gestaltet und kontrolliert: als würden soziale Medien denen gehören, die sie nutzen. Die Online-Enzyklopädie Wikipedia müsste so betrachtet allen, die sie bearbeiten, auch gehören. Die demokratische Mitgliederkontrolle ist dabei von Scheinalternativen zu unterscheiden, in denen Open-Access (Creative-Commons-Lizenzen, Open Content, Open Source etc.) nur ein weiteres Geschäftsmodell von Tech-Unternehmen ist (vgl. Reitz/Sevignani/van den Ecken 2023) oder Mitglieder als verkappte Selbstunternehmer (Sharing Economy) agieren (vgl. Scholz 2016). In diesen Scheinalternativen wird der Unterschied zwischen Gemeinbesitz und Gemeineigentum verschleiert. Digitaler Gemeinbesitz beschränkt sich auf die offene Nutzung einer Plattform, einer Datei oder einer Software. Zum digitalen Gemeineigentum gehört jedoch die kollektive Entscheidungsmacht über deren Nutzung, Verwertung sowie Übertragung und somit auch die Möglichkeit, private Verwertungsinteressen von der Nutzung auszuschließen; Nutzerinnen, die bloß einen freien Zugang besitzen, fehlt eine solche eigentumsgebundene Entscheidungsmacht.

8. Wem gehört die Stadt?

Eigentumskonflikte brechen besonders sichtbar und regelmäßig in Städten aus. Das liegt nicht nur daran, dass in der modernen Stadt die Lebensmodelle unterschiedlicher Schichten, Milieus und Kulturen auf engem Raum aufeinanderprallen. Vielmehr hängt dies eng mit der Eigendynamik der Güter zusammen, die Städte erst lebenswert machen: Städte sind attraktiv, weil sie einen Zugang zu wichtigen Infrastrukturen versprechen – von Wohnraum, Mobilität und Energie über Bildung, Kultur und Gesundheitsleistungen bis hin zu Möglichkeiten der sozialen Teilhabe und dem Zugang zum Arbeitsmarkt. Zugleich ist die moderne Stadt aber auch ein Ort beispielloser Exklusion: Sie erzeugt auch Obdachlosigkeit, Armut, Verdrängung und Segregation. Wie kann es sein, dass Reichtum und Elend, Teilhabe und Exklusion auf derart engem Raum nebeneinander existieren, ja, sich offenbar sogar gegenseitig bedingen? Die Beantwortung dieser Frage führt unweigerlich auf das eigentumsrechtliche Fundament, auf dem moderne Städte errichtet sind.

Besonders deutlich zeigt sich dieses Fundament in Konflikten um städtischen Wohnraum. Hier stehen sich zwei unvereinbare Perspektiven auf die Stadt gegenüber: Einerseits erscheint Wohnraum als unverzichtbares Grundbedürfnis, andererseits als lukratives Anlageobjekt. Zu letzterem kann er erst vor dem Hintergrund einer einseitig privatnützigen eigentumsrechtlichen Kodierung werden. Diese widerspricht jedoch dem Freiheitsversprechen des Eigentums. Recht betrachtet liefert Eigentum daher kein Argument für die Privatisierung und Kommodifizierung, sondern für die Demokratisierung der Stadt und ihres Wohnraums.

(1) Wohnen: Grundbedürfnis oder Ware?

Für seine Nutzer erfüllt Wohnraum vor allem ein Grundbedürfnis: Jeder Mensch muss wohnen. Der Zugang zu adäquatem Wohnraum ist die unverzichtbare Basis eines selbstbestimmten Lebens und gilt daher zu Recht als unveräußerliches Menschenrecht.[134] Angemessener Wohnraum schützt nicht nur vor den natürlichen Elementen, sondern ermöglicht überhaupt erst moderne Formen von sozialer, kultureller und politischer Teilhabe (vgl. Madden/Marcuse 2016: 13). Er stellt daher eine unverzichtbare Infrastruktur moderner Gesellschaften dar (vgl. Schönig/Vollmer 2020: 18 f.; Jensen 2020). Der Wert von Wohnraum besteht in dieser Perspektive in seinem Gebrauch, der zugleich ein individuelles Grundbedürfnis und eine gesellschaftliche Notwendigkeit erfüllt.

Ganz anders stellt es sich aus der Perspektive der Finanzmärkte dar: Für Kapitalanleger und Immobilienkonzerne kommt Wohnraum nicht als unverzichtbares Grundbedürfnis in den Blick, sondern als austauschbare Ware (vgl. Holm 2023a: 16 ff.). Nicht der Gebrauchswert von Wohnraum ist hier entscheidend, sondern seine Funktion, Renditen abzuwerfen. Je umfassender der Wohnungsmarkt der privaten Hand überlassen wird, desto mehr verwandelt sich Wohnraum von einem Gebrauchsgut in ein Finanzprodukt (vgl. Heeg 2013: 76). Die Folgen dieser Finanzialisierung lassen sich in nahezu allen Metropolen der Gegenwart beobachten: Gebaut und vermarktet wird nicht, was einen gesellschaftlichen Bedarf deckt, sondern was die höchste Rendite verspricht.

Renditen lassen sich allerdings auch mit anderen Waren oder Finanzprodukten erwirtschaften. Was macht gerade städtischen Wohnraum zu einem so attraktiven Anlageobjekt? Die Antwort auf diese Frage hängt neben der eigentumsrechtlichen Kodierung (dazu gleich mehr) eng mit zwei Gütereigenschaften von städtischem Wohnraum zusammen: Unabhängig davon, wem er gehört, ist städtischer Wohnraum zwar unverzichtbar, aber nur begrenzt vermehrbar.

Zum einen ist Wohnraum in modernen Gesellschaften unverzichtbar und daher stets gefragt. Selbst in Krisenzeiten bleibt diese Nachfrage relativ stabil: Auf Luxusgüter, Urlaubsreisen oder Restaurantbesuche kann man nötigenfalls verzichten, nicht aber auf Wohnraum. Auch wenn die Nachfrage nach Wohnraum aufgrund von demografischen und konjunkturellen Trends, Zuzug aus dem In- und Ausland oder Spekulation deutlichen Schwankungen unterliegt, fällt sie kaum je unter ein gewisses Grundniveau.

Zum anderen kann städtischer Wohnraum aber nicht beliebig neu geschaffen werden, da das Angebot an bebaubaren Flächen stark begrenzt ist. Diese sogenannte *Inelastizität des Angebots* unterscheidet Infrastrukturen wie Wohnraum von vielen anderen Gütern. Steigt etwa die Nachfrage nach Gebrauchsgütern wie Hemden oder Zahnbürsten unerwartet an, so lässt sich deren Produktion problemlos ausweiten. Bei städtischem Wohnraum ist dies hingegen nur sehr eingeschränkt möglich. Zwar ließe sich theoretisch immer mehr Boden an den Stadträndern zu Bauland erklären und bebauen; aber diese Entwicklung stößt aufgrund der prinzipiellen Unvermehrbarkeit des Bodens zwangsläufig an Grenzen und erzeugt Nutzungskonflikte mit anderen dringend benötigten Flächennutzungen wie Landwirtschaft oder Naturschutz. Außerdem geht mit der Zersiedelung eines immer breiter werdenden »Speckgürtels« gerade das verloren, was die moderne Stadt attraktiv macht: ihre kompakte Struktur, die kurzen Wege und eine gute Anbindung an zentrale Infrastrukturen. Der Ausweitung des Angebots an städtischem Wohnraum sind daher enge Grenzen gesetzt.

Schon diese beiden Eigenschaften – anhaltend hohe Nachfrage bei gleichzeitig stark begrenztem Angebot – machen das Privateigentum an Wohnraum zu einem äußerst attraktiven Anlageobjekt. Denn gemeinsam versprechen sie hohe Renditen bei geringem Risiko: Steigt die Nachfrage nach Wohnraum, kommt es aufgrund des begrenzten Angebots zu fast ungebremsten Preissteigerungen; und stagniert oder sinkt die Nachfrage, zeichnet sich Wohnraum aufgrund seiner Unverzichtbarkeit zumindest durch eine hohe Wertbeständigkeit aus. Zudem kann Wohnraum als unverzichtbare Infrastruktur moderner Gesellschaften auf umfangreiche staatliche Förderungen hoffen, etwa durch Wohngeldzahlungen oder Steuererleichterungen. Während Unternehmen insolvent gehen, anleihefinanzierte Projekte scheitern und Aktienmärkte volatil sein können, versprechen Wohnimmobilien als »handelbarer Wertspeicher« (Aalbers/Christophers 2020: 45) dem Anlagekapital einen sicheren Hafen. Dieses relativ hohe Maß an Sicherheit lässt Banken der Immobilienwirtschaft besonders günstige Kreditkonditionen gewähren, was den Zustrom von Anlagekapital in urbane Lagen weiter beschleunigt. In der Folge werden immer mehr Segmente des Wohnungsmarktes der Logik der Finanzmärkte unterworfen – von der Stadtvilla bis zum Plattenbau, vom Zentrum bis in die Peripherie, von der Metropole bis in die Kleinstadt.

(2) Wohnraum als Privateigentum

Zu einem solchen handelbaren Anlageobjekt kann Wohnraum aber erst durch seine eigentumsrechtliche Kodierung werden. Dass Wohnraum überhaupt Gegenstand von Eigentumsrechten ist, ist aufgrund seiner Gütereigenschaften als knappes und unentbehrliches Gut unvermeidbar. Welche Form diese Eigentumsrechte annehmen, ist hingegen das Ergebnis der politischen Willensbildung; infrage kommen hier verschiedene Varianten von Privateigentum ebenso wie gemeinschaftliches oder öffentliches Eigentum. Spätestens mit dem Siegeszug des Neoliberalismus seit den 1980er Jahren ist aber besonders eine Eigentumsform dominant geworden: eine durch Deregulierung weitgehend entgrenzte Konzeption von Privateigentum.

Ein solches entgrenztes Privateigentum dient dabei gewissermaßen als institutionell verlängerter Arm der privaten Kapitalanleger und ihrer Renditeerwartungen. Denn wie keine andere Eigentumsform maximiert es ihre Möglichkeit, Renditen zu erzielen. Das liegt daran, dass Renditen nichts anderes bezeichnen als den kapitalisierten Wert von Eigentumsrechten. Die Rendite, die sich mit einem ansonsten identischen Gut erzielen lässt, hängt daher empfindlich von den Eigentumsrechten ab, die an ihm verliehen werden. Entgrenzte Privateigentumsrechte an Wohnraum ermöglichen hohe Renditen in drei Hinsichten:

Erstens erlauben es private *Nutzungsrechte*, die tatsächliche Nutzung einer Immobilie an die sogenannte »höchste und beste Nutzung« (Smith 1996: 60) anzupassen – also an die Nutzung, die den höchsten Gewinn verspricht. Um die »Rentenlücke« (ebd.: 64) zwischen der aktuellen und der profitabelsten Nutzung zu schließen, kommen dabei verschiedene ertragssteigernde Strategien zum Einsatz. So verwandeln etwa Umnutzungen Streuobstwiesen in Reihenhaussiedlungen oder bezahlbaren

Wohnraum in Ferien- und Eigentumswohnungen; Mieterhöhungen vertreiben zahlungsunfähige Mieter und belasten die verbleibenden stärker; und gezieltes Desinvestment lässt Wohnraum in Hoffnung auf zukünftige Wertsteigerungen leer stehen oder drückt die Bewirtschaftungs- und Instandhaltungskosten zu Lasten von Mietern und Bausubstanz.

Wie bereits Friedrich Engels in seiner Analyse der Wohnverhältnisse seiner Zeit bemerkte, handelt es sich bei solchen Strategien der Renditeoptimierung keineswegs um die Handlungen besonders »gieriger« Akteure, sondern um einen strukturellen Zwang: Wer im hart umkämpften Wohnungsmarkt bestehen will, hat »nicht nur das Recht, sondern, vermöge der Konkurrenz, auch gewissermaßen die Pflicht [...], aus seinem Hauseigentum rücksichtslos die höchsten Mietpreise herauszuschlagen.« (Engels 1989: 236) Die gesellschaftlichen Folgen dieses strukturellen Zwangs sind weitreichend: Angestammte Bewohner müssen für schlechtere Leistungen einen immer höheren Teil ihres Einkommens aufbringen, werden systematisch verdrängt (Gentrifizierung) und müssen in weniger attraktive, infrastrukturell oft unterversorgte Stadtteile ausweichen (Segregation). Im Extremfall droht ihnen sogar die Wohnungs- oder Obdachlosigkeit. Obwohl eigentlich unverzichtbares Grundbedürfnis, wird angemessener Wohnraum so immer mehr zu einem Luxusgut, das sich nur noch eine wohlhabende Minderheit leisten kann.

Zweitens sichern private *Verwertungsrechte* Eigentümern sämtliche Erträge zu, die sie aus der Vermietung oder dem Verkauf ihres Wohnraums erzielen können. Der Rückgriff auf das Sacheigentum ermöglicht es Eigentümern, diese Erträge unterschiedslos für sich zu reklamieren: Die Zuwächse aus ihrem Eigentum gehören ihnen.

Was auf den ersten Blick stringent erscheint, wirft auf den zweiten allerdings eigentumstheoretische Fragen auf. Denn zum großen Teil handelt es sich bei diesen Erträgen um leistungslose Gewinne, die in keiner Weise auf die Eigentümer oder ihre Güter selbst zurückzuführen sind. Zwar ist es richtig, dass Eigentümer ihre Immobilien mitunter selbst aufwerten – etwa, indem sie ein Gebäude errichten oder eine Wohnung modernisieren lassen. Aber die mit Abstand größten Wertsteigerungen von Wohnimmobilien sind nicht das Resultat solcher Verbesserungen, sondern gestiegener Bodenpreise. So sind im globalen Norden konservativen Schätzungen zufolge etwa achtzig Prozent des Anstiegs von Immobilienpreisen zwischen 1950 und 2012 direkt auf gestiegene Bodenpreise zurückzuführen (Knoll u.a. 2017).[135] Solche Wertsteigerungen gehen in der Regel gerade *nicht* auf die Initiative der Eigentümer oder die intrinsischen Eigenschaften ihrer Grundstücke zurück. Damit aber ist unklar, warum sie als Zuwächse behandelt werden sollten, die aus dem bestehenden Eigentum heraus erwachsen. Wie entstehen diese Wertsteigerungen dann?

Zwei Faktoren sind hier entscheidend. Eine zentrale Rolle für die urbane Wertschöpfung spielt zum einen die eigentumsrechtliche und stadtplanerische Rahmung des Bodenmarktes. Denn wie wir bereits gesehen haben, hängt der Wert von Grundstücken empfindlich vom Umfang der verliehenen Eigentumsrechte ab. Je umfassender diese Rechte ausfallen, desto höhere Renditen lassen sich erzielen, was die Nachfrage und somit auch die Preise in die Höhe treibt. Steigende Bodenpreise sind daher kein Naturgesetz, sondern immer auch das Ergebnis einer spezifischen Eigentumspolitik, also konkreter gesetzgeberischer und planerischer Maßnahmen. Sofern Bodenwertsteigerungen auf solche öffentlichen Maßnahmen zurückzuführen sind, stellen sie somit keine Zuwächse aus bestehenden Eigentumsrechten dar; vielmehr handelt es sich um Wertzugaben durch die öffentliche Hand.[136]

Zum anderen hängen Bodenpreise empfindlich vom Faktor Lage ab. Die Qualität einer Lage wird allerdings nicht von den intrinsischen Eigenschaften eines Grundstücks bestimmt, etwa der Zusammensetzung des Bodens. Entscheidend sind vielmehr die Eigenschaften der Umgebung. Eine gute Lage zeichnet sich vor allem durch die Anbindung an öffentliche Infrastrukturen und die darauf aufbauende Wirtschaftskraft aus: Besteht Zugang zu Verkehrsinfrastruktur, schnellem Internet, dem Abwassernetz oder Fernwärme? Gibt es Kitas, Schulen, Krankenhäuser, Bibliotheken oder Parks in erreichbarer Nähe? Wie weit ist es zu guten Jobs, Einkaufsmöglichkeiten und netten Cafés?

Bodenwertsteigerungen aufgrund von Lagefaktoren resultieren somit in der Regel nicht hauptsächlich aus den Aktivitäten des Eigentümers oder den intrinsischen Eigenschaften des Grundstücks. Sie sind vielmehr das Produkt der Handlungen ganz verschiedener Akteure. Einen maßgeblichen Beitrag leistet auch hier die öffentliche Hand, die durch Stadtplanung, den Ausbau öffentlicher Infrastrukturen und den Erhalt öffentlicher Räume zur Steigerung der Bodenwerte beiträgt. Aber auch unternehmerische Aktivitäten und nachbarschaftliche Initiativen tragen durch die Schaffung von Arbeitsplätzen und die Verbesserung der Lebensqualität zur Bodenwertsteigerung bei.

Urbaner Grund und Boden wird also weniger von einzelnen Eigentümern als vielmehr in einem komplexen Prozess durch die Stadtgesellschaft insgesamt in Wert gesetzt. Sein Wert ist kein Erzeugnis individueller Initiativen oder natürlicher Entwicklungen, sondern das »Produkt kollektiver menschlicher Arbeit« (Harvey 2013: 149). Trotzdem erlaubt unsere Eigentumsordnung, dass ein Großteil dieser kollektiv erzeugten Werte privatisiert wird. Denn steigende Bodenwerte kommen in Form von höheren Verkaufs- und Vermietungspreisen vor allem den Eigentümern zugute. Obwohl sie gemeinschaftlich erzeugt werden, werden diese Werte in Form von Bodenrenten privat abgeschöpft.[137] Nur ein verschwindend geringer Anteil dieses leistungslosen Einkommens wird durch Grundsteuern und Abgaben an die Gemeinschaft zurückgeführt; der Löwenanteil verbleibt bei den Eigentümern, allen voran einigen wenigen Großgrundbesitzern und Immobilienkonzernen. Das Privateigentum an städtischen Böden ist daher nicht nur ungleich verteilt, sondern trägt als ein gigantisches »System der permanenten Umverteilung« von unten nach oben (Holm 2023b: 106) selbst zur Verschärfung der sozialen Ungleichheit bei. Je höher dabei die Rendite der Eigentümer, desto höher die Kosten für alle anderen.[138]

Drittens erlauben es private *Übertragungsrechte* nicht nur, ganze Wohnimmobilien frei zu handeln, sondern auch einzelne Teilrechte. Damit wird es möglich, neuartige Finanzprodukte zu entwickeln, in denen einzelne Eigentumsrechte zu komplexen Rechtebündeln zusammengestellt werden. Diese Immobilienfinanzprodukte ermöglichen es, die Interessen ganz unterschiedlicher Anleger zu bedienen, was die Finanzialisierung der Städte weiter vorantreibt (vgl. Heeg 2022: 199f.; Aalbers 2016). Durch den ungebremsten Zustrom an Kapital entkoppeln sich die Kaufpreise von Immobilien zunehmend von den Einnahmen, die aus ihrer Nutzung erzielt werden können, und beruhen stattdessen immer stärker auf der Erwartung zukünftiger Preissteigerungen. Immobilien werden dann nicht mehr zur Nutzung gekauft, sondern um sie zu einem höheren Preis weiterzuverkaufen. Platzen die so entstehenden spekulativen Preisblasen – wie etwa bei der Finanzkrise von 2008, die durch den Handel mit komplexen Immobilienfinanzprodukten ausgelöst wurde –, hat das gravierende Folgen für die gesamte Gesellschaft. Nicht nur die Kosten, sondern auch die Risiken der Finanzialisierung der Städte werden so an die Gesellschaft weitergereicht.

Am Beispiel von Wohnraum zeigt sich also deutlich, welche Verwerfungen das entgrenzte Privateigentum in der neoliberalen Stadt erzeugen kann: Private Nutzungsrechte führen zu Verdrängung und Segregation; entgrenzte Verwertungsrechte privatisieren kollektiv erzeugte Werte und befeuern die Umverteilung von unten nach oben; und unbeschränkte Übertragungsrechte reichen die dabei anfallenden Risiken an die Gesellschaft weiter. Damit wird nicht nur die Stadt von einem Ort der Teilhabe und Inklusion aller zu einem Ort der Bereicherung weniger, sondern auch das Versprechen des Eigentums verkehrt sich gegen sich selbst: Anstatt Externalitäten zu internalisieren und dafür zu sorgen, dass Kosten und Nutzen in einer Hand zusammengeführt werden, bewirkt das Privateigentum an städtischem Wohnraum gerade das Gegenteil. Es privatisiert Werte, die sozial erzeugt werden, und sozialisiert zugleich die dadurch entstehenden Risiken. Das ist nicht nur ungerecht und ineffizient, sondern widerspricht auch der freiheitlichen Grundlage des Eigentums.

(3) Die Demokratisierung der Stadt

Um dieser Verkehrung entgegenzuwirken, muss der Einfluss der Finanzmärkte auf die Stadt zurückgedrängt werden. Dazu werden verschiedene eigentumspolitische Instrumente diskutiert – von verstärkter Regulierung und Besteuerung über eine aktivere öffentliche Bodenpolitik bis hin zu verschiedenen Formen gemeinschaftlichen und öffentlichen Eigentums (vgl. Holm/Horlitz 2022; Prey/Steinfeld 2021). Alle diese Instrumente zielen darauf, das städtische Eigentum teilweise oder vollständig zu *dekommodifizieren* und zu *demokratisieren*, es also den Marktmechanismen zu entziehen und unter öffentliche Kontrolle zu bringen. Eigentumstheoretisch entscheidend ist dabei, dass diese Forderungen nicht etwa von außen an das Eigentumsrecht herantreten, sondern sich vielmehr aus diesem selbst ableiten lassen: Da das Eigentum im Kern eigene Leistungen vor fremdem Zugriff schützen soll und urbane Lagen nicht durch einzelne Eigentümer, sondern vor allem durch kollektive Leistungen in Wert gesetzt werden, steht das letzte Wort über die Gestaltung der Stadt nicht privaten Eigentümern zu, sondern den Kollektiven, die die Stadt als lebenswerten Ort erzeugen und reproduzieren – also etwa der Stadtgesellschaft, den Kommunen oder der demokratischen Öffentlichkeit.

Die genannten eigentumspolitischen Instrumente gehen dabei unterschiedlich weit. Regulatorische und steuerliche Ansätze stellen das städtische Privateigentum nicht grundsätzlich infrage, aber zielen darauf ab, seine Auswirkungen abzumildern. Diese Ansätze basieren oft auf der Bündeltheorie des Eigentums (siehe dazu Abschnitt 1 der Einleitung), der zufolge Eigentumsrechte vom Gesetzgeber flexibel ausgestaltet werden können. Die Verwerfungen des Privateigentums sollen demnach entschärft werden, indem einzelne Rechte der privaten Verfügungsgewalt entzogen werden. So können etwa sozialschädliche Nutzungsweisen durch eine Mietpreisbremse eingeschränkt oder leistungslose Einkommen durch Besteuerung umverteilt werden.

Eine besonders vielversprechende Form der Besteuerung stellt die Bodenwertsteuer dar. Deren Grundidee geht auf den Sozialreformer Henry George zurück und setzt an den leistungslosen Gewinnen an, die Eigentümern durch kollektiv erzeugte Bodenwertsteigerungen in den Schoß fallen. George schlägt vor, diese durch eine Bodensteuer wieder in die öffentliche Hand zu überführen (vgl. George 2017; Löhr 2018). Besteuert werden soll dabei allein der Wert des Bodens, nicht jedoch Gebäude oder andere Investitionen in die Verbesserung des Bodens. So soll dafür gesorgt werden, dass alle ernten, was sie säen: Den Eigentümern stehen die Erträge zu, die aus ihrer Aufwertung der Immobilien entstehen; und der Gesellschaft die kollektiv erzeugten Bodenwerte. Dies entspricht dem freiheitstheoretischen Grundprinzip des Eigentums, das allen die Erträge ihrer eigenen Leistungen zuspricht.[139]

Allerdings lässt sich gegen die Bodenwertsteuer einwenden, dass sie eigentumstheoretisch auf halber Strecke stehen bleibt: Eigentum ist nicht nur ein Vermögens-, sondern ebenso ein Entscheidungsrecht. Daher greift es zu kurz, nur die kollektiv erzeugten Bodenwerte gerechter zu verteilen. Vielmehr ist es geboten, auch die Kontrolle über die Nutzung der so in Wert gesetzten Böden stärker zu demokratisieren. Das aber kann eine Bodenwertsteuer nicht leisten, da sie die Nutzungsrechte unangetastet lässt. Sie beseitigt den strukturellen Zwang zur renditebezogenen Nutzungsoptimierung daher nicht.

Einen demgegenüber konsequenteren Ansatz verfolgt das sogenannte »Recht auf Stadt« (Lefebvre 2016), das auch international als Stichwortgeber zahlloser zivilgesellschaftlicher Initiativen für die Demokratisierung der Stadt gelten kann (vgl. Holm/Gebhardt 2011). Die Formulierung geht auf den französischen Soziologen Henri Lefebvre zurück. Für Lefebvre besteht das Recht auf Stadt in einem unhintergehbaren Recht auf »Zentralität«, also auf die Teilhabe an den Errungenschaften der Urbanisierung, sowie auf »Differenz«, also auf die Anerkennung, Inklusion und Mitbestimmungsmöglichkeiten von Menschen mit ganz unterschiedlichen Lebensmodellen. Wie insbesondere David Harvey herausgearbeitet hat, geht das Recht auf Stadt nicht in der Forderung auf, Grundbedürfnisse zu erfüllen oder Bodenwerte gerechter zu verteilen. Eingefordert wird vielmehr eine umfassende Demokratisierung der Stadt – also »das Recht, die Stadt nach unseren eigenen Wünschen zu verändern und neu zu erfinden« (Harvey 2013: 28).

Ein wirkungsvolles Instrument für eine umfassende Demokratisierung ist die Überführung städtischer Böden und Infrastrukturen, wie städtischem Wohnraum, in öffentliches Eigentum oder andere gemeinwohlorientierte Eigentumsformen (einen Überblick gibt Holm 2022). Erst indem Kommunen die Kontrolle über planungsrelevante Grundstücke erlangen, können sie in der Stadtentwicklung wieder handlungsfähig werden und diese im Sinne aller gestalten; und erst indem gemeinwohlorientierte Eigentumsformen wie die kommunale Wohnungswirtschaft oder nicht-kommerzielle Wohnungsgenossenschaften gestärkt werden, können sie sich effektiv dem Zwang zur Renditeoptimierung entziehen.

Ein solches Recht auf die Demokratisierung der Stadt lässt sich, wie wir gesehen haben, eigentumstheoretisch gut begründen: Weil es letztlich die gesamte Stadtgesellschaft ist, die die Stadt in Wert setzt, sollte sie auch kollektiv über diese verfügen können. Zugleich aber ist es nicht leicht, diesen Anspruch durchzusetzen. Denn es ist nicht einfach, die »Horden der unorganisierten Urbanisierungsproduzenten« (Harvey 2013: 227) zu einem politisch schlagkräftigen Akteur zu mobilisieren; und selbst dort, wo dies gelingt, fehlt der öffentlichen Hand oft der finanzielle Spielraum, um die nötigen Eigentumstitel am Markt zu erwerben.

Einen Ausweg könnte hier das Rechtsinstrument der Vergesellschaftung bieten (siehe Abschnitt 3 der Einleitung), das im Rahmen der Berliner Kampagne »Deutsche Wohnen & Co. enteignen« zuletzt große Aufmerksamkeit erregt hat. Dieses Instrument erlaubt es, Wohnraum aus dem Griff renditeorientierter Immobilienkonzerne zu befreien und so einen substanziellen Teil der Wohnungsmärkte wieder in gemeinwohlorientierte Eigentumsformen zu überführen. Zwar wäre eine solche Vergesellschaftung nur gegen Entschädigung möglich, aber die Höhe dieser Entschädigung könnte gegebenenfalls deutlich unter Marktwert angesetzt werden.[140] Eigentumstheoretisch betrachtet wäre das nur folgerichtig, da die gegenwärtigen Marktwerte städtischer Immobilien auf Annahmen beruhen, die dem normativen Selbstverständnis des Eigentums widersprechen. Sie verdienen daher nicht, eigentumsrechtlich geschützt zu werden. Ein wohlverstandenes Eigentum spricht somit nicht gegen, sondern für die Demokratisierung der Stadt.

9. Wem gehört die Natur?

Bestehende Eigentumsrechte sind das Einfallstor für die ökologischen Krisen der Gegenwart. Diese werden, so möchten wir zeigen, nicht durch das Eigentum als solches verursacht. Vielmehr entstehen sie, wenn Eigentum ausschließlich von den Ansprüchen der Eigentümer her und in Absehung von den Besonderheiten ihrer Güter entworfen wird. Dies betrifft nahezu alle bestehenden Eigentumsrechte und gilt für sowohl die Bündeltheorie als auch das Sachenrecht. Dieser Befund legt einen möglichen Ausweg nahe, der aus den Ökologiekrisen herausführen könnte. Gesetzgeber müssen den Pfad verlassen, Eigentum ausschließlich vom Subjekt her zu denken, und stattdessen Eigentumsrechte so ausgestalten, dass sie den Besonderheiten der Naturgüter gerecht werden.[141]

Eigentumsrechte werden zum Einfallstor für Erderwärmung, Ressourcenerschöpfung, Globalvermüllung und Artensterben, indem Naturgüter zu *Sachen* kodiert werden, über die Eigentümer bestimmen. Sie verschaffen dem Zugriff auf Naturgüter eine Rechtsgrundlage und einen Rechtsschutz. Zu den ökologischen Krisen ist es schließlich gekommen, nicht weil unentwegt Recht gebrochen wurde, sondern weil der Weg zu ihnen durch das Eigentumsrecht legalisiert wurde. Unser Naturverhältnis wird durch die Kodierung der Natur zu einer Sache in drei Hinsichten geprägt.

Sacheigentum nimmt erstens die Gestalt von *Naturherrschaft* an. Über Sachen dürfen ihre Eigentümer frei verfügen. Werden

Naturgüter zu Sachen kodiert, dürfen sie somit nach Belieben ge- und verbraucht werden. Naturherrschaft drückt sich hier in einem geltungslogischen Vorrang der Freiheit aus. Als ein Freiheitsrecht besitzt Eigentum eine stärkere Geltung denn Klima-, Arten-, Umwelt-, und Naturschutzrechte, die vom starken Eigentumsschutz in der Regel übertrumpft werden. Eigentum gilt zunächst unbegrenzt und wird nachträglich beschränkt: Erst gelten Freiheitsansprüche, die dann durch Schutzrechte wieder eingehegt werden müssen. Schutzrechte sind also den Eigentumsrechten normativ nachgeordnet. Sie stehen damit grundsätzlich unter dem Verdacht der Freiheitsbeschränkung. Nicht die eigentumsförmige Naturherrschaft, sondern ökologische Nachhaltigkeit steht somit unter Rechtfertigungsdruck. Diese Naturherrschaft schlägt jedoch mittlerweile in einen ökologischen Kontrollverlust um. Naturgüter werden mithilfe von Eigentumsrechten verfügbar gemacht; und ebendiese Verfügungsmacht führt dazu, dass eine unbeherrschbare Natur die Selbsterhaltung des Menschen bedroht. Eigentumsförmige Verfügung über die Natur und deren Unverfügbarkeit stehen sich unversöhnlich gegenüber.

Die Kodierung der Natur zu einer Sache führt zweitens zu einer *Naturvergessenheit* oder ökologischen Blindheit des Eigentums. Als eigentumsförmige Sache betrachtet, werden Naturgüter ihrer Besonderheit beraubt und mit anderen Gütern gleichgesetzt: Unterschiedliche Güter erscheinen als die gleiche Sache. Das Sacheigentum stellt also eine Identität zwischen unterschiedlichen Gütern her. So erscheinen Naturgüter und Gebrauchsgüter als dieselbe Sache, an der Eigentum gehalten wird. Scheinbar dürfen deshalb Wälder, Ölfelder oder Flüsse genauso genutzt werden wie Möbel, Kleidung oder Bücher.

Mit der Kodierung als Sache wird also von den Besonderheiten unterschiedlicher Güter abstrahiert (siehe beispielhaft Kant 2009: 58). So wird auch von den Ökosystemdienstleistungen abgesehen, durch die sich Naturgüter gegenüber allen anderen Gütern auszeichnen. Naturgüter – darunter lassen sich Ökosysteme und Tierarten zusammenfassen – erbringen sogenannte Ökosystemdienstleistungen wie Bestäubung von Pflanzen, Filterung von Wasser, Regulierung von Erosion, Stabilisierung des Wetters, Bindung von Kohlendioxid durch Wälder und Moore, Bildung von Humus, das Bereitstellen von Transportwegen für Feuchtigkeit, von medizinischen Substanzen, Energieträgern und Baustoffen und dergleichen mehr.[142] Solche Ökosystemdienstleistungen werden zwar von Menschen genutzt, aber nicht hergestellt: Sie werden nicht von Menschen gemacht, bilden aber deren Existenzgrundlage. Deshalb hängt das Überleben der Menschen in besonderen Maßen von ihnen ab. Mit der sachenrechtlichen Kodierung der Natur wird deshalb nicht nur von den Ökosystemdienstleistungen abstrahiert, sondern auch die Abhängigkeit verschleiert, in der Menschen zu ihnen stehen.

Drittens wird die Natur als eine *herrenlose Sache* (*res nullius*) entworfen, die niemandem gehört. Sacheigentum erweckt den Eindruck, als gehörten Naturgüter niemandem, bevor sie in Privateigentum oder das Eigentum von Gemeinschaften und Gesellschaften überführt werden. Vor ihrer Aneignung erscheinen sie als herrenlose Sache. Diese Besitzlosigkeit berechtigt vorgeblich dazu, Naturgüter in Besitz zu nehmen. Insbesondere die Vertragstheorie liefert die Rechtsgrundlage für diese Naturaneignung (siehe Kapitel 6): Was jemandes Eigentum ist, ist vor fremder Inbesitznahme geschützt; hingegen darf alles angeeignet werden, was keinen Eigentümer hat. Sofern die Natur keine Rechtsperson ist, kann sie sich kein Eigentum vertraglich sichern. Deshalb ist sie so lange niemandes Eigentum, bis Menschen Eigentum an ihr vertraglich bilden. Die Natur steht damit zur freien Aneignung offen.

Indem die Natur als herrenlose Sache vorgestellt wird, werden starke Anreize für ihre Ausbeutung gesetzt. Denn mit ihrer Aneignung wird auch vom Wert Besitz ergriffen, den sie für Menschen hat. Naturgüter sind aufgrund ihrer Ökosystemdienstleistungen besonders wertvoll: Menschen wird durch Naturgüter eine Lebensgrundlage bereitgestellt, für die sie selbst nichts leisten müssen. Da Naturgüter niemandem gehören, kosten sie nichts. Und da man sie selbst nicht hergestellt hat, lassen sie sich als leistungslose Gewinne verbuchen. Naturgüter werden somit als Gratisgaben in Besitz genommen. Die Naturausbeutung erscheint deshalb als besonders lohnenswert. Damit die Natur nicht mehr als Selbstbedienungsladen betrachtet wird, muss also ihre Kodierung als eigentumsförmige Sache überwunden werden. Ein alternatives Eigentumsverständnis muss sich deshalb von der Vorstellung verabschieden, die Natur könne angeeignet werden, solange sie keinem Eigentümer gehöre.

In der Nachhaltigkeitsdebatte werden zwei Lösungsansätze verfolgt, die von unterschiedlichen Eigentumsvorstellungen ausgehen. Für den ersten Ansatz liegt die Lösung im gemeinschaftlichen Eigentum oder, anders gesagt, den Commons. Ökologische Nachhaltigkeit soll erreicht werden, indem die Natur bzw. die Erde zum Gemeineigentum aller Menschen vergesellschaftet wird. Die Naturrechtslehre von Hugo Grotius wird hierfür von einigen Gerechtigkeitstheorien oder dem Kommunitarismus ökologisch reaktualisiert.[143] Auftrieb hat der Commons-Ansatz erhalten, indem Garrett Hardins Theorie über die »Tragik der Allmende« (vgl. Hardin 1968: 162) widerlegt wurde.[144] Hardin zufolge führt Gemeineigentum an Naturgütern zu deren Übernutzung, wohingegen Privateigentum sie nachhaltig schützen würde. Elinor Ostrom konnte hingegen das Gegenteil belegen und anhand von Fallbeispielen aufzeigen, dass ökologische Standards eine hohe Wirksamkeit entfalten, wenn Naturgüter durch Arrangements des Gemeineigentums verwaltet werden (vgl. Ostrom 1999). Gemeinsam ist den Commons-Ansätzen, dass Nachhaltigkeit von den Ansprüchen aller (auch zukünftiger) Menschen auf eine intakte Lebensgrundlage her gedacht wird, die sie als Miteigentümer an der Natur bzw. Erde haben: Sie gehört allen Menschen gleichermaßen und muss deshalb nachhaltig genutzt werden. Die Natur ist also keine herrenlose Sache, die der privaten Aneignung offensteht, weil sie immer schon das Gemeineigentum aller Menschen ist.

Im Gegensatz dazu wird die Vorstellung, dass die Natur als herrenlose Sache angeeignet werden darf, vom zweiten Ansatz nicht unter Berufung auf das Gemeineigentum zurückgewiesen. Vielmehr lässt sich die Natur nicht aneignen, weil sie grundsätzlich nicht das Eigentum von Menschen ist. Diese Richtung schlägt etwa Karl Marx ein:

> »Vom Standpunkt einer höhern ökonomischen Gesellschaftsformation wird das Privateigentum einzelner Individuen am Erdball ganz so abgeschmackt erscheinen wie das Privateigentum eines Menschen an einem andern Menschen. Selbst eine ganze Gesellschaft, eine Nation, ja alle gleichzeitigen Gesellschaften zusammengenommen, sind nicht Eigentümer der Erde. Sie sind nur ihre Besitzer, ihre Nutznießer, und haben sie als boni patres familias [gute Familienväter] den nachfolgenden Generationen verbessert zu hinterlassen.« (Marx 1971: 784)

Marx' Naturvorstellung lässt zwei Lesarten zu. Zum einen kann sie bedeuten, dass die Natur schlechterdings nicht eigentumsfähig ist; Naturverhältnisse sind grundsätzlich keine Eigentumsverhältnisse. Zum anderen lässt sie Raum für die Vorstellung, dass die Natur einem nicht-menschlichen Eigentümer gehört. Die Vorstellung, dass Naturgüter kein Eigentum von Menschen sind, schließt nicht aus, dass sie göttliches Eigentum sind oder der Natur selbst gehören.

Die erste Alternative geht von der ökozentrischen Vorstellung aus, dass die Natur ein Lebewesen und deshalb kein Eigentum sei.[145] Ebenso wie Menschen kein Eigentum sind, entzieht sich die lebende Natur dem Eigentum. Leben ist an sich nichts, woran man Eigentum haben kann. Dieser Vorschlag eines Naturverhältnisses ohne Eigentum steht vor der Herausforderung, der gesellschaftlichen Komplexität moderner Gesellschaften gerecht zu werden. In gegenwärtigen Gesellschaften werden Naturgüter unter den Bedingungen der Arbeitsteilung, Ressourcenknappheit und Globalisierung bearbeitet, gehandelt und genutzt. Wenn diese Naturverhältnisse nicht mithilfe von Eigentumsrechten organisiert werden, dann bedarf es eines alternativen Organisationsprinzips. Entweder müssten der Gebrauch und Verbrauch von Naturgütern ohne eine Rechtsordnung rein moralisch geregelt werden. Diese moralische Lösung geht allerdings von der idealisierenden Annahme aus, dass der Schutz der Natur von allen Beteiligten verbindlich geachtet wird. Oder es bedarf eines anderen Rechts, das anstelle des Eigentums den Verkehr von Naturgütern regelt. Im Ökozentrismus werden die ökologischen Eigenrechte – die Rechte der Natur – als ein solches Gegenrecht gedeutet.[146] Dies ist jedoch nur eine mögliche Deutung der ökologischen Eigenrechte unter vielen; eine andere wird in der zweiten Alternative vertreten.

Die zweite Alternative macht sich den Eigentumsgedanken im Namen ökologischer Nachhaltigkeit zunutze. Es geht nicht darum, Eigentum aus dem Naturverhältnis zu verbannen, sondern Eigentum ökologisch zu begreifen und mit Nachhaltigkeit zu versöhnen. Diese Ökologisierung des Eigentums baut auf die Vorstellung eines vorgängigen Eigentums auf, das einer möglichen Aneignung durch Menschen zuvorkommt. Die Natur ist dem Eigentum der Menschen entzogen, weil es bereits Eigentum ist, das nicht ihnen gehört. Wenn Menschen Naturgüter nutzen, dann nutzen sie immer auch fremdes Eigentum; und wie jedes fremde Eigentum sind Naturgüter aufgrund ihres Eigentumsschutzes vor Eingriffen geschützt. Zwar dürfen Naturgüter genutzt werden; ihre Nutzung steht aber unter dem Vorbehalt der Nachhaltigkeit. So wie man ein Buch aus der öffentlichen Bibliothek nutzen darf, es aber sorgfältig behandeln muss, weil es nicht einem selbst gehört, sind Nutzerinnen der Natur zu deren Erhalt verpflichtet.

Eine solche vorgängige Eigentümerschaft lässt sich auf eine religiöse und eine säkulare Weise deuten. Ihre religiöse Deutung läuft auf die Vorstellung göttlichen Eigentums hinaus. Göttliches Eigentum betrifft hier die Vorstellung, dass die Natur dem Schöpfer oder den Ahnen oder Schutzheiligen gehört. So gehört die Natur – wie insgesamt die Schöpfung – laut christlicher Tradition dem Schöpfer.[147] Sie ist göttliches Eigentum, das für Menschen heilig, also unantastbar ist. Ihre Nutzung ist somit an die Pflicht gegenüber Gott gebunden, sein Eigentum zu erhalten.

Die vorgängige Eigentümerschaft lässt sich jedoch auch durch die säkulare Vorstellung vom Selbsteigentum der Natur einfangen. Dieses ökologische Selbsteigentum – das nicht mit dem Selbsteigentum bei John Locke verwechselt werden darf – ist das, was in säkularen Eigentumsgesellschaften am ehesten dem göttlichen Eigentum entspricht.[148] Die Natur entzieht sich der menschlichen Verfügungsgewalt aufgrund *ihres* Eigentums. Was der Natur gehört, wird kraft des Eigentumsschutzes vor dem Zugriff anderer geschützt. Sie wird also unverfügbar gemacht, indem ihr Eigentumsrechte und ein entsprechender Eigentumsschutz verliehen werden. Menschen können nicht frei über Naturgüter verfügen, weil sie nicht ihnen allein, sondern auch der Natur gehören. Wasser, Fische, Sand, Pflanzen eines Flusses sind vor Übernutzung geschützt, weil sie auch dem Fluss gehören und dessen Eigentum Schutz verdient. Hier werden die Rechte der Natur eigentumstheoretisch gedeutet: Der Natur werden im Namen ökologischer Nachhaltigkeit Eigentumsrechte verliehen.

Die Vorstellung vom ökologischen Selbsteigentum besitzt zwei Vorteile. Zum einen kommt sie ohne religiöse Annahmen aus. Sie stützt sich auf folgendes Argument.[149] Eigentum rechtfertigt sich, wie wir oben gesehen haben (S. 113, 154–159), als das Recht auf die Ergebnisse des eigenen Tuns: Wer etwas erschafft, dem gehört es auch. Diese Regel vom Eigentum an den Ergebnissen des eigenen Tuns betrifft zunächst die menschliche Arbeit. Weil aber Naturgüter für ihre Nutzbarkeit bearbeitet werden, wird durch diese Bearbeitung die Regel auf den Bereich der Natur übertragen. Ökosystemdienstleistungen sind zudem eine Quelle der Wertschöpfung: Ökosystemen wie Flüssen, Böden und Tierarten gehören deshalb ihre Erzeugnisse. Ein weiterer Vorteil dieses Selbsteigentums der Natur ist, dass es sich aus dem geltenden Eigentumsrecht selbst ergibt. Es leitet sich ja aus dem Recht auf die Ergebnisse des eigenen Tuns ab, das die Grundlage auch bestehender Eigentumsrechte ist. Um die Ökologiekrisen einzudämmen, muss das Eigentum also weder abgeschafft noch neu erfunden werden. Es genügt, Eigentum zu dem zu machen, was es seinem Selbstverständnis nach ist.

Danksagung

Zur Entstehung dieses Bandes haben zahlreiche Personen beigetragen. Für wertvolle Anregungen und große Unterstützung danken wir Jelko Arnds, Tobias Habermann, Regina Kreide, Marvin Reiff, Oliver Richters, Justus Schmidt-Ott, Tabea Schmidt-Ott sowie den Teilnehmenden des Forschungskolloquiums für Praktische Philosophie an der Universität Oldenburg. Wichtige Impulse gehen zudem auf Diskussionen im Rahmen des DFG-Sonderforschungsbereichs 294 ›Strukturwandel des Eigentums‹ zurück. Yasar Damar und Patrick Weißler sind wir dankbar für die sorgfältige Bearbeitung des Manuskripts. Unser Dank gilt vor allem Hartmut Rosa, dessen Unterstützung am Max-Weber-Kolleg der Universität Erfurt unsere Zusammenarbeit erst möglich machte. Ihm ist deshalb dieses Gemeinschaftswerk gewidmet.

Anhang

Glossar

Allokation

Eigentum ist eine Rechtsbeziehung zwischen Personen im Verhältnis zu äußeren Gütern. Als solche dient es in arbeitsteiligen Gesellschaften mit Ressourcenknappheiten der Allokation von Gütern. Güter und Personen sind demnach einander zugeteilt, sodass kenntlich und rechtlich abgesichert ist, wem was gehört.

Aneignung (auch Appropriation)

Durch Aneignung wird etwas, das zuvor niemandes Eigentum war, in das Eigentum von jemandem überführt. Die Legitimität solcher Erstaneignungen thematisieren insbesondere die Wert- und die Okkupationstheorie.

Bedeutungen des Eigentums

Eigentum hat immer gleichzeitig eine funktionale, normative und wertmäßige Bedeutung. Es ist sozusagen ein dreidimensionales Recht, das eine gesellschaftliche Funktion erfüllt, eine normative Geltung besitzt und einen Wert für das gute Leben hat.

Besitz

Der Besitz bezeichnet zunächst die bloß faktische (im Gegensatz zur rechtlichen) Kontrolle über ein Gut. Innerhalb von Rechtsordnungen kann der Besitz zudem selbst zum Recht werden. Ein solches Besitzrecht befugt dazu, ein Gut zu nutzen (z.B. als Mieter einer Mietwohnung). Im Unterschied zum Eigentum schließt das Besitzrecht aber nicht das Entscheidungsrecht mit ein, über die Nutzung, Verwertung und Übertragung auch zu bestimmen.

Bündeltheorie
Diese Theorie spricht dem Eigentum einen eigenen Wesenskern ab und betrachtet es stattdessen als ein Bündel unterschiedlicher Rechte (und Pflichten), die unabhängig voneinander durch jeweilige Rechteinhaber geltend gemacht werden können. Eigentum wird so nur von den Rechten (und Pflichten), nicht aber auch von den Gütern her gedacht.

Diebstahl
Diebstahl ist der Verstoß gegen ein Eigentumsrecht, wobei zwar der Eigentümer das entwendete Gut, nicht aber den Rechtsanspruch auf es verliert.

Eigentumsarten
Die Arten des Eigentums ergeben sich daraus, dass Eigentum nicht nur von den Ansprüchen der Eigentümer, sondern auch von den Arten der Güter her begriffen wird, über die Ansprüche ausgeübt werden. So lassen sich unterscheiden: Gebrauchseigentum an persönlichen Gebrauchsgütern wie Möbel, Kleidung, PC; Bedarfseigentum an kollektiv organisierten Infrastrukturen wie Mobilität, Kliniken, digitale Infrastrukturen; Natureigentum an Ökosystemen und ihren sogenannten Ökosystemdienstleistungen; und Produktiveigentum an Unternehmen, Aktien, Krediten etc.

Eigentumsfähigkeit
Nicht alle Güter eignen sich als Gegenstand von Eigentumsrechten. Als eigentumsfähig gelten gemeinhin nur knappe, abgrenzbare Güter, die nicht integrale Bestandteile natürlicher Personen sind. Weitere Einschränkungen sind möglich und werden durch die Rechtsordnung festgelegt.

Eigentumsformen
Die Formen des Eigentums bestimmen sich von dessen Subjekt (Einzelperson, Gemeinschaft oder politische Institution) her. Demnach wird unterschieden zwischen Privateigentum einer individuellen Person, Gemeineigentum einer Gemeinschaft (u.a. Genossenschaft, betriebliche Selbstverwaltung) und öffentlichem Eigentum einer Kommune bzw. des Staats.

Eigentumsordnungen
Da das Subjekt (Einzelperson, Gemeinschaft oder politische Institution) und das Objekt (Gebrauchsgüter, Bedarfsgüter, Naturgüter, Produktivgüter) des Eigentums Variablen sind, stellt sich die Frage nach ihrer Zuordnung oder Passung. Diese wird von der Eigentumsordnung hergestellt.

Eigentumspflichten
Mit Eigentumsrechten gehen immer auch Pflichten einher. Neben Pflichten, die sich aus gleich- oder höherwertigen Ansprüchen ableiten (z.B. fremde Eigentumsrechte, Verletzungsverbot), gibt es auch soziale und ökologische Pflichten, die im Eigentumsgedanken selbst verankert sind (»Eigentum verpflichtet«). Erstere werden Schranken, letztere Grenzen des Eigentums genannt.

Eigentumsverhältnisse
Die Eigentumsverhältnisse umfassen alle normativen Regulierungen des Eigentums, also Eigentumsordnungen, Eigentumspflichten und Eigentumsfähigkeit.

Enteignung (auch Expropriation)
Enteignung ist ein Oberbegriff für vielfältige Weisen der unfreiwilligen Übertragung. Im engeren Sinn bedeutet Enteignung (engl. *eminent domain, expropriation*) die staatliche Erlaubnis zur Inbesitznahme fremden Eigentums unter der verfassungsrechtlich garantierten Bedingung der Entschädigung und des offenen Rechtswegs. Umgangssprachlich wird der Begriff auch allgemein für jede Legalisierung unfreiwilliger Eigentumsübertragung verwendet, die legitim (bspw. Vergesellschaftung) oder illegitim (engl. *dispossession*; bspw. koloniale Landnahme) sein können.

Exklusion
Als Freiheitsrecht, über den Gebrauch von Gütern selbst zu bestimmen, beinhaltet Eigentum das Recht, andere von dieser Entscheidung auszuschließen. Kraft dieser Exklusion kann mit Eigentum soziale Macht ausgeübt werden (vgl. Macht).

Freiheit
Eigentum ist Freiheit in Bezug auf äußere Güter und wird als das Entscheidungsrecht ausgeübt, über ihre Nutzung, Verwertung und Übertragung selbst zu bestimmen. Diese eigentumsgebundene Entscheidungsmacht kann von individuellen (Einzelperson) oder kollektiven (Gemeinschaft oder Gesellschaft) Eigentümern ausgeübt werden. Sie nimmt im letzteren Fall die Gestalt kollektiver Freiheit an, wonach demokratisch über das Eigentum entschieden wird.

Funktion
Eigentumsrechte haben die gesellschaftlichen Funktionen u.a. der Allokation, der Stabilisierung einer Rechtsgemeinschaft, der ökonomischen Effizienz, der Besteuerung, der Wertspeicherung, der Kreditbesicherung.

Geistiges Eigentum
Als geistiges Eigentum werden exklusive Rechte an Immaterialgütern wie Erfindungen, künstlerischen Werken oder Marken bezeichnet. Da Immaterialgüter leicht reproduziert werden können, lassen sich geistige Eigentumsrechte nur operationalisieren, indem der Zugang zu diesen Gütern zunächst künstlich verknappt wird. Das macht geistige Eigentumsrechte besonders legitimationsbedürftig. Geistiges Eigentum wird in Hinblick darauf entworfen, wie sich Eigentümeransprüche in Bezug auf Materialgüter durchsetzen lassen, und teilt insofern mit dem Sacheigentum die Vorstellung, Eigentum nur von den Ansprüchen her zu denken.

Gemeineigentum (auch Commons, Allmende)
Gemeineigentum ist eine kollektive Form des Eigentums, bei der die Mitglieder einer Gemeinschaft (u.a. Genossenschaft, Commonsgemeinschaft) zugleich Miteigentümer sind und demokratisch über den Gebrauch von Gütern bestimmen.

Grenzen
Eigentumsrechte besitzen bereits in ihrem normativen Kern Grenzen, die die Freiheit von Eigentümern von innen begrenzen. Im Unterschied zu äußeren Schranken gehören solche inneren Grenzen zum, wie es in Art. 14 (1) GG heißt, Inhalt eines Eigentumsrechts. Neben der Sozialpflichtigkeit des Eigentums sind auch weitere innere Grenzen denkbar

(z.B. Ökologiepflichtigkeit). Solche inneren Grenzen stehen im Mittelpunkt liminaler Eigentumstheorien. Klassische Vertreter sind u.a. Aristoteles, Hegel und Marx.

Gütereigentum
Das Eigentumsrecht wird hier von seinem Inhaber und, im Unterschied zum Sacheigentum, von seinem Gegenstand her begriffen. Güter sind im Unterschied zu Sachen nicht bloß das Objekt eines Anspruchs, sondern gehorchen einer Eigenlogik (vgl. Eigentumsarten).

Konstruktivismus
In konstruktivistischen Eigentumstheorien wie bspw. der Bündeltheorie wird Eigentum als eine normativ entkernte Konvention betrachtet, die keiner eigenen Logik folgt und deshalb nach Bedarf den gesellschaftlichen Interessen angepasst werden kann.

Macht
Eigentum ist eine Entscheidungsmacht über bestimmte Güter und schließt Nichteigentümer von ihr aus. Weil diese jedoch selbst einen Bedarf an solchen Gütern haben, wird über sie soziale Macht ausgeübt. Eigentümer von Unternehmen bestimmen etwa über die Erwerbsbedingungen, unter denen Lohnempfänger ihren Lebensunterhalt bestreiten. Sie üben auch durch Investitionsversprechen und die Drohung mit Kapitalabzug soziale Macht aus.

Naturrechtslehren des Eigentums
In der Naturrechtstradition von Grotius über Locke bis Nozick leitet sich das Recht auf Eigentum aus dem moralischen Status der Person her, der ihr ein unbedingt schützenswertes Freiheitsrecht verleiht. Als ein solches vorpolitisches Freiheitsrecht ist Eigentum ein moralisches Recht, das jedes Individuum besitzt. Sofern Eigentum ein Recht von Individuen ist, wird es hier meist von vornherein auf Privateigentum verengt.

Normativität
Die normativen Grundlagen des Eigentums bilden die Bedingungen, unter denen Eigentum als ein berechtigter Anspruch gilt. Sie bestimmen, was von Eigentümern zu tun oder zu unterlassen erwartet werden darf.

Inhaltlich umfassen sie Freiheitrechte, aber auch deren Grenzen und korrespondierenden Pflichten. Aufgrund ihrer normativen Geltung darf zudem vom Gesetzgeber erwartet werden, entsprechende Eigentumsrechte zu beschließen.

Öffentliches Eigentum
Öffentliches Eigentum ist eine Form kollektiven Eigentums, das dem Staat (Bund und Land) oder der Kommune (Landkreis und Gemeinde) gehört. Eigentümer sind Regierungen und ihre ausführenden Organe wie öffentliche Körperschaften, Anstalten und Stiftungen. Bürger sind hier zwar keine Miteigentümer, üben aber eine demokratische Kontrolle über die Eigentümer aus.

Okkupationstheorie
Die Okkupationstheorie besagt, dass die Besitznahme herrenloser Güter bereits Eigentumsrechte an diesen begründet. Legitimiert wird dieses Aneignungsrecht in der Regel mit dem tatsächlichen oder bloß angenommenen Einverständnis aller anderen Menschen, d.h. im Rückgriff auf explizite oder implizite Verträge.

Ökologisches Eigentum
Darunter wird verstanden, dass der Natur ihre Güter gehören. Ökologisches Eigentum trägt zwei Vorstellungen Rechnung: Zum einen gehört die Natur nicht den Menschen. Zum anderen entziehen sich Naturgüter nicht einer Eigentumsordnung, die Menschen ihre wirtschaftliche Nutzung erlaubt. Wenn Menschen Naturgüter nutzen, nutzen sie fremdes Eigentum, das der Natur gehört, weshalb sie aus Gründen des Eigentumsschutzes zur nachhaltigen Nutzung verpflichtet sind.

Open-Access-Commons
Open-Access-Commons stehen, im Gegensatz zum Gemeineigentum, allen Interessierten offen; es existieren weder exklusive Rechte noch Zugangskontrollen. Unter diesen Bedingungen kann es mitunter zur sog. »Tragik der Allmende« (besser »Tragik der unregulierten Commons«) kommen, bei der privatnützige Akteure die Ressource übernutzen, ohne Verantwortung für deren Erhalt zu übernehmen.

Privateigentum
Privateigentum gehört einer Einzelperson, die anderen keine Rechenschaft darüber schuldet, wie sie über ihre Güter bestimmt. Es kann individuell oder, wie etwa in einer Aktiengesellschaft, kollektiv ausgeübt werden.

Privatisierung
Durch Privatisierung werden Güter aus gemeinschaftlichem oder öffentlichem Eigentum in Privateigentum überführt.

Propriation (auch Propertisierung)
Propriation bedeutet, dass ein Gut in die Form des Eigentums überführt wird. Diese Eigentumsfähigkeit gilt nicht für Personen oder, was umstritten ist, für Körperorgane, Personendaten und die Arbeitskraft.

Recht
Unter dem Recht des Eigentums wird zweierlei verstanden. Aus positivrechtlicher Sicht wird ihm die Geltung eines zwangsbewehrten Rechts von einem Gesetzgeber verliehen. Aus normativ-begrifflicher Sicht gilt es als Recht im Sinne eines berechtigten Anspruchs, der der positivrechtlichen Geltung vorausgeht.

Sacheigentum
Sacheigentum (*ius in re/rem*) wird ausschließlich ausgehend von den Ansprüchen der Eigentümer entworfen. Das Objekt kommt somit nur als Sache in Betracht, über die Eigentümer ihre Ansprüche ausüben. Seine Besonderheiten werden dabei bloß in formaler Hinsicht auf die eigentumsrechtliche Operationalisierbarkeit berücksichtigt. So wird zwischen Sachen und Immaterialgütern unterschieden sowie zwischen beweglichen und unbeweglichen, vertretbaren und unvertretbaren, teilbaren und unteilbaren Sachen. Sachen unterscheiden sich bloß formal darin, wie sich Ansprüche über sie realisieren und durchsetzen lassen. Den inhaltlichen Besonderheiten der Güter (vgl. Eigentumsarten, Gütereigentum) wird dabei keine Rechnung getragen.

Sachherrschaft
Sachherrschaft ist eine Antwort auf die Frage nach dem Wesen des Eigentums, dem zufolge Eigentum zur unbegrenzten Herrschaft einer Person über eine Sache berechtigt. Diese Theorie hat Vorläufer im römischen Recht, kommt aber erst in der Frühen Neuzeit zur Entfaltung.

Schranken
Schranken werden dem Eigentum z.B. durch moralische Pflichten auferlegt, die sich, wie das allgemeine Verletzungsverbot oder die Beistandspflicht, nicht nur an Eigentümer richten. Sie beschränken das Eigentum somit von außen.

Vergesellschaftung
Durch Vergesellschaftung können, bspw. laut Art. 15 GG, ganze Wirtschaftszweige der Privatwirtschaft entzogen werden, indem sie verstaatlicht oder in andere gemeinwohlorientierte, ggf. hybride Eigentumsformen überführt werden. Sie kann mit oder ohne Entschädigung erfolgen.

Vernunftrecht des Eigentums
In der Vernunftrechtstradition von Kant und Hegel wird Eigentum allein im Rückgriff auf die formalen Bedingungen begründet, unter denen es als berechtigter Anspruch gilt.

Wert des Eigentums
Aus einer erstpersonalen Perspektive kann Eigentum als wertvoll fürs gute Leben erscheinen, indem es bspw. Identität stiftet, ein Gefühl von Sicherheit gibt oder als sinnstiftend erfahren wird. Dieser subjektive Wert von Eigentum kann dessen normativer Geltung widersprechen, wenn etwa Privateigentum mehr wertgeschätzt wird, als es aus normativer Sicht berechtigt ist. Auch gemeinschaftliches und öffentliches Eigentum kann von Mitgliedern bspw. einer Genossenschaft oder Gemeinde wertgeschätzt werden.

Werttheorie (auch Arbeitswerttheorie)
Ihr zufolge entsteht aus dem individuellen bzw. kollektiven Beitrag zur Wertschöpfung ein Recht auf das individuelle bzw. kollektive Eigentum an den geschaffenen Werten. Bei u.a. Locke und Marx ist die Arbeit die

Quelle der Wertschöpfung und dementsprechend die Grundlage für dieses Recht an den Ergebnissen des eigenen Tuns. Es ist umstritten, ob auch die sogenannten Ökosystemdienstleistungen, mit denen die Natur einen Beitrag zur Wertschöpfung leistet, als Grundlage für ein Eigentumsrecht der Natur an ihren Ressourcen gelten können.

Anmerkungen

1 Hier und im Folgenden werden Zitate, zu denen keine Übersetzung vorliegt, von uns ins Deutsche übertragen. Zum römischrechtlichen Erbe des modernen Eigentumsbegriffs informieren Willoweit 1974; Schermaier 2016.

2 Ähnliche Formulierungen finden sich u.a. auch im französischen Code Civil (Art. 543, 544), dem schweizerischen ZGB (Art. 641) oder dem österreichischen ABGB (§§ 353, 354).

3 Blackstone nimmt diesen Eigentumsbegriff im Laufe seiner Untersuchung allerdings nahezu vollständig zurück; siehe dazu Schorr 2009.

4 Einen Überblick gibt Stepanians 2005, siehe auch Auer 2014: 55–64, 120–126.

5 So zumindest einflussreiche Varianten der Bündeltheorie; vgl. aus juristischer Perspektive Grey 1980, aus ökonomischer Calabresi & Melamed 1972.

6 Vgl. für den US-amerikanischen Kontext: Fried 2009, für den deutschen: Auer 2014: 138 ff.

7 Dazu ausführlich Penner 1996; Merrill/Smith 2000.

8 Im Gegensatz zur *Distribution* beschränkt sich die *Allokation* nicht auf die Verteilung von Konsumgütern, sondern betrifft die Zuordnung von Gütern im Allgemeinen (insb. Produktivgüter, Naturgüter und Infrastrukturen). Vgl. Waldron 1988: 32.

9 Zur Natur als Rechtssubjekt vgl. Fischer-Lescano 2018. Wird die Natur als Rechtssubjekt anerkannt, werden auch alternative Eigentumsformen vorstellbar, etwa Eigentumsrechte der Natur; dazu ausführlich Wesche 2023.

10 Die drei Eigentumsformen stellen keine »Zwangsjacke« dar (dazu pointiert Schuppert 2019: 181); es gibt vielmehr zahlreiche Kombinationsmöglichkeiten. So sind Mischformen wie »Public-Private-

Partnerships« (z. B. beim Bau und Unterhalt von Mautstraßen) oder »Commons-Public-Partnerships« (z. B. Gemeinschaftsgärten auf stadteigenem Land) möglich; dazu ausführlich Lehavi 2013: 97 ff.

11 Dazu ausführlich Ostrom 1999; Helfrich 2012; Harris 1996: 102–104. Verwechslungsgefahr besteht hier mit sog. *Open-Access-Commons*, also unverwalteten Gütern, an denen sich alle frei bedienen können. Es ist umstritten, ob diese als Eigentum gelten können oder nicht.

12 Dazu ausführlich Hanna 2018.

13 Eine Ausnahme bilden geistige Eigentumsrechte: Da Ideen durch ihre Nutzung oder Weitergabe gerade nicht knapper werden, müssen immaterielle Güter zunächst künstlich verknappt werden, um überhaupt eigentumsfähig werden zu können. Diese künstliche Verknappung macht geistige Eigentumsrechte besonders begründungsbedürftig. Mehr dazu in den Abschnitten 3.2 und 7.1.

14 Siehe zu den Eigentumsformen und Eigentumsarten ausführlicher: Wesche 2023: 43–73.

15 Vgl. dazu ausführlich Kreuter-Kirchhof 2017 sowie die nachstehenden Kapitel.

16 Das wird gerade von Positionen gern übersehen, die den Kapitalismus als Hort der Freiheit betrachten; vgl. dazu instruktiv Cohen 2014.

17 Als Schranke wird im Anschluss an Leibniz und Hegel eine externe Beschränkung, als Grenze hingegen die Selbstbegrenzung eines Gegenstandes bezeichnet. Die Grenze gehört somit – anders als die Schranke – noch zum Gegenstand.

18 Die Grundzüge einer liminalen Eigentumstheorie werden ausführlicher behandelt in: Wesche 2023: 111–133.

19 So formuliert etwa in Deutschland Rudolf von Jhering (1877: 510 f.) durchaus stellvertretend für seine Generation: »Die ›Idee‹ des Eigentums kann nichts mit sich bringen, was mit der ›Idee der Gesellschaft‹ in Widerspruch steht.« Zeitgleich entwickelt auch in Frankreich Léon Duguit (1918: 113 f.) seine Theorie vom Eigentum als einer bloßen »sozialen Funktion«, ähnlich dem Bekleiden eines öffentlichen Amtes. Ähnliches gilt für Italien (di Robilant 2013).

20 Vgl. dazu ausführlich Böhmer 1989: 66–74; Schwab 1975: 105–109.

21 So auch das Bundesverfassungsgericht in seinem berühmten »Nassauskiesungsbeschluss«: »Welche Befugnisse einem Eigentümer in

einem bestimmten Zeitpunkt zustehen, ergibt sich aus der Zusammenschau aller in diesem Zeitpunkt geltenden, die Eigentümerstellung regelnden gesetzlichen Vorschriften« (BVerfGE 58, 300, 336).

22 Siehe dazu die Beiträge in: Deutsche Wohnen & Co. enteignen 2022.

23 Im anglo-amerikanischen *common law* wird die Enteignung bis heute unter anderen als »eminent domain« bezeichnet.

24 Diese Eingriffe nehmen unterschiedliche Formen an, wie der Verfassungsrechtler Helmut Ridder (1952: 140) herausgearbeitet hat: Bei der Enteignung greift der Staat »mit dem Ausdruck des Bedauerns« ein (da er eine freiwillige Transaktion bevorzugt hätte); bei der Vergesellschaftung hingegen gezielt und absichtsvoll (da »der Privatcharakter des Vermögens für aktuell oder potenziell sozialschädlich gehalten wird«).

25 Einen umfassenden Überblick über die Ideengeschichte des Eigentums verschafft das dreibändige Werk von Pierson (2013–20).

26 Vgl. zu Platons Ideal der Frauen- und Kindergemeinschaft ebd.: IV, 457c-461d. Zu den Hintergründen informiert Garnsey 2007: 17f.

27 Einen alternativen Umgang mit dieser Ambivalenz entwickelt Platon in seinem Spätwerk *Nomoi.* Auch hier hält er am Ideal einer möglichst umfassenden Eigentumslosigkeit fest (Platon 2019: V, 739b-c), stellt ihm nun aber eine »zweitbeste« Option an die Seite, die auch unter nicht-idealen Bedingungen realisierbar sein soll. Das notwendige Übel des Privateigentums will Platon nun nicht mehr durch eine eigentumslose Elite, sondern durch starke Sozialbindung und institutionelle Einhegung begrenzen; siehe dazu Hoffmann 2005.

28 Diese und ähnliche Stellen haben einige Kommentatorinnen dazu verleitet, Aristoteles zu einem Vordenker der Sozialdemokratie zu stilisieren; vgl. Nussbaum 1990.

29 Der Maßstab, anhand dessen Aristoteles die (Un-)Gleichheit von Menschen bemisst, ist ihre »Würdigkeit« (*axia*). Die Würdigkeit einer Person entspricht dem Beitrag, den sie zu einem gelingenden Gemeinwesen leistet; vgl. Aristoteles 2018: V1131a; siehe auch Mayhew 1993.

30 Neben der auf Aristoteles und Thomas zurückgehenden gemäßigten Traditionslinie gibt es insbesondere im frühen Christentum auch radikalkritische Positionen, die Eigentumsrechte scharf verurteilen.

Beide Traditionen treffen im sogenannten »Armutsstreit« aufeinander; vgl. dazu Angebauer 2022.

31 So auch jüngst Papst Franziskus in seiner Enzyklika *Fratelli Tutti* (2020: Nr. 120).

32 Das betrifft sowohl distributive Fragen als auch die Beschränkung bzw. Begrenzung von Eigentumsrechten. Ein besonderer Fokus liegt dabei u.a. auf der betrieblichen Selbst- bzw. Mitbestimmung; vgl. Nell-Breuning 1990: 70.

33 So etwa die einflussreiche Enzyklika *Quadragesimo anno* von Papst Pius XI. (1961: Nr. 79): »Jedwede Gesellschaftstätigkeit ist ja ihrem Wesen und Begriff nach subsidiär; sie soll die Glieder des Sozialkörpers unterstützen, darf sie aber niemals zerschlagen oder aufsaugen.« Siehe zum Subsidiaritätsprinzip auch Gosepath 2005.

34 Siehe hierzu Taylor 1985: 8 sowie ausführlich Walzer 2006; Etzioni 1995.

35 Danach fragt der sogenannte Befähigungsansatz, der dem Kommunitarismus aufgrund seiner aristotelischen Wurzeln nahesteht; vgl. Sen 2010; Nussbaum 2015.

36 Dazu ausführlich Alexander 2018; Shoked 2011; Alexander/Penalver 2009.

37 Auf diese Spannung hat auch die Kibbuz-Bewegung reagiert und alternative Modelle geschaffen, die gemeinschaftliche und private Eigentumsrechte miteinander kombinieren; dazu ausführlich Lehavi 2013: 113–118.

38 Zu Versuchen, die an Locke anschließen, vgl. Sreenivasan 1995 (Liberalismus); Nozick 1976 (Libertarismus); Layman 2020 (Sozialismus). Zur Kritik an Locke vgl. Macpherson 2011; Pateman 1988; Bhandar 2018.

39 Zu den historischen Hintergründen informiert ausführlich Laslett 1988: 45ff.

40 Diese beiden Ziele widersprechen sich nicht – im Gegenteil: Locke begreift die Kolonisierung als entscheidenden Baustein, um die britische Wirtschaft anzukurbeln und die bürgerliche Ordnung zu stabilisieren; vgl. dazu Arneil 1996.

41 Grotius hatte sich bei dem Versuch, die private Aneignung von Gütern naturrechtlich zu legitimieren, in einen Widerspruch verstrickt. Er hatte argumentiert, dass das Naturrecht schon vor allen Verträ-

gen exklusive Rechte an lebensnotwendigen Gütern zulassen würde (Grotius 2012: 92 ff.). Dann aber könnte der Fall eintreten, dass Menschen aufgrund des Naturrechts verhungern müssen, weil alle erreichbaren Lebensmittel schon angeeignet wurden. Da das Naturrecht gerade auf den Erhalt des Menschen zielt, wäre das widersinnig (wie auch Locke festhält: 1977: 98). Hobbes und Pufendorf hatten versucht, dieses Problem durch reale oder fiktive Verträge zu lösen, mit denen die Menschen bestimmten Aneignungsformen ihre Zustimmung erteilt hätten. Damit hatten sie aber den Spott von Filmer auf sich gezogen, der u. a. die polemische Frage aufwirft, was mit der Menschheit passiert wäre, wenn sie sich nicht auf einen Vertrag hätte einigen können oder eine Person bei der Vertragsunterzeichnung abwesend gewesen wäre; vgl. Filmer 1949: 273.

42 Zum Verhältnis von Rechten und Pflichten und der theologischen Basis von Lockes Theorie siehe Tully 1980: 63; Waldron 2002.

43 Locke fügt dem noch hinzu: »und auch fortwährend erhalten werden« (ebd.). Das Motiv des *Bewahrens* als Grundlage von Eigentumsansprüchen verfolgt er in seiner reifen Eigentumstheorie allerdings nicht weiter.

44 Vgl. zu dieser plausiblen, aber umstrittenen Interpretation ausführlich Tully 1980: 108 f.; Sreenivasan 1995: 59–92.

45 So spricht Locke davon, dass Gott dem ersten Menschen »einen Spaten zur Unterjochung der Erde« in die Hand gegeben und ihm zugerufen habe »solange du lebst, sollst du von deiner Arbeit leben. *Im Schweiße deines Angesichts sollst du dein Brot essen*« (ebd.: 101 f.).

46 Berufen kann sich auf dieses Notrecht allerdings nur, wer »sonst keine Mittel für seinen Lebensunterhalt hat«, also buchstäblich in seiner Existenz bedroht ist (ebd.: 99). Wie restriktiv Locke dieses Kriterium auszulegen bereit ist, zeigt sich u. a. in seinen hartherzigen Thesen zum Armenrecht; vgl. Locke 1997: 182–198.

47 Locke versucht, dieses kindliche Versorgungsrecht zu einem unqualifizierten Erbrecht auszuweiten, das es erlaubt, Kindern Vermögen in beliebiger Höhe zu vererben, selbst wenn diese längst für sich sorgen können. Sein Argument ist aber wenig überzeugend; vgl. Waldron 1981.

48 Siehe dazu ausführlich Arneil 1996; Damler 2008: 33–41.

49 Zu diesem Personenbegriff vgl. Locke 2006: 435 f.

50 Auch wenn einige Interpretationen etwas anderes nahelegen; vgl. Tully 1980: 116 f.

51 Eine Übersicht über die wichtigsten Einwände gegen Lockes Eigentumstheorie gibt Brocker 1992: 354 ff.

52 Zur schlagenden Kritik an diesem Argument siehe Waldron 1988: 224.

53 Ähnliche Ansichten finden sich zumindest ansatzweise bereits in der scholastischen Tradition (z. B. bei Johannes von Paris; vgl. Coleman 1983: 218–222) oder in den klassischen Naturrechtslehren (u. a. Grotius und Pufendorf).

54 Eine gute Übersicht über das Spektrum libertärer Positionen geben van der Vossen/Christmas 2023.

55 So halten es einige Libertäre beispielsweise für legitim, sich selbst in die Sklaverei zu verkaufen; vgl. Nozick 1976: 64.

56 In jüngeren Veröffentlichungen hat Steiner vorgeschlagen, auch die eigene genetische Ausstattung als natürliche Ressource zu betrachten, und sich auf diesem Weg der zweiten im Text genannten Variante des Linkslibertarismus angenähert; vgl. Steiner 2009.

57 Hume sieht das Eigentum als bloße Konvention, die aber »für die Erhaltung der Gesellschaft und die Wohlfahrt des einzelnen höchst nützlich, ja unbedingt erforderlich ist«. Vgl. Hume 2013: 577.

58 Da Bentham sieht, dass die Zahlungsbereitschaft empfindlich vom Wohlstand einer Person abhängt, bemisst er diese nicht in absoluten Geldwerten, sondern in Anteilen an ihrem Gesamtvermögen (Bentham 2004b: 437 f.). In der modernen Wohlfahrtsökonomik erfolgen Zahlungsbereitschaftsanalysen oft ohne Rücksicht auf mögliche Verzerrungen durch Wohlstandsunterschiede.

59 So kann etwa John Stuart Mill der überzeugenden Darstellung von Helen McCabe (2021) zufolge als konsequenter Sozialist gelten.

60 Einen Überblick gibt Schroth 2022.

61 Am Beispiel Paretos lässt sich das ambivalente Verhältnis zahlreicher ökonomischer Ansätze zur Frage der Normativität gut veranschaulichen. Einerseits will er explizit keinerlei Vorrang des *homo oeconomicus* über andere Aspekte des Menschseins beanspruchen: »Wenn wir das Studium der politischen Ökonomie von dem der Moral trennen, wollen wir nicht behaupten, dass erstere wichtiger ist als letztere.« (Pareto 1971: 13) Andererseits aber hält er nur wenige

Seiten später fest, dass Fragen der Ethik und Moral kaum je »von einem rein objektiven Standpunkt aus untersucht worden« seien und ohnehin »niemand in der Lage« sei, deren Probleme »genau zu definieren« (ebd: 38). Die einzig objektive Orientierungswissenschaft scheint somit doch die Ökonomie zu sein. Vgl. Shapiro 2003: 41.

62 Der Gedanke findet sich der Sache nach aber bereits bei Aristoteles (siehe Kapitel 1) und wurde auch schon vor Hardin breit diskutiert. Wenig Beachtung findet zudem, dass Hardins Beitrag vor dem Hintergrund seiner zutiefst rassistischen Ansichten gelesen werden muss und primär Fragen der Überbevölkerung und Geburtenkontrolle behandelt.

63 Damit geistige Eigentumsrechte nicht ihrerseits zukünftige Innovationen verhindern, erlöschen sie nach einem vordefinierten Zeitraum. Danach können die Güter frei verwendet werden (sog. »Gemeinfreiheit«). Einen kritischen Überblick über die Effizienz geistigen Eigentums gibt Boyle 2008.

64 So ist es etwa für die Modellrechnung zunächst gleichgültig, ob die Produktionsmittel rechtlich dem Kapital oder den Arbeitenden gehören, d.h. »wer wen beschäftigt«; vgl. Samuelson 1957: 894.

65 Coase selbst (1984: 320) hingegen hat eindrücklich auf die Limitationen des neoklassischen Ansatzes hingewiesen: »die Theorie schwebt in der Luft. Es ist, als würde man den Blutkreislauf ohne den dazugehörigen Körper erforschen.«

66 Vgl. die Ausführungen zum eigentumsrechtlichen »Rückenwind« in Kapitel 1.

67 Einige Utilitaristen schlagen daher vor, die Präferenzen durch eine Art Filter zu geben, bevor sie ins Nutzenkalkül eingespeist werden (Mill 2009; Harsanyi 1986). Damit drohen sie sich allerdings eine Inkohärenz einzuhandeln, weil nicht klar ist, wie ein solcher Filter seinerseits utilitaristisch begründet werden könnte.

68 Die Zahl vor dem Schrägstrich bezieht sich auf den §, die Zahl danach auf die Seitenangabe in: Hegel 1986a.

69 Siehe zur ideengeschichtlichen Einordnung Hegels in die Vernunftrechtstradition: Siep 2005.

70 Jeremy Waldron stellt zwar fest, dass Eigentum in Hegels Vernunftrechtstheorie als eine »vernünftige Notwendigkeit« begründet wird; Waldron 1988: 345, vgl.: 347. Diese Vernünftigkeit wird gemäß seiner

Interessentheorie des Rechts jedoch in dem subjektiven und psychologischen Sinn einer Persönlichkeitsentwicklung gedeutet. Eigentum dient demnach dem Zweck, dass Personen eine rationale Kompetenz (bspw. das Planen und die Verantwortung) ausbilden (ebd.: 370 ff.); siehe dazu auch: Mohseni 2014; Duncan 2017. Privateigentum dient deshalb dem Zweck, dass Personen aufgrund der Dauer eines Besitzes an persönlichen Dingen eine Identität im lebenszeitlichen Verlauf ausbilden können (Waldron 1988: 373 f.). Dieser entwicklungspsychologischen Interpretation folgt Margaret Jane Radin in ihrer Hegel-Deutung, wonach eine Persönlichkeitskontinuität durch persönliches Eigentum bspw. an einen Ehering ausgebildet wird: Radin 1993. An Radins Hegel-Deutung orientiert sich wiederum Gregory S. Alexander in seinem Kapitel über Hegels Eigentumstheorie: Alexander 2012.

71 Siehe bspw.: Kant 2003: 149 (AA 110).

72 Siehe auch die Vorrede/27: »Dies ist es auch, was den konkreteren Sinn dessen ausmacht, was oben abstrakter als *Einheit der Form und des Inhalts* bezeichnet worden ist, denn die *Form* in ihrer konkretesten Bedeutung ist die Vernunft als begreifendes Erkennen, und der *Inhalt* die Vernunft als das substantielle Wesen der sittlichen wie der natürlichen Wirklichkeit; die bewußte Identität von beiden ist die philosophische Idee.«

73 Siehe zu Sinn und Grenzen der subjektiven Rechte: Menke 2015.

74 Joachim Ritter beschreibt zu Unrecht die bürgerliche Gesellschaft als einen Zustand, in dem der Widerspruch des Eigentums zu verschwinden scheint; Ritter 2005: 55–72, hier: 71.

75 Für diese Verschmelzung von Freiheit und Gemeinwohl hat sich in der Hegel-Forschung der Begriff der sozialen Freiheit etabliert: Neuhouser 2003: 5–6; Honneth 2013: 8. Siehe zu einer anerkennungstheoretischen Interpretation des Eigentums im Frühwerk Hegels: Blumenfeld 2024.

76 In der Hegel-Forschung werden zwei Lesarten des sittlichen Eigentums unterschieden: Zum einen wird ausgehend vom Vernunftrecht, dem unsere Deutung folgt, sittliches Eigentum (wie Sittlichkeit überhaupt) als Ausdruck der »*Vernünftigkeit*« (145/294) verstanden: Das Gemeinwohl des Eigentums leitet sich aus den Geltungsbedingungen her, die sich im sittlichen Eigentum realisieren. In einer

kontextualistischen Lesart ist sittliches Eigentum der Ausdruck eines Gemeinwohls: Das Gemeinwohl wird dem Eigentum durch die soziale Praxis verschafft, in die Eigentumsrechte eingebettet sind. Diese Lesart wird vertreten von: James 2023.

77 Zur Praxisphilosophie zählen außer Hegel der Pragmatismus, die philosophische Hermeneutik und Wittgensteins Sprachphilosophie.

78 Diese Affirmation der Wirklichkeit bei Hegel ist grundverschieden von einer positivistischen Rechtfertigung des Bestehenden, weil die Faktizität durch die anderen Geltungsbedingungen und insbesondere durch den Fortschrittsgedanken (dazu gleich mehr) ergänzt wird.

79 Auch wenn Hegel eine Relativierung der Sklaverei nicht nachgesagt werden kann, gibt es keinen Grund dafür, den Rassismus kleinzureden, der sich vor allem in seinen *Vorlesungen über die Philosophie der Geschichte* kundtut. Die Untersuchungen von Susan Buck-Morss stehen stellvertretend für Lesarten, die Hegels rassistische Annahmen ins Fadenkreuz nehmen und zugleich versuchen, seine Philosophie (insbesondere seine Sklavereikritik und Rezeption der Haitianischen Revolution) für eine postkoloniale und dekoloniale Theorie nutzbar zu machen; vgl. Buck-Morss 2011.

80 Ausgehend von Hegel wird eine Theorie des nachhaltigen Eigentums entworfen in: Wesche 2023.

81 Siehe zu Hegels Konzept der Immanenz oben Abschnitt 4.2.

82 Diese Eigentumskritik wird ausgeführt von: Paschukanis 2003: 97–99.

83 Siehe dazu Luxemburg 1913; Dörre 2009.

84 Der Gebrauchswert bezieht sich auf »ein Ding, das durch seine Eigenschaften menschliche Bedürfnisse irgendeiner Art befriedigt« (Marx 1969: 49).

85 So bereits Friedrich Engels über das private Wohneigentum: Engels 1989.

86 U.a. Marx 1969: 641.

87 Marx hat den Kolonialismus nicht als Folge, sondern als Voraussetzung, als »die Morgenröte der kapitalistischen Produktionsära« betrachtet: Marx 1969: 779. Im Anschluss an Marx hat erst Rosa Luxemburg in *Die Akkumulation des Kapitals* von 1913 die zutreffende Auffassung vertreten, dass Kolonialismus und Imperialismus aus dem Expansionszwang des Kapitalismus folgen: Luxemburg 1913.

88 Einen allgemeinen Überblick über die kolonialen Landnahmen weltweit verschafft: Weaver 2003.

89 Die interessengeleitete Einflussnahme der Großkonzerne mithilfe von Eigentumsrechten wird dargelegt in: Pistor 2020.

90 So bereits Hegel im »System der Bedürfnisse«: Hegel 1986a: 348f. (§ 191).

91 Zitate ohne Quellenangabe beziehen sich im Folgenden auf diese Passage.

92 Siehe zur Rhetorik des Diebstahls: Marx 1983b: 601 passim. Die Auffassung über die »Akkumulation durch Enteignung« wird in Bezug auf den Neoliberalismus ausgearbeitet von: Harvey 2005: 143ff.

93 Über das Verständnis der Person als Eigentümerin ihrer Arbeitskraft schreibt Marx mit bissiger Ironie: Der freie Arbeiter ist »frei in dem Doppelsinn, daß er als freie Person über seine Arbeitskraft als seine Ware verfügt, daß er andrerseits andre Waren nicht zu verkaufen hat, los und ledig« (Marx 1969: 183).

94 In Marx' Arbeitswerttheorie ist die Arbeitszeit das Maß dafür, wie viel von den Erträgen dem Arbeiter gehört, nicht aber der Grund, warum sie ihm gehören; vgl. das obige Zitat über den Verein freier Menschen.

95 Siehe zu Marx' Kritik an Vorstellungen eigentumsloser Gesellschaften: »Daß aber von keiner Produktion, also von keiner Gesellschaft die Rede sein kann, wo keine Form des Eigentums existiert, ist eine Tautologie.« (Marx 1983c: 23) Ohne Eigentum weder Gesellschaft noch Produktion.

96 Marx' Theorie vom tendenziellen Fall der Profitrate wird von Thomas Piketty aktualisiert in seinen Untersuchungen zur wachsenden Ungleichheit: Piketty 2014: 301–305.

97 Vgl. zur Arbeit als dem »Reich der Notwendigkeit«: Marx 1971: 828.

98 Zu diesen Versuchen zählt die Parecon-Bewegung (Abkürzung für Participatory Economics): Albert 2006; Hahnel 2022.

99 In diese Richtung weist: Mason 2018.

100 Morris Cohen hat Eigentum und Souveränität in seinem klassischen Aufsatz von 1927 als strikt getrennte Konzepte in die Debatte eingeführt: Cohen 1978. Siehe zur Kritik an Cohens Trennung: Merrill 2017.

101 Einen Überblick über die realhistorischen und ideengeschichtlichen Hintergründe von Hobbes' *Leviathan* verschafft: Skinner 2008.

102 Seitenangaben ohne bibliografische Angaben beziehen sich auf: Hobbes 2011.

103 Diese kontraktualistische Eigentumsstiftung – der Tausch von Verzicht auf unbegrenzte Besitznahme gegen Eigentum – übernimmt Rousseau (2003: 22 f.). Vor dem *Leviathan* hat Hobbes noch die Auffassung vertreten, dass im Naturzustand bereits einige Eigentumsrechte gelten; siehe dazu: Lopata 1973: 211 f.

104 Im Original heißt es: »Property and commonwealths come into being together.« (Hobbes 1998: 85)

105 Dieser Schutz des Privateigentums vor staatlichen Enteignungen steht in Spannung zur Allmacht des Souveräns und ist eine Neuerung im *Leviathan*, die Hobbes zuvor nicht vertreten hat; siehe dazu: van Apeldoorn 2021: 58–79.

106 Siehe zum *homo oeconomicus* bei Hobbes: Kavka 1986: 64–80.

107 Siehe zum Gefangenendilemma bei Hobbes: Gauthier 1969: 76 ff.

108 Hobbes setzt sich mit seiner Vertragstheorie der Okkupation von der Naturrechtstradition der Okkupation ab, die bspw. von Hugo Grotius und Samuel Pufendorf vertreten wird. Die naturrechtliche Okkupationstheorie besagt, dass man nur mit Gütern handeln kann, die einem gehören: Vertragliche Transaktionen setzen Eigentum voraus. Hobbes dagegen vertritt, dass Güter vertraglich erworben und veräußert werden können, die niemandem gehören: Eigentum entsteht durch vertragliche Transaktionen. Über die Naturrechtstradition der Okkupation verschafft einen Überblick mit theoretischer Tiefenschärfe und empirischem Faktenreichtum: Fitzmaurice 2014.

109 Mit dem Attribut »tierisch« (engl. brutish) greift Hobbes dasselbe Wort aus der berühmten Sentenz »das menschliche Leben ist einsam, armselig, ekelhaft, tierisch und kurz« auf. In diesem Licht betrachtet gilt sie nicht als eine allgemeine Aussage über den Menschen, sondern als ein abwertendes Urteil über die Indigenen Nordamerikas. Thomas Hobbes war selbst wirtschaftlich an der Kolonisation Nordamerikas beteiligt; siehe dazu und zur Bedeutung des Jamestown Massakers 1622, das ihm mehr als der englische Bürgerkrieg ein Sinnbild für den Naturzustand ist, für Hobbes' Denken: Eberl 2021.

110 Diese Vorgeschichte des Kapitalismus mit Hobbes' Eigentumstheorie in Verbindung zu bringen ist trotz ihrer einseitigen Hobbes-Lektüre das Verdienst von Hannah Arendt; vgl. Arendt 1986: 328.

111 Republikanismus bedeutet für Kant repräsentative Demokratie; den Begriff Demokratie reserviert er für die direkte Demokratie, die er ablehnt. Kants Republikanismus bleibt eine unvollständige Demokratie, weil das Wahlrecht bei ihm kein allgemeines Recht ist und bspw. nicht für Frauen und sogenanntes Gesinde gilt. Siehe zu Kants Demokratietheorie: Mauss 1992; Goyard-Fabre 1996; Welsch 2021.

112 Siehe zum Vernunftrecht das 4. Kapitel über Hegel.

113 Seitenangaben ohne bibliografische Angaben beziehen sich auf: Kant 2009.

114 Im deutschen Recht findet sich diese Willkürfreiheit des Eigentums in § 903 BGB.

115 Kant betrachtet Urheberrechte nicht als Sachenrechte, sondern als persönliche Rechte, weil ein Buch »bloße Rede des Verlegers ans Publikum« (290/91) ist. Mit ihnen wird Freiheit somit nicht in Bezug auf Dinge, sondern auf Personen ausgeübt.

116 Diese Macht des Eigentümers, alle anderen verpflichten zu können, wird von Arthur Ripstein als das Zentrum von Kants Eigentumstheorie betrachtet; Ripstein 2009: 90.

117 Siehe zur Kritik am Kolonialismus, die der späte Kant erst auf der Grundlage seiner Eigentumstheorie gewinnt: Kleingeld 2014: 43–67.

118 Diese ungleiche Verteilung von Eigentümerschaft wird von B. Sharon Byrd und Joachim Hruschka anhand der Teilung von Land beschrieben: Byrd/Hruschka 2011: 134.

119 Kants Einwand gegen einen Begriff des ursprünglichen Gesamtbesitzes (communio primaeva), der »empirisch und von Zeitbedingungen abhängig ist«, bezieht sich auf die Eigentumstheorie von Hugo Grotius, der annahm, dass sich Menschen in der Vergangenheit vertraglich auf die Aufteilung des ursprünglichen Gesamtbesitzes geeinigt hätten. Siehe dazu: Flickschuh 2000: 152–158. Verschiedene Versuche wurden unternommen, sich einen Reim auf Kants Gedanken eines Gemeinbesitzes zu machen. Z.B. gab er Anlass dazu, in Kant einen verkappten Sozialisten zu erkennen: vgl. Vorländer 1900; und jüngst: Colliot-Thélène 2022.

120 Das Eigentum an Boden schließt neben Unbeweglichem wie Häusern und Bäumen auch alles Bewegliche auf ihm ein: vgl. 261 f./70 f.

121 Kant knüpft politische Rechte an die Bedingung der »bürgerlichen Selbständigkeit« (314/131), die Bürger davor schützen soll, dass sie von Auftraggebern, von denen ihr Lebensunterhalt abhängt, aufgrund ihrer politischen Überzeugung und Wahlentscheidung unter Druck gesetzt werden können. Eine solche Selbstständigkeit setzt jedoch nicht zwangsläufig Eigentum voraus: Holzhacker und indische Schmiede haben zwar Eigentum, aber keine politischen Rechte; der Schulmann und der Pächter haben kein Eigentum, aber politische Rechte (vgl. 314 f./131). Insoweit sind politische Rechte bei Kant nicht an die Bedingung des Eigentums geknüpft. Er korrigiert damit seine frühere Auffassung, dass Perückenmacher im Unterschied zu Friseuren Eigentum und deshalb politische Rechte hätten; vgl. Kant 1992: 27 (AA VIII 246). Der Schutz vor Sanktionen durch Arbeitgeber und Auftragsgeber wird heutigentags durch Rechtsgarantien des allgemeinen Wahlrechts, der Meinungsfreiheit, des Arbeitsrechts etc. gewährleistet.

122 Dieser logische Vorrang des Eigentums wird in § 903 BGB dadurch zum Ausdruck gebracht, dass die Willkürfreiheit der Eigentümer zunächst unbegrenzt gilt und bis zur Schranke reicht, wo ihr »das Gesetz oder Rechte Dritter entgegenstehen«.

123 Zitate ohne bibliografische Angaben beziehen sich im Folgenden auf: Rawls 2006.

124 Im Anschluss an Rawls wird eine Debatte darüber geführt, was zum breit gestreuten Wirtschaftseigentum gehört. Für Thad Williamson gehören Geldvermögen, Wohneigentum und Aktienbesitz dazu; Williamson 2012. Thomas Piketty hingegen beschränkt es auf Bildungsgutscheine und eine Kapitalausstattung in Gestalt des einmaligen Grundeinkommens; Piketty 2020: 1191.

125 Der Begriff der Property-Owning Democracy geht auf James Meade zurück und wird von Rawls auf eigenständige Weise neu interpretiert.

126 Weitere Beispiele und Theorietraditionen des liberalen Sozialismus werden erläutert in: Kuch 2023.

127 Siehe zum Grundeigentum, das für digitale Infrastrukturen relevant ist: Greene 2022.

128 Dateneigentum ist ein umstrittenes Konzept. Kritiker verkürzen es in der Regel auf Privateigentum. So wird zwar im Vorschlag, die gesellschaftliche Mitbestimmung über digitale Infrastrukturen durch eine Digitalverfassung ohne Eigentum zu garantieren, Eigentum als ein Entscheidungsrecht anerkannt. Anstatt aber gemeinschaftliches oder öffentliches Eigentum als ein solches Mitbestimmungsrecht zu begreifen, wird Dateneigentum auf seinen privatrechtlichen Begriff verkürzt; siehe dazu: Wielsch 2022.

129 Auch Clickworker tragen durch ihre Arbeit zur Datafizierung bei.

130 Siehe zum digitalen Kapitalismus: u. a. Sadowski 2020; Fuchs 2023.

131 Diese Diagnose wird ausgeführt von: Habermas 2022.

132 Siehe dazu auch: Polonetsky 2013; Malgieri/Custers 2018; Posner/Weyl 2018.

133 Siehe zum folgenden Konzept öffentlichen Eigentums, das sich durch die eigentumsgebundene Entscheidungsmacht eines demokratischen Souveräns auszeichnet: Cumbers 2012: 145–172.

134 Vgl. etwa § 25 der *Allgemeinen Erklärung der Menschenrechte* von 1948 oder Art. 11.1 des UN-Sozialpakts von 1966. Institutionalisiert wird das Menschenrecht auf angemessenen Wohnraum u. a. durch einen UN-Sonderberichterstatter sowie das Programm UN-Habitat; dazu einführend OHCHR/UN-Habitat 2009.

135 Diese Entwicklung zeigt sich in deutschen Großstädten besonders deutlich. So sind etwa laut Berechnungen des ehemaligen Bundesbauministers Hans-Jochen Vogel (2018: 23) die Baulandpreise in München von 1950 bis 2015 um 34 283 Prozent gestiegen. Zur Kontextualisierung der Studie von Knoll u. a. siehe Kumhof u. a. 2021: 20, 31–34.

136 Vgl. dazu ausführlich Löhr 2013; siehe auch Angebauer/Habermann 2020: 324 f.

137 Vgl. dazu in Bezug auf Boden ausführlich Löhr 2018; George 2017; sowie grundlegend van Dyk 2024.

138 Hochrechnungen zeigen, dass etwa in der Schweiz Bodeneigentum deutlich mehr Wohlstand von unten nach oben umverteilt als umgekehrt der Sozialstaat von oben nach unten (Imboden/Vontobel 2023). Wer kein Eigentümer ist, wird oft sogar gleich doppelt zur Kasse gebeten: Erstens durch hohe Steuern auf Einkommen und Konsum, die in öffentliche Infrastrukturen fließen und bestimmte

Lagen aufwerten, und zweitens durch hohe Mieten für die so aufgewerteten Immobilien (Löhr 2018: 41). Solange die Bodenwertsteigerungen in private Hände gehen, zahlt man ironischerweise mitunter hohe Mieten, weil man hohe Steuern zahlt.

139 Die Bodenwertsteuer bietet auch ökonomische Vorteile: Durch eine höhere Besteuerung des Bodens können Kapital, Arbeit und Konsum entlastet werden, was zu sinkenden Preisen und höherer Produktivität führt. Einige Autoren argumentieren sogar, dass eine solche Steuer alle anderen Steuern überflüssig machen könnte (vgl. Arnott/Stiglitz 1979). Zudem lässt sich eine Bodenwertsteuer leicht durch »grüne« Module erweitern, die Anreize zu energetischen Modernisierungen oder nachhaltigen Bauweisen setzen (vgl. Muellbauer 2023).

140 Zur anvisierten Eigentumsform, Entschädigungshöhe und Finanzierbarkeit der Vergesellschaftung informieren die Beiträge in Deutsche Wohnen & Co. enteignen 2022. Finanzieren ließen sich diese und ähnliche Maßnahmen ggf. durch eine Bodenwertsteuer, die so trotz ihrer Limitationen zu einem politischen Türöffner werden könnte, um sukzessive weitere Bestandteile des Grundeigentums aus der privaten Hand zu lösen.

141 Siehe zu einer »naturgutzentrierten« Interpretation von Art 14 GG: Kube 1999.

142 Siehe die einschlägige Bestandsaufnahme: IPBES 2019.

143 Siehe zu Grotius: Grotius 2012: 92ff.; siehe zur Gerechtigkeitstheorie: Risse 2012: 89–206; siehe zum Kommunitarismus: Bosselmann 2024:10002.

144 Siehe zur Kritik an Hardin: Monbiot 1994.

145 Siehe zum Ökozentrismus u.a.: Berry 2011; Callicott 1989; Volk 1998.

146 Einen Überblick über die Rechte der Natur verschafft: Kauffman/Martin 2021.

147 John Locke bspw. beruft sich auf diese Tradition; siehe Kapitel 2.

148 So beschreiben Maoris den Kompromiss zwischen ihrer indigenen Ahnenvorstellung und der westlichen Gesellschaftsordnung Neuseelands; The Stage 1 Report on the National Freshwater and Geothermal Resources Claim. Waitangi Tribunal Report 2012.

149 Das Argument wird ausführlicher behandelt in: Wesche 2023.

Literaturverzeichnis

Aalbers, Manuel B. (2016): The Financialization of Housing: A political economy approach, Abingdon, New York: Routledge.

Aalbers, Manuel B./Christophers, Brett (2020): »Wohnen ins Zentrum der politischen Ökonomie stellen«, in: Wohnungsforschung: Ein Reader, hrsg. von Sebastian Schipper und Lisa Vollmer, Bielefeld: transcript, S. 37–72.

Agre, Philip E. (2002): »Surveillance and Capture. Two Modes of Privacy«, in: The New Media Reader, hrsg. von Nick Montfort u. a., Cambridge, MA.: MIT Press, S. 737–760.

Albert, Michael (2006): Parecon. Leben nach dem Kapitalismus, Frankfurt/Main: Trotzdem Verlag.

Alexander, Gregory S. (2012): »Hegelian Property Theory«, in: An Introduction to Property Theory, hrsg. von Gregory S. Alexander und Eduardo M. Peñalver, Cambridge: Cambridge University Press, S. 57–69.

Alexander, Gregory S. (2018): Property and Human Flourishing, Oxford: Oxford University Press.

Alexander, Gregory S./Peñalver, Eduardo M. (2009): »Properties of Community«, in: Theoretical Inquiries in Law 10 (1), S. 127–160.

Angebauer, Niklas (2022): »Kein Eigentum ist auch keine Lösung. Was wir vom theoretischen Armutsstreit lernen können«, in: Der Stand der Dinge. Theorien der Aneignung und des Gebrauchs, hrsg. von Jan Beuerbach, Kathrin Sonntag und Amelie Stuart, Basel: Schwabe, S. 89–104.

Angebauer, Niklas/Habermann, Tobias (2022): »Wem gehört die Stadt? Eigentum in der Debatte um bezahlbares Wohnen«, in: Zeitschrift für Praktische Philosophie, 8 (1), S. 307–336.

Arendt, Hannah (1986): Elemente und Ursprünge totaler Herrschaft. Antisemitismus, Imperialismus, totale Herrschaft, München: Piper.

Arendt, Hannah (2016): Vita activa oder Vom tätigen Leben, München, Berlin: Piper.
Aristoteles (2005): Metaphysik, Reinbek bei Hamburg: Rowohlt Taschenbuch.
Aristoteles (2012): Politik, Hamburg: Meiner.
Aristoteles (2018): Nikomachische Ethik, Reinbek bei Hamburg: Rowohlt Taschenbuch.
Armitage, David (2004): »John Locke, Carolina, and the Two Treatises of Government«, in: Political Theory 32 (5), S. 602–627.
Arneil, Barbara (1996): John Locke and America. The Defence of English Colonialism, Oxford: Clarendon Press.
Arnott, Richard J./Stiglitz, Joseph E. (1979): »Aggregate Land Rents, Expenditure on Public Goods, and Optimal City Size«, in: The Quarterly Journal of Economics, 93 (4), S. 471–500.
Arrow, Kenneth J. (1969): »The Organization of Economic Activity: Issues Pertinent to the Choice of Market versus Non-market Allocation«, in: The Analysis and Evaluation of Public Expenditures: The PPB System. A Compendium of Papers Submitted to The Subcommittee on Economy in Government. Vol. 1, hrsg. von Joint Economic Committee Congress of The United States, Washington: U.S. Government Printing Office, S. 47–64.
Auer, Marietta (2014): Der privatrechtliche Diskurs der Moderne, Tübingen: Mohr Siebeck.
Bartolus de Saxoferrato (1550): In primam Digesti novi partem commentaria, Lyon.
Bentham, Jeremy (1830): The Rationale of Reward, London: Kohn and H.L. Hunt.
Bentham, Jeremy (1962): »Principles of the Civil Code«, in: Works of Jeremy Bentham. Vol. 1, hrsg. von John Bowring, Edinburgh: Tait.
Bentham, Jeremy (1983): Constitutional Code. The Collected Works of Jeremy Bentham. Volume I, Oxford: Clarendon Press.
Bentham, Jeremy (2004a): »The Philosophy of Economic Science«, in: Jeremy Bentham's Economic Writings. Critical Edition Based on His Printed Works and Unprinted Manuscripts. Volume 1, hrsg. von Werner Stark, London, New York: Routledge, S. 79–120.
Bentham, Jeremy (2004b): »The Psychology of Economic Man«, in: Jeremy Bentham's Economic Writings. Critical Edition Based on His

Printed Works and Unprinted Manuscripts. Volume 3, hrsg. von Werner Stark, London, New York: Routledge, S. 292–315.
Bentham, Jeremy (2013a): Unsinn auf Stelzen: Schriften zur Französischen Revolution, Berlin: Akademie-Verlag.
Bentham, Jeremy (2013b): Eine Einführung in die Prinzipien der Moral und Gesetzgebung, Saldenburg: Verlag Senging.
Berry, Thomas (2011): Das Wilde und das Heilige. The Great Work – Unser Weg in die Zukunft, Uhlstädt-Kirchhasel: Arun.
Bhandar, Brenna (2018): Colonial Lives of Property. Law, Land, and Racial Regimes of Ownership, Durham: Duke University Press.
Blackstone, William (Hg.) (2016): The Oxford Edition of Blackstone's: Commentaries on the Laws of England, hrsg. von Simon Stern, Oxford: Oxford University Press.
Blomley, Nicholas (2007): Making Private Property. Enclosure, Common Right and the Work of Hedges, Cambridge: Cambridge University Press.
Blumenfeld, Jacob (2024): The Concept of Property in Kant, Fichte, and Hegel: Freedom, Right, and Recognition, New York: Routledge.
Böhmer, Werner (1989): »Eigentum aus verfassungsrechtlicher Sicht«, in: Das Eigentum, hrsg. von Karl-Dietrich Erdtmann und Jürgen Baur, Göttingen: Vandenhoeck & Ruprecht, S. 31–89.
Bosselmann, Klaus (2024): Private Property and Public Commons: Narrowing the Gap, Ecological Civilization, 1 (1), 10002.
Boyle, James (2008): The Public Domain. Enclosing the Commons of the Mind, New Haven, London: Yale University Press.
Brocker, Manfred (1992): Arbeit und Eigentum. Der Paradigmenwechsel in der neuzeitlichen Eigentumstheorie, Darmstadt: WBG.
Brückner, Martin L. (2013): Sozialisierung in Deutschland, München: utz.
Buck-Morss, Susan (2011): Hegel und Haiti. Für eine neue Universalgeschichte, Berlin: Suhrkamp.
Buller, Adrienne (2022): The Value of a Whale. On the Illusions of Green Capitalism, Manchester: Manchester University Press.
Byrd, B. Sharon/Hruschka, Joachim (2011): Kant's Doctrine of Right. A Commentary, Cambridge: Cambridge University Press.
Calabresi, Guido/Melamed, A. Douglas (1972): »Property Rules, Liability Rules, and Inalienability: One View of the Cathedral«, in: Harvard Law Review 85 (6), S. 1089–1128.

Callicott, J. Baird (1989): In Defense of the Land Ethic: Essays in Environmental Philosophy, Albany: State University of New York Press.
Castel, Robert (2008): Die Metamorphosen der sozialen Frage. Eine Chronik der Lohnarbeit, Konstanz: UVK.
Chambers, Simone (2012): »Justice or Legitimacy, Barricades or Public Reason?«, in: Property-owning democracy. Rawls and Beyond, hrsg. von M. O'Neill und T. Williamson, Oxford: Wiley-Blackwell, S. 17–32.
Coase, Ronald H. (1960): »The Problem of Social Cost«, in: Journal of Law and Economics 3, S. 1–44.
Coase, Ronald H. (1984): »The New Institutional Economics«, in: Journal of Institutional and Theoretical Economics 140 (1), S. 229–231.
Cohen, Gerald A. (2014): »Kapitalismus, Freiheit und das Proletariat«, in: Der Wert des Marktes. Ein ökonomisch-philosophischer Diskurs vom 18. Jahrhundert bis zur Gegenwart, hrsg. von Lisa Herzog und Axel Honneth, Berlin: Suhrkamp, S. 306–328.
Cohen, Morris (1978): »Property and Sovereignty«, in: Property. Mainstream and Critical Positions, hrsg. von C.B. Macpherson, Toronto Buffalo: University of Toronto Press, S. 153–175.
Coleman, Janet (1983): »Medieval Discussions of Property: Ratio and Dominium according to John of Paris and Marsilius of Padua«, in: History of Political Thought 4 (2), S. 209–228.
Colliot-Thélène, Catherine (2022): Le commun de la liberté. Du droit de propriété au devoir d'hospitalité, Paris: Presses universitaires de France.
Couldry, Nick/Mejias, Ulises A. (2019): The Costs of Connection. How Data is Colonizing Human Life and Appropriating it for Capitalism, Stanford: Stanford University Press.
Cumbers, Andrew (2012): Reclaiming Public Ownership: Making Space for Economic Democracy, London, New York: Zed Books.
Damler, Daniel (2008): Wildes Recht. Zur Pathogenese des Effektivitätsprinzips in der neuzeitlichen Eigentumslehre, Berlin: Duncker & Humblot.
Demirovic, Alex (1997): Demokratie und Herrschaft. Aspekte kritischer Gesellschaftstheorie, Münster: Westfälisches Dampfboot.
Demsetz, Harold (1967): »Toward a Theory of Property Rights«, in: The American Economic Review 57 (2), S. 347–359.

Deutsche Wohnen & Co. enteignen (Hg.) (2022): Wie Vergesellschaftung gelingt. Zum Stand der Debatte, Berlin: pathas.

di Robilant, Anna (2013): »Property: A Bundle of Sticks or a Tree?«, in: Vanderbilt Law Review 66, S. 869–932.

Dörre, Klaus (2009): »Die neue Landnahme. Dynamiken und Grenzen des Finanzmarktkapitalismus«, in: Soziologie – Kapitalismus – Kritik. Eine Debatte, hrsg. von Klaus Dörre, Stephan Lessenich, Hartmut Rosa, Frankfurt/Main: Suhrkamp, S. 21–86.

Duguit, Léon (1918): »Changes of Principle in the Fields of Liberty, Contract, Liability, and Property«, in: The Progress of Continental Law in the Nineteenth Century, hrsg. von Ass. of American Law Scholars, Boston (MA): Little Brown, S. 65–148.

Duncan, Samuel (2017): »Hegel on Private Property: A Contextual Reading«, in: The Southern Journal of Philosophy, 55 (3), S. 263–284.

Eberl, Oliver (2021): Naturzustand und Barbarei. Begründung und Kritik staatlicher Ordnung im Zeichen des Kolonialismus, Hamburg: Hamburger Edition.

Engels, Friedrich (1989): »Zur Wohnungsfrage«, in: Marx-Engels-Werke. Bd. 18, Berlin: Dietz, S. 209–287.

Epstein, Richard A. (1985): Takings. Private Property and the Power of Eminent Domain, Cambridge: Harvard University Press.

Etzioni, Amitai (1995): Die Entdeckung des Gemeinwesens. Ansprüche, Verantwortlichkeiten und das Programm des Kommunitarismus, Stuttgart: Schäffer-Poeschel.

Federici, Silvia (2012): »Counter-Planning from the Kitchen« in: Aufstand aus der Küche, hrsg. von Silvia Federici, Münster: edition assemblage, S. 106–127.

Fichte, Johann Gottlieb (1971): Grundlage des Naturrechts nach Prinzipien der Wissenschaftslehre, in: Fichtes Werke, Bd. III/1, Berlin: De Gruyter, S. 1–385.

Filmer, Robert (1949): Observations Concerning the Originall of Government, in: ebd., Patriarcha and Other Political Works, Oxford: Basil Blackwell.

Filmer, Robert (2019): Patriarcha, Hamburg: Meiner.

Fischer-Lescano, Andreas (2018): »Natur als Rechtsperson. Konstellationen der Stellvertretung im Recht«, in: Zeitschrift für Umweltrecht 4, S. 205–216.

Fitzmaurice, Andrew (2014): Sovereignty, Property and Empire, 1500–2000, Cambridge: Cambridge University Press.
Flickschuh, Katrin (2000): Kant and Modern Political Philosophy, Cambridge: Cambridge University Press.
Franziskus (2020): Enzyklika Fratelli tutti. Über die Geschwisterlichkeit und die soziale Freundschaft, Bonn: Libreria Editrice Vaticana.
Fraser, Nancy (2023): Der Allesfresser. Wie der Kapitalismus seine eigenen Grundlagen verschlingt, Berlin: Suhrkamp.
Freeman, Samuel (2007): Rawls, New York, London: Routledge.
Fried, Barbara H. (2004): »Left Libertarianism: A Review Essay«, in: Philosophy & Public Affairs 32 (1), S. 66–92.
Fried, Barbara H. (2009): Progressive Assault on Laissez Faire. Robert Hale and the First Law and Economics Movement, Cambridge: Harvard University Press.
Fuchs, Christian (2023): Der digitale Kapitalismus. Arbeit, Entfremdung und Ideologie im Informationszeitalter, Weinheim: Beltz.
Garnsey, Peter (2007): Thinking about Property. From Antiquity to the Age of Revolution, Cambridge: Cambridge University Press.
Gauthier, David (1969): The Logic of Leviathan: The Moral and Political Theory of Thomas Hobbes, Oxford: Clarendon Press.
George, Henry (2017): Fortschritt und Armut. Eine Untersuchung über die Ursache der industriellen Krisen und der Zunahme der Armut bei zunehmendem Reichtum, Marburg: Metropolis.
Gierke, Otto F. von (1898): Die soziale Aufgabe des Privatrechts. Vortrag gehalten am 5. April 1889 in der Juristischen Gesellschaft zu Wien, Berlin: Julius Springer.
Gosepath, Stefan (2005): »The Principle of Subsidiarity«, in: Real World Justice. Grounds, Principles, Human Rights, and Social Institutions, hrsg. von Andreas Føllesdal und Thomas Pogge, Dordrecht: Springer, S. 157–170.
Goyard-Fabre, Simone (1996): La philosophie du droit de Kant, Paris: Vrin.
Greene, Daniel (2022): »Landlords of the Internet: Big Data and Big Real Estate«, in: Social Studies of Science 52 (6), S. 904–927.
Grey, Thomas C. (1980): »The Disintegration of Property«, in: Property 22, S. 69–85.

Grotius, Hugo (2012): The Law of War and Peace: Student Edition, hrsg. von Stephen C. Neff, Cambridge: Cambridge University Press.
Habermas, Jürgen (2022): Ein neuer Strukturwandel der Öffentlichkeit und die deliberative Politik, Berlin: Suhrkamp.
Hahnel, Robin (2022): A Participatory Economy, La Vergne: AK Press.
Hanna, Thomas M. (2018): Our common wealth. The return of public ownership in the United States, Manchester: Manchester University Press.
Hardin, Garrett (1968): »The Tragedy of the Commons«, in: Science 162 (3859), S. 1243–1248.
Hardin, Garrett (1998): »Extensions of ›The Tragedy of the Commons‹«, in: Science 280 (5364), S. 682–683.
Harris, James W. (1996): Property and Justice, Oxford: Clarendon Press.
Harsanyi, John C. (1986): »Individual Utilities and Utilitarian Ethics«, in: Paradoxical Effects of Social Behavior. Essays in Honor of Anatol Rapoport, hrsg. von Andreas Diekmann, Heidelberg, Wien: Physica-Verlag, S. 1–12.
Harvey, David (2005): Der neue Imperialismus, Hamburg: VSA.
Harvey, David (2013): Rebellische Städte, Berlin: Suhrkamp.
Heeg, Susanne (2013): »Wohnungen als Finanzanlage. Auswirkungen von Responsibilisierung und Finanzialisierung im Bereich des Wohnens«, in: sub/urban. Zeitschrift für kritische stadtforschung, 1 (1), S. 75–99.
Heeg, Susanne (2022): »Finanzinvestoren auf dem deutschen Wohnungsmarkt«, in: WSI-Mitteilungen, 75 (3), S. 197–204.
Hegel, G. W. F. (1986a): Grundlinien der Philosophie des Rechts, Frankfurt/Main: Suhrkamp.
Hegel, G. W. F. (1986b) Vorlesungen über die Philosophie der Geschichte, Frankfurt/Main: Suhrkamp.
Hegel, G. W. F. (1988): Phänomenologie des Geistes, Hamburg: Meiner.
Hegel, G. W. F. (1998): Vorlesungen über die Geschichte der Philosophie, Frankfurt/Main: Suhrkamp.
Helfrich, Silke/Heinrich-Böll-Stiftung (Hg.) (2012): Commons. Für eine neue Politik jenseits von Markt und Staat, Bielefeld: transcript.
Heller, Michael (1990): »The Tragedy of the Anticommons: A Concise Introduction and Lexicon«, in: Modern Law Review 76 (1), S. 6–25.
Hobbes, Thomas (1998): On the citizen, Cambridge: Cambridge University Press.

Hobbes, Thomas (2011): Leviathan, Berlin: Suhrkamp.
Hobbes, Thomas (2017): De Cive/Vom Bürger, Hamburg: Meiner.
Hoffmann, Thomas S. (2005): »Die Güter, das Gute und die Frage des rechten Maßes. Platon und das Eigentum«, in: Was ist Eigentum? Philosophische Eigentumstheorien von Platon bis Habermas, hrsg. von Andreas Eckl und Bernd Ludwig, München: C.H. Beck, S. 29–42.
Hohfeld, Wesley N. (1917): »Fundamental Legal Conceptions as Applied in Judicial Reasoning«, in: The Yale Law Journal 26 (8), S. 710–770.
Holm, Andrej (2022): »Projekte, Instrumente und Konzepte einer alternativen Wohnungspolitik. Neue Wohnungsgemeinnützigkeit, neue Genossenschaften und Wohnen als soziale Infrastruktur«, in: WSI-Mitteilungen, 75 (3), S. 243–250.
Holm, Andrej (2023a): Objekt der Rendite. Zur Wohnungsfrage und was Engels noch nicht wissen konnte, Berlin: Dietz.
Holm, Andrej (2023b): »Wohnen, Eigentum und Ungleichheit«, in: Die Wohnungsfrage – eine Gerechtigkeitsfrage?, hrsg. von Julian Degan u.a., Marburg: Metropolis, S. 91–118.
Holm, Andrej/Gebhardt, Dirk (Hg.) (2011): Initiativen für ein Recht auf Stadt. Theorie und Praxis städtischer Aneignungen, Hamburg: VSA.
Holm, Andrej/Horlitz, Sabine (2022): Kurzgutachten Gemeinwohlorientierte Bodenpolitik, Berlin: Der Paritätische Gesamtverband.
Honneth, Axel (1993): »Posttraditionale Gemeinschaften. Ein konzeptueller Vorschlag«, in: Gemeinschaft und Gerechtigkeit, hrsg. von Micha Brumlik und Hauke Brunkhorst, Frankfurt/Main: Suhrkamp, S. 260–270.
Honneth, Axel (2013): Das Recht der Freiheit. Grundriß einer demokratischen Sittlichkeit, Berlin: Suhrkamp.
Hume, David (2013): Ein Traktat über die menschliche Natur. Bd. 1, Hamburg: Meiner.
Ilting, Karl-Heinz (1973): »Einleitung: Die ›Rechtsphilosophie‹ von 1820 und Hegels Vorlesungen über Rechtsphilosophie«, in: G.W.F. Hegel, Vorlesungen über Rechtsphilosophie 1818–1831, Bd. 1, Stuttgart-Bad Cannstatt: frommann-holzboog, S. 23–126.
Imboden, Priscilla/Vontobel, Werner (2023): »Die unsichtbare Milliardenverteilung«, in: Republik. Das digitale Magazin für Politik, Wirtschaft, Gesellschaft und Kultur, 1.09.2023, https://www.republik.

ch/2023/09/01/die-unsichtbare-milliardenverteilung (letzter Zugriff 16.10.24).
International Cooperative Alliance, What is a Cooperative?, https://ica.coop/en/cooperatives/what-is-a-cooperative (letzter Zugriff 16.10.24).
IPBES (2019): Global assessment report on biodiversity and ecosystem services of the Intergovernmental Science-Policy Platform on Biodiversity and Ecosystem Services, hrsg. von E.S. Brondizio, J. Settele, S. Díaz, und H.T. Ngo, Bonn: IPBES secretariat.
James, David (2023): Property and its Forms in Classical German Philosophy, Cambridge: Cambridge University Press.
Jensen, Inga (2020): »Wohnraum als soziale Infrastruktur. Ansätze zur (Re-)Kommunalisierung von Wohnraum betrachtet am Beispiel Berlin«, in: Wohnungsfragen ohne Ende?! Ressourcen für eine soziale Wohnraumversorgung, hrsg. von Barbara Schönig und Lisa Vollmer, Bielefeld: transcript, S. 147–162.
Jhering, Rudolf von (1877): Der Zweck im Recht. Erster Band, Leipzig: Breitkopf & Härtel.
Kant, Immanuel (1992): Über den Gemeinspruch: Das mag in der Theorie richtig sein, taugt aber nicht für die Praxis, Hamburg: Meiner.
Kant, Immanuel (2003): Kritik der praktischen Vernunft, Hamburg: Meiner.
Kant, Immanuel (2009): Metaphysik der Sitten. Erster Teil. Metaphysische Anfangsgründe der Rechtslehre, Hamburg: Meiner.
Kauffman, Craig M./Martin, Pamela L. (2021): The Politics of Rights of Nature: Strategies for Building a More Sustainable Future, Cambridge, MA: MIT Press.
Kavka, Gregory (1986): Hobbesian Moral and Political Philosophy, Princeton: Princeton University Press.
Kerr, Gavin (2017): The Property-Owning Democracy. Freedom and Capitalism in the Twenty-First Century, New York, London: Routledge.
Kleingeld, Pauline (2014): »Kant's Second Thoughts on Colonialism«, in: Kant and Colonialism: Historical und Critical Perspectives, hrsg. von Katrin Flickschuh und Lea Ypi, Oxford: Oxford University Press, S. 43–67.
Knoll, Katharina/Schularick, Moritz/Steger, Thomas (2017): »No Price Like Home. Global House Prices, 1870–2012«, in: Cesifo Working

Paper, No. 5006, München: Center for Economic Studies und Ifo Institute.
Kreuter-Kirchhof, Charlotte (2017): Personales Eigentum im Wandel, Tübingen: Mohr Siebeck.
Krueger, Anne (1974): »The Political Economy of the Rent-Seeking Society«, in: American Economic Review 64 (3), S. 291–303.
Kube, Hanno (1999): Eigentum an Naturgütern. Zuordnung und Unverfügbarkeit, Berlin: Duncker & Humblot.
Kuch, Hannes (2023): Wirtschaft, Demokratie und liberaler Sozialismus, Frankfurt/Main, New York: Campus.
Kumhof, Michael/Tideman, Nicolaus/Hudson, Michael/Goodhart, Charles A. (2021): »Post-Corona Balanced-Budget Super-Stimulus: The Case for Shifting Taxes onto Land«, CEPR Discussion Paper No. 16652.
Landes, William M./Posner, Richard A. (2003): The Economic Structure of Intellectual Property Law, Cambridge, MA: Harvard University Press.
Lanier, Jaron: (2018): Who Owns the Future?, London: Allen Lane.
Laslett, Peter (1988): »Introduction«, in: John Locke, Two Treatises of Government, Cambridge: Cambridge University Press, S. 3–133.
Layman, Daniel (2020): Locke among the Radicals. Liberty and Property in the Nineteenth Century, Oxford: Oxford University Press.
Lefebvre, Henri (2016): Das Recht auf Stadt, Hamburg: Edition Nautilus.
Lehavi, Amnon (2009): »How Property Can Create, Maintain, or Destroy Community«, in: Theoretical Inquiries in Law 10 (1), S. 43–76.
Lehavi, Amnon (2013): The Construction of Property. Norms, Institutions, Challenges, Cambridge: Cambridge University Press.
Lessenich, Stephan (2016): Neben uns die Sintflut. Die Externalisierungsgesellschaft und ihr Preis, Berlin: Hanser.
Lister, Andrew (2017): »The Difference Principle, Capitalism, and Property-Owning Democracy«, in: Moral Philosophy and Politics 5 (1), S. 151–172.
Locke, John (1977): Zwei Abhandlungen über die Regierung, Frankfurt/Main: Suhrkamp.
Locke, John (1997): Political Essays, Cambridge: Cambridge University Press.
Locke, John (2006): Versuch über den menschlichen Verstand. Band I: Buch I und II, Hamburg: Meiner.

Löhr, Dirk (2013): Prinzip Rentenökonomie. Wenn Eigentum zu Diebstahl wird, Marburg: Metropolis.
Löhr, Dirk (2018): »Wege und Irrwege der aktuellen Bodenreformdiskussion«, in: Zeitschrift für Sozialökonomie, 55 (196/197), S. 31–45.
Lopata, Benjamin (1973): »Property Theory in Hobbes«, in: Political Theory 1, S. 203–218.
Luxemburg, Rosa (1913): Die Akkumulation des Kapitals. Ein Beitrag zur ökonomischen Erklärung des Imperialismus, Berlin: Buchhandlung Vorwärts Paul Singer G.m.b.H.
Macpherson, Crawford B. (2011): Die politische Theorie des Besitzindividualismus. Von Hobbes bis Locke, Frankfurt/Main: Suhrkamp.
Madden, David/Marcuse, Peter (2017): In Defense of Housing: The Politics of Crisis, London, New York: Verso.
Malgieri, G. C./Custers, B. (2018): »Pricing Privacy: The Right to Know the Value of Your Personal Data«, in: Computer Law & Security Review 34 (2), S. 289–303.
Marx, Karl (1959): »Das Elend der Philosophie«, in: Marx-Engels-Werke. Bd. 4, Berlin: Dietz, S. 63–182.
Marx, Karl (1963): »Das Kapital. Bd. 2«, in: Marx-Engels-Werke. Bd. 24, Berlin: Dietz.
Marx, Karl (1969): »Das Kapital. Bd. 1«, in: Marx-Engels-Werke. Bd. 23, Berlin: Dietz.
Marx, Karl (1971): »Das Kapital. Bd. 3«, in: Marx-Engels-Werke. Bd. 25, Berlin: Dietz.
Marx, Karl (1973a): »Briefe aus den Deutsch-Französischen Jahrbüchern«, in: Marx-Engels-Werke. Bd. 1, Berlin: Dietz, S. 337–346.
Marx, Karl (1973b): »Kritik des Gothaer Programms«, in: Marx-Engels-Werke. Bd. 19, Berlin: Dietz, S. 13–32.
Marx, Karl (1973c): »Kritik des Hegelschen Staatsrechts«, in: Marx-Engels-Werke. Bd. 1, Berlin: Dietz, S. 203–333.
Marx, Karl (1973d): »Zur Judenfrage«, in: Marx-Engels-Werke. Bd. 1, Berlin: Dietz, S. 347–377.
Marx, Karl (1973e): »Zur Kritik der Hegelschen Rechtsphilosophie«, in: Marx-Engels-Werke. Bd. 1, Berlin: Dietz, S. 378–391.
Marx, Karl (1983a): »Grundrisse der Kritik der politischen Ökonomie«, in: Marx-Engels-Werke. Bd. 42, Berlin: Dietz, S. 47–768.

Marx, Karl (1983b): »Fixes Kapital und die Entwicklung der Produktivkräfte der Gesellschaft«, in: Marx-Engels-Werke. Bd. 42, Berlin: Dietz, S. 590–609.
Marx, Karl (1983c): »Einleitung zu den ›Grundrissen der Kritik‹ der politischen Ökonomie«, in: Marx-Engels-Werke. Bd. 42, Berlin: Dietz, S. 15–45.
Marx, Karl (2012): »Ökonomisch-philosophische Manuskripte«, in: Marx-Engels-Werke. Bd. 40, Berlin: Dietz, S. 465–588.
Marx, Karl/Engels, Friedrich (1959): »Manifest der Kommunistischen Partei«, in: Marx-Engels-Werke. Bd. 4, Berlin: Dietz, S. 459–493.
Mason, Paul (2018): Postkapitalismus. Grundrisse einer kommenden Ökonomie, Berlin: Suhrkamp.
Mauss, Ingeborg (1992): Zur Aufklärung der Demokratietheorie. Rechts- und demokratietheoretische Überlegungen im Anschluss an Kant, Frankfurt/Main: Suhrkamp.
Mayhew, Robert (1993): »Aristotle on Property«, The Review of Metaphysics« 46 (4), S. 803–831.
McCabe, Helen (2021): John Stuart Mill, Socialist, Montreal: McGill-Queen's University Press.
Menke, Christoph (2015): Kritik der Rechte, Berlin: Suhrkamp.
Merrill, Thomas W. (2017): »Property and Sovereignty, Information and Audience«, in: Theoretical Inquiries in Law, Vol. 18 (2), Tel Aviv: De Gruyter, S. 417–445.
Merrill, Thomas W./Smith, Henry E. (2000): »Optimal Standardization in the Law of Property: The Numerus Clausus Principle«, in: The Yale Law Journal 110 (1), S. 1–70.
Mill, John Stuart (2009): Utilitarismus, Hamburg: Meiner.
Mill, John Stuart (2016): Grundsätze der Politischen Ökonomie, Bd. 1, Marburg: Metropolis.
Mohseni, Amir (2014): Abstrakte Freiheit. Zum Begriff des Eigentums bei Hegel, Hamburg: Meiner.
Monbiot, George (1994): »The Tragedy of Enclosure«, in: Scientific American Magazine 270 (1), S. 159.
Muellbauer, J. (2023): »Why we need a green land value tax and how to design it«, in: Bricks, Taxes and Spending: Solutions for Housing Equity across Levels of Government, hrsg. von S. Dougherty und H. Kim, Paris: OECD Publishing.

Murphy, Liam/Nagel, Thomas (2002): The Myth of Ownership: Taxes and Justice, New York: Oxford University Press.

Nagel, Thomas (1975): »Libertarianism Without Foundations. Review of: Anarchy, State, and Utopia by Robert Nozick«, in: The Yale Law Journal 85 (1), S. 136.

Narveson, Jan (2001): The Libertarian Idea, Peterborough, Ont., Orchard Park, NY: Broadview Press.

Nell-Breuning, Oswald von (1990): Baugesetze der Gesellschaft. Solidarität und Subsidiarität, Freiburg im Breisgau: Herder.

Neuhouser, Frederick (2003): Foundations of Hegel's Social Theory. Actualizing Freedom, Cambridge, MA: Harvard University Press.

North, Douglas (1992): Institutionen, Institutioneller Wandel und Wirtschaftsleistung, Tübingen: Mohr Siebeck.

Nozick, Robert (1976): Anarchie, Staat, Utopia, München: Moderne.

Nuss, Sabine (2019): Keine Enteignung ist auch keine Lösung. Die große Wiederaneignung und das vergiftete Versprechen des Privateigentums, Berlin: Dietz.

Nussbaum, Martha (1990): »Aristotelian Social Democracy«, in: Liberalism and the Good, hrsg. von R. Bruce Douglass u. a., New York, NY: Routledge, S. 203–252.

Nussbaum, Martha (2015): Fähigkeiten schaffen. Neue Wege zur Verbesserung menschlicher Lebensqualität, Freiburg, München: Karl Alber.

O'Neill, Martin (2012): »Free (and fair) markets without capitalism. Political values, principles of justice, and property-owning democracy«, in: Property-owning democracy. Rawls and Beyond, hrsg. von M. O'Neill und T. Williamson, Oxford: Wiley-Blackwell, S. 75–100.

Office of the High Commissioner for Human Rights (OHCHR)/UN-Habitat (2009): The Right to Adequate Housing, Genf & Nairobi.

Olsthoorn, Johan (2015): »Hobbes on Justice, Property Rights and Self-ownership«, in: History of Political Thought 36, S. 471–498.

Ostrom, Elinor (1999): Die Verfassung der Allmende: jenseits von Staat und Markt, Tübingen: Mohr Siebeck.

Otsuka, Michael (2003): Libertarianism without Inequality, Oxford: Oxford University Press.

Papier, Hans-Jürgen (2005): »Der Stand des verfassungsrechtlichen Eigentumsschutzes«, in: Eigentum. Ordnungsidee, Zustand, Entwick-

lungen, hrsg. von Otto Depenheuer, Berlin, Heidelberg: Springer, S. 93–104.
Pareto, Vilfredo (1971): Manual of Political Economy, London: Macmillan.
Paschukanis, Eugen (2003): Allgemeine Rechtslehre und Marxismus. Versuch einer Kritik der juristischen Grundbegriffe, Freiburg: ça ira.
Pateman, Carole (1988): The Sexual Contract, Stanford, California: Stanford University Press.
Penner, James E. (1996): »The ›Bundle of Rights‹ Picture of Property«, in: UCLA Law Review 43 (3), S. 711–820.
Phillips, Anne (2013): Our Bodies, Whose Property? An argument against treating our bodies as commodities, Princeton: Princeton University Press.
Pierson, Christopher (2013): Just Property: A History in the Latin West, Volume One: Wealth, Virtue, and the Law, Oxford: Oxford University Press.
Pierson, Christopher (2016): Just Property: Volume Two: Enlightenment, Revolution, and History, Oxford: Oxford University Press.
Pierson, Christopher (2020): Just Property: Volume Three: Property in an Age of Ideologies, Oxford: Oxford University Press.
Piketty, Thomas (2014): Das Kapital im 21. Jahrhundert, München: C. H. Beck.
Piketty, Thomas (2020): Kapital und Ideologie, München: C. H. Beck.
Pistor, Katharina (2020): Der Code des Kapitals. Wie das Recht Reichtum und Ungleichheit schafft, Berlin: Suhrkamp 2020.
Pius XI. (1963): Über die gesellschaftliche Ordnung, ihre Wiederherstellung und Vollendung, in: Die sozialen Enzykliken, hrsg. von Johannes Binkowski, Villingen: Ring-Verlag, S. 37–89.
Platon (2017): Der Staat, Ditzingen: Reclam.
Platon (2019): Nomoi, Ditzingen: Reclam.
Polonetsky, Tene J. (2013): »Big Data for All: Privacy and User Control in the Age of Analytics«, in: Northwestern Journal of Technology & Intellectual Property 11 (5), S. 239–273.
Posner, E./Weyl, G. (2018): Radical Markets, Princeton: Princeton University Press.
Posner, Eric A./Weyl, E. G. (2017): »Property Is Only Another Name For Monopoly«, in: Journal of Legal Analysis 9 (1), S. 51–123.

Posner, Richard A. (1972): The Economic Analysis of Law, Boston, Toronto: Little Brown.
Posner, Richard A. (1979): »Utilitarianism, Economics, and Legal Theory«, in: The University of Toronto Law Journal 30 (3), S. 307–332.
Prey, Marieke/Steinfeld, Jana (2021): »Wohnungspolitische Alternativen«, in: Wohnen zwischen Markt, Staat und Gesellschaft. Ein sozialwissenschaftliches Handbuch, hrsg. von Andrej Holm, Hamburg: VSA.
Radin, Margaret Jane (1993): »Property and Personhood«; in: Reinterpreting Property, hrsg. von Jane Margaret Radin, Chicago, London: The University of Chicago Press, S. 35–71.
Rawls, John (1979): Eine Theorie der Gerechtigkeit, Frankfurt/Main: Suhrkamp.
Rawls, John (2003): Politischer Liberalismus, Frankfurt/Main: Suhrkamp.
Rawls, John (2006): Gerechtigkeit als Fairneß. Ein Neuentwurf, Frankfurt/Main: Suhrkamp.
Reitz, Tilman/Sevignani, Sebastian/van den Ecken, Marlen (2023): »Eigentum im digitalen Kapitalismus. Ökonomie, Recht und Praxis«, in: Theorien des digitalen Kapitalismus, hrsg. von Tanja Carstensen, Simon Schaupp und Sebastian Sevignani, Berlin: Suhrkamp, S. 264–284.
Richters, Oliver/Siemoneit, Andreas (2019): Marktwirtschaft reparieren. Entwurf einer freiheitlichen, gerechten und nachhaltigen Utopie, München: C.H. Beck.
Ridder, Helmut K.J. (1952): »Enteignung und Sozialisierung«, in: Ungeschriebenes Verfassungsrecht. Enteignung und Sozialisierung. Verhandlungen der Tagung der Deutschen Staatsrechtslehrer zu Göttingen am 18. und 19. Oktober 1951, hrsg. von Ernst von Hippel u.a., Berlin: De Gruyter, S. 124–147.
Rifkin, Jeremy (2016): Die Null-Grenzkosten-Gesellschaft. Das Internet der Dinge, kollaboratives Gemeingut und der Rückzug des Kapitalismus, Frankfurt/Main, New York u.a.: Campus.
Ripstein, Arthur (2009): Force and Freedom. Kant's Legal and Political Philosophy, Cambridge, MA, London: Harvard University Press.
Risse, Mathias (2012): On Global Justice, Princeton, Oxford: Princeton University Press.

Ritter, Joachim (2005): »Person und Eigentum. Zu Hegels Grundlinien der Philosophie des Rechts §§ 34-81«, in: G.W.F. Hegel: Grundlinien der Philosophie des Rechts, hrsg. von Ludwig Siep, Berlin, Boston: De Gruyter, S. 55–72.

Rothbard, Murray N. (2006): For a New Liberty. The Libertarian Manifesto, Auburn, Alabama: Ludwig von Mises Institute.

Rousseau, Jean-Jacques (2003): Vom Gesellschaftsvertrag oder Grundsätze des Staatsrechts, Ditzingen: Reclam.

Sadowski, Jathan (2020): Too Smart. How Digital Capitalism is Extracting Data, Controlling Our Lives, and Taking Over the World, Cambridge, MA, London: MIT Press.

Samuelson, Paul A. (1954): »The Pure Theory of Public Expenditure«, in: The Review of Economics and Statistics 36 (4), S. 387–389.

Samuelson, Paul A. (1957): »Wage and Interest: A Modern Dissection of Marxian Economic Models«, in: American Economic Review 47 (6), S. 884–912.

Sandoval, Marisol (2020): Entrepreneurial activism? Platform cooperativism between subversion and cooptation, in: Critical Sociology 46 (6), S. 801–817.

Schermaier, Martin J. (2016): »Der zivilrechtliche Eigentumsbegriff in historischer Perspektive: Die beiden Gesichter des § 903 BGB«, in: Privatrecht und Eigentumsgrundrecht, hrsg. von Moritz Brinkmann und Foroud Shirvani, Baden-Baden: Nomos, S. 23–62.

Scholz, Trebor (2016): Plattform-Kooperativismus. Wie wir uns die Sharing Economy zurückholen können, https://www.rosalux.de/publikation/id/8813/plattform-kooperativismus (letzter Zugriff 16.10.24).

Schönig, Barbara/Vollmer, Lisa (2020): »Wohnungsfrage(n) ohne Ende und überall?! Sechs Thesen für eine interdisziplinäre Wohnungsforschung«, in: Wohnungsfragen ohne Ende?! Ressourcen für eine soziale Wohnraumversorgung, hrsg. von dies., Bielefeld: transcript, S. 7–33.

Schorr, David B. (2009): »How Blackstone Became a Blackstonian«, in: Theoretical Inquiries in Law 10 (1), S. 103–126.

Schroth, Jörg (2022): Konsequentialismus. Einführung, Baden-Baden: Karl Alber.

Schuppert, Gunnar F. (2019): Eigentum neu denken. Ein Rechtsinstitut zwischen Wandel und Resilienz, Baden-Baden: Nomos.

Schwab, Dieter (1975): »Eigentum«, in: Geschichtliche Grundbegriffe. Historisches Lexikon zur politisch-sozialen Sprache in Deutschland, hrsg. von Otto Brunner, Werner Conze und Reinhart Koselleck, Stuttgart: Klett-Cotta, S. 65–115.

Sen, Amartya (2010): Die Idee der Gerechtigkeit, München: C.H. Beck.

Sevignani, Sebastian (2019): »Digitale Arbeit und Prosumption im digitalen Kapitalismus«, in: Marx und die Roboter. Vernetzte Produktion, künstliche Intelligenz und lebendige Arbeit, hrsg. von Florian Butollo und Sabine Nuss, Berlin: Dietz, S. 293–310.

Shapiro, Ian (2003): The Moral Foundations of Politics, New Haven: Yale University Press.

Shoked, Nadav (2011): »The Community Aspect of Private Ownership«, in: Florida State University Law Review 38 (4), S. 759–826.

Siep, Ludwig (2005): »Vernunftrecht und Rechtsgeschichte. Kontext und Konzept der Grundlinien im Blick auf die Vorrede«, in: G.W.F. Hegel: Grundlinien der Philosophie des Rechts, hrsg. von Ludwig Siep, Berlin, Boston: De Gruyter, S. 5–29.

Skinner, Quentin (2008): Hobbes and Republican Liberty, Cambridge: Cambridge University Press.

Slobodian, Quinn (2023): Kapitalismus ohne Demokratie. Wie Marktradikale die Welt in Mikronationen, Privatstädte und Steueroasen zerlegen wollen, Berlin: Suhrkamp.

Smith, Neil (1996): The New Urban Frontier: Gentrification and the Revanchist City, London: Routledge.

Sreenivasan, Gopal (1995): The Limits of Lockean Rights in Property, Oxford: Oxford University Press.

Staab, Philipp (2019): Digitaler Kapitalismus. Markt und Herrschaft in der Ökonomie der Unknappheit, Berlin: Suhrkamp.

Steiner, Hillel (1994): An Essay on Rights, Oxford: Blackwell.

Steiner, Hillel (2009): »Left Libertarianism and the Ownership of Natural Resources«, in: Public Reason 1 (1), S. 1–8.

Stepanians, Markus (2005): »Die angelsächsische Diskussion: Eigentum zwischen ›Ding‹ und ›Bündel‹, in: Was ist Eigentum? Philosophische Eigentumstheorien von Platon bis Habermas, hrsg. von Andreas Eckl und Bernd Ludwig, München: C.H. Beck, S. 232–245.

Sulyman, Mustafa (2024): The Coming Wave. Künstliche Intelligenz, Macht und das größte Dilemma des 21. Jahrhunderts, München: C.H. Beck, S. 182–186.

Taylor, Charles (1979): »Der Irrtum der negativen Freiheit«, in: Negative Freiheit? Zur Kritik des neuzeitlichen Individualismus, hrsg. von Charles Taylor, Frankfurt/Main: Suhrkamp, S. 118–144.

Taylor, Charles (1985): Philosophical Papers (2 Bde.). Bd. 1: Human Agency and Language, Bd. 2: Philosophy and the Human Sciences, Cambridge: Cambridge University Press.

Taylor, Charles (1993): »Aneinander vorbei. Die Debatte zwischen Liberalismus und Kommunitarismus«, in: Kommunitarismus. Eine Debatte über die moralischen Grundlagen moderner Gesellschaften, hrsg. von Axel Honneth, Frankfurt/Main: Campus, S. 103–130.

The Stage 1 Report on the National Freshwater and Geothermal Resources Claim. Waitangi Tribunal Report 2012, https://forms.justice.govt.nz/search/Documents/WT/wt_DOC_59941926/Wai2358W.pdf (letzter Aufruf 16.10.24).

Thomas von Aquin (1953): Die deutsche Thomas-Ausgabe. Vollständige, ungekürzte deutsch-lateinische Ausgabe der Summa Theologiae: Band 18, Recht und Gerechtigkeit; II–II: 57–79, Berlin, Boston: De Gruyter.

Thomas, Alan (2017): Republic of Equals. Predistribution and Property-Owning Democracy, Oxford: Oxford University Press.

Tully, James (1980): A Discourse on Property. John Locke and his adversaries, Cambridge: Cambridge University Press.

van Apeldoorn, Laurens (2021): »Hobbes on Property: Between Legal Certainty and Sovereign Discretion«, in: Hobbes Studies, 34 (1), Leiden: Brill, S. 58–79.

van der Vossen, Bas/Christmas, Billy (2023): »Libertarianism«, in: The Stanford Encyclopedia of Philosophy, hrsg. von Edward N. Zalta und Uri Nodelman, Metaphysics Research Lab, Stanford University.

van Dyk, Silke (2024): »Das Kollektive im Privaten. Privateigentum als Schuld an der Gesellschaft und eine neue Politik des Öffentlichen«, in: Tilman Reitz, Hartmut Rosa, dies., Nach dem Privateigentum? Güter, Infrastrukturen und Weltverhältnisse im Kapitalismus des 21. Jahrhunderts, Frankfurt/Main, New York: Campus, S. 131–226.

van Dyk, Silke/Kip, Markus (2023): »Die Zukunft sozialer Rechte: Sozialeigentum als Vergesellschaftung von Sozialpolitik«, in: Zeitschrift für Soziologie 52 (4), S. 361–378.

van Parijs, Philippe (1995): Real Freedom for All. What (if Anything) Can Justify Capitalism?, Oxford: Clarendon Press.

van Parijs, Philippe (2003): »Difference Principles«, in: The Cambridge Companion to Rawls, hrsg. von Samuel Freeman, Cambridge: Cambridge University Press, S. 200–240.

Viljoen, Salomé (2021): »A relational theory of data governance«, in: Yale Law Journal (131), S. 573-654.

Vogel, Hans-Jochen (2018): »Bedarf es wirklich keiner Bodenrechtsreform? – Eine verdrängte Herausforderung«, in: Zeitschrift für Sozialökonomie, 55 (196/197), S. 19–24.

Vogl, Joseph (2021): Kapital und Ressentiment. Eine kurze Theorie der Gegenwart, München: C.H. Beck.

Volk, Tyler (1998): Gaia's Body: Toward a Physiology of Earth, New York: Copernicus.

Vorländer, Karl (1900): »Kant und der Sozialismus«, in: Kant-Studien 4, S. 361–412.

Waldron, Jeremy (1981): »Locke's account of inheritance and bequest«, in: Journal of the History of Philosophy 19 (1), S. 39–51.

Waldron, Jeremy (1988): The Right to Private Property, Oxford: Clarendon Press.

Waldron, Jeremy (2002): God, Locke and Equality. Christian Foundations of John Locke's Political Thought, Cambridge: Cambridge University Press.

Walzer, Michael (2006): Sphären der Gerechtigkeit. Ein Plädoyer für Pluralität und Gleichheit, Frankfurt/Main, New York: Campus.

Weaver, John C. (2003): The Great Land Rush and the Making of the Modern World, 1650–1900, Montreal: McGill-Queen's University Press.

Welsch, Martin (2021): Anfangsgründe der Volkssouveränität. Immanuel Kants ›Staatsrecht‹ in der ›Metaphysik der Sitten‹, Frankfurt/Main: Klostermann.

Wesche, Tilo (2023): Die Rechte der Natur. Vom nachhaltigen Eigentum, Berlin: Suhrkamp.

Wielsch, Dan (2022): »Mitbestimmung durch Digitalrechte. Zum Verhältnis von Eigentum und Gesellschaftsentwicklung«, in: Eigentum in der digitalen Gesellschaft, hrsg. von Franz Hofmann, Benjamin Raue und Herbert Zech, Tübingen: Mohr Siebeck, S. 19-48.

Williams, Bernard (1979): Kritik des Utilitarismus, Frankfurt/Main: Klostermann.

Williamson, Thad (2012): »Realizing Property-Owning Democracy: A 20-Year Strategy to Create an Egalitarian Distribution of Assets in the United States«, in: Property-owning democracy. Rawls and Beyond, hrsg. von Martin O'Neill und Thad Williamson, Oxford: Wiley-Blackwell, S. 225–248.

Willoweit, Dietmar (1974): »Dominium und Proprietas. Zur Entwicklung des Eigentumsbegriffs in der mittelalterlichen und neuzeitlichen Rechtswissenschaft«, in: Historisches Jahrbuch 94, S. 131–156.

Wright, Erik O. (2017): Reale Utopien. Wege aus dem Kapitalismus, Berlin: Suhrkamp.

Tilo Wesche ist Professor für praktische Philosophie an der Carl von Ossietzky Universität Oldenburg. Seine Buchveröffentlichungen sind u.a.: *Kierkegaard. Eine philosophische Einführung*, Stuttgart: Reclam 2003; *Was ist Kritik?*, gemeinsam hrsg. mit Rahel Jaeggi, Frankfurt/M.: Suhrkamp 2008; *Wahrheit und Werturteil. Eine Theorie der praktischen Rationalität*, Tübingen: Mohr Siebeck 2012; *Transformations of Democracy*, gemeinsam hrsg. mit Robin Celikates und Regina Kreide, London/New York: Rowman & Littlefield 2015; *Adorno. Eine philosophische Einführung*, Stuttgart: Reclam 2018; *Die Rechte der Natur. Vom nachhaltigen Eigentum*, Berlin: Suhrkamp 2023; *Vernünftige Freiheit. Beiträge zum Spätwerk von Jürgen Habermas*, gemeinsam hrsg. mit Stefan Müller-Doohm und Smail Rapic, Berlin: Suhrkamp 2024; *Umkämpftes Eigentum. Eine gesellschaftstheoretische Debatte*, gemeinsam hrsg. mit Niklas Angebauer und Jacob Blumenfeld, Berlin: Suhrkamp 2025.

Niklas Angebauer ist wissenschaftlicher Mitarbeiter am Institut für Philosophie der Carl von Ossietzky Universität Oldenburg und assoziiertes Mitglied des DFG-Sonderforschungsbereichs 294 ›Strukturwandel des Eigentums‹. In seinem Promotionsprojekt untersucht er die normativen Grundlagen moderner Eigentumstheorien am Beispiel John Lockes. Er ist Mitherausgeber des Sammelbandes *Umkämpftes Eigentum. Eine gesellschaftstheoretische Debatte*, Berlin: Suhrkamp 2025. Zu seinen Publikationen gehören Aufsätze wie »Property and Capital in the person: Lockean and neoliberal self-ownership«, *Constellations* 27, 1 (2020), S. 50–62, und »Kein Eigentum ist auch keine Lösung. Was wir vom theoretischen Armutsstreit lernen können«, in: *Der Stand der Dinge. Theorien der Aneignung und des Gebrauchs*, hrsg. von Jan Beuerbach u.a., Basel: Schwabe 2022, S. 89–104.